书淫艳异录

增补本

[甲编]

叶灵凤 著 张伟 编

海峡出版发行集团｜福建教育出版社

Ex Libris
L.J. Yeh
靈鳳藏書

叶灵凤的《书淫艳异录》（代序）

陈子善

叶灵凤的《书淫艳异录》终于要付梓了，我乐观其成，因为我研究过叶灵凤，也因为此书的编选与我有一点关系。

已是 30 年前的事了。那时我从研究鲁迅扩展到研究郁达夫，香港友人寄我一册叶灵凤的《晚晴杂记》，这是叶灵凤生前在香港出版的最后一本书，我得到的是 1971 年 11 月上海书局再版本。现在回想起来，香港友人之所以把这本书寄给我，很可能因为其中有叶灵凤以"创造社小伙计"的身份回忆郁达夫和早期创造社的好几篇文字，让我作为研究郁达夫的参考。于是我知道了叶灵凤的名字，知道了叶灵凤在 1920 年代如何从学习美术转向沉迷新文学。

叶灵凤 1920 年代的创造社文学生涯可以分为小说创作和书刊插图两大部分，均颇受新文坛关注，后者当然与他受过专门的美术训练有关。他的小说，如收入《中国新文学大系·小说三集》的《女娲氏之遗孽》，以及《昙花庵的春风》、《菊子夫人》、《姊嫁之夜》等篇，大都以营造幻美的氛围，刻画人物的性心理，尤其是女性性心理"精细""有趣"（郑伯奇语）见长，受弗洛依德性心理学的影响也是显而易见的。他后来致力于中外性学著作的搜集，性学书话文字的撰述，其滥觞或正可追溯至此。

进入 1930 年代以后，叶灵凤担任上海现代书局编辑，同时在新文学通俗长篇小说和"新感觉派"小说创作方面做过有益的尝试。此外，更多的时间和精力就放在藏书上了。他晚年写过一篇《我的藏书的长成》，开头就说得很清楚：

> 我在上海抗战沦陷期中所失散的那一批藏书，其中虽然并没有什么特别珍贵的书，可见数量却不少，在万册以上。而且都是我在二十岁到三十岁之间，自己由编辑费和版税所得，倾囊购积起来的，所以一旦丧失，实在不容易置之度外。

叶灵凤还告诉读者，这一大批藏书中，"大部分是西书"。

显然，其中应有不少叶灵凤撰写《书淫艳异录》的参考书。

叶灵凤在《书淫艳异录·小引》中称自己是"书痴"和"书淫"这两种癖好"兼而有之"，可见他购置西洋性学书刊，本来是收藏和自娱，但《辛报》的创刊，提供了一个他据此撰文"贡献给读者"也即娱人的契机。

《辛报》1936年6月1日创刊，姚苏凤主编，这是上海滩上第二份发表新文学作家作品的小报。在《辛报》之前于1935年9月20日创刊的《立报》，其副刊《言林》是新文学家发表作品最初的小报园地。但《辛报》与《立报·言林》有所不同，其副刊更通俗，更活泼，更具市井气，自创刊号起连载叶灵凤以"白门秋生"笔名撰写的"书淫艳异录"专栏，就是突出的一例。稍后，从6月8日起，《辛报》又连载邵洵美带有自传性质的"儒林新史"专栏，这两个颇具特色的专栏成为《辛报》创刊之始的两大亮点。

"书淫艳异录"在《辛报》上连载了4个月又20天，共104篇，达10余万字，数量相当可观，简直可抵一部中型性学词典了。在"书淫艳异录"专栏里，叶灵凤以性学为中心，旁及中外文学、艺术、宗教学、医学、心理学、史学、社会学、民俗学等众多领域，涉及面相当宽广，而且文字清通优美，文学性强。他在《辛报》"书淫艳异录"的《小引》中声称专栏"所记虽多艳异猥琐之事，必出以干净笔墨，以科学理论参证之，虽不想卫道，却也不敢诲淫"。综观全部专栏文字，应该说叶灵凤此言不虚，借用陆谷孙先生的一句话，他是以男女之事的瓶子装文化之酒。

然而，"书淫艳异录"并不到此为止。1940年代这个专栏又有续集，那就是自1943年4月香港《大众周报》创刊号起连载的"书淫艳异录"。值得注意的是，叶灵凤重作冯妇，却使用了障眼法，他在《大众周报》"书淫艳异录"《小引》中说：

> 十年前，在上海曾用这题目为某报写过一些短文，每天一篇，杂谈男女饮食，乃至荒诞不经之事，有的录自故纸堆中，有的却摘自西洋专门著述，一时嗜痂的读者颇多，许为别有风味之作；好事之徒，更互相抄剪，打听这赅博的作者是谁。其实我不过是爱书有癖，读书成性，见有这类材料，随手摘录，杂凑成章而已，不仅不足道，而且是不足为训的。不料十余年来，时时还有人以这类文章有否存稿见询，最近《大众周报》的编者，更异想天开，要求我重整故业，为他们新办的周报再写一点"书淫艳异

录"之类的东西撑场面。我对于文章一道，虽然洗手颇久，可是朋友终是朋友，盛情难却，而且年来侧身"大东亚共荣圈之一环"的香港，"六两四"之余，有时闲得难受，有时饿得几乎不能安贫，便只有拼命的买旧书，读旧书……思之再三，遂决意再作"书淫艳异录"。

言下之意，似乎他是《大众周报》编者力邀，盛情难却，才不得不再续"书淫艳异录"。事实上叶灵凤本人就是《大众周报》创办人兼主编，这不是有点故弄玄虚吗？

当时香港沦陷，叶灵凤留港担任国民党中央调查统计局香港站特别情报员，从事秘密的抗日地下工作。因此，不难理解，编辑《大众周报》正是一种伪装，一种掩护，续写"书淫艳异录"专栏也应该别有怀抱和寄托在，读一读这个新专栏《小引》的最后一段就可明瞭了："五十无闻，河清难俟，书种文种，存此萌芽；当今天翻地覆之时，实有秦火胡灰之厄；语同梦呓，痴类书魔；贤者悯其癖好而纠其谬误，不亦可乎。"

现在已知至 1945 年第 4 卷第 17 期，《大众周报》的"书淫艳异录"发表了 54 篇，与《辛报》的"书淫艳异录"相比，它们有如下的新特点：篇幅更长（当然，并非全部），论题更广泛，叙述更从容。叶灵凤这时阅读古书和洋书更多更杂，视野更为宽广，抄录性学奇闻趣事也更为得心应手。即便相同或相似的题目，如《萨地主义者》、《沙芙主义》、《露体狂》、《性的塔布》等篇，与《辛报》所载的《萨地主义者》、《沙孚的同性恋》、《露体狂》、《塔布》相比，也大都并不重复，而是另取新角度，写出新意味。总之，这一时期叶灵凤的"书淫艳异录"娓娓道来，显示其性学书话逐渐趋向成熟，更具知识性、趣味性和学理性。

差不多与《辛报》"书淫艳异录"同时，上海另一位以收藏中西性学书籍著称的藏书家周越然也在撰写性学文字。他长期以笔名在《晶报》开设性学专栏，侧重从生理、心理、病理、卫生、优育等方面介绍关于性的观念、知识以及世界各地的性俗习惯，文字均半文半白，同样落笔成趣，与叶灵凤的"书淫艳异录"有异曲同工之妙。周越然生前出版了《性知性识》、《情性故事集》两书，本世纪以来，在我安排下，又由其后人编选了《言言斋西书丛谈》（2003 年 3 月辽宁教育出版社版）和《言言斋性学札记》（2004 年 12 月广西师范大学出版社版）等。如果把叶灵凤和周越然的性学书话作一比较研究，想必也是饶有兴味的。

《辛报》的"书淫艳异录"和《大众周报》的"书淫艳异

录"是叶灵凤前期和中期的性学书话，1950 年代以降，叶灵凤再次重操旧业，为香港报刊撰写性学专栏，姑且将之称为叶灵凤性学书话写作的第三阶段。1989 年 2 月，也即叶灵凤逝世 14 年之后，香港三联书店以副牌南粤出版社名义出版了其后人编选的《世界性俗丛谈》，正是叶灵凤后期性学书话的汇集。此书封底刊出的出版社推介中说：

> 本书是一部趣谈男女间性爱逸闻的故事集，内容无奇不有，如各国的婚姻性俗，道来有如天方夜谭；对不守妇道的名媛闺阁因纵情恣欲而引惹的身祸，说来又见惩戒之意；还有风流的斋戒和尚、心猿难制的尼姑的荒诞笑话，以及春宵秘戏的行乐图，措辞冶艳，堪称神品；而描绘闺房中的乐趣和床笫间的技术，更令卫道之士目瞪口呆。这些故事即使视为好事者杜撰之辞，聊为笑谈，实也无伤大雅。然作者意在劝善惩淫，叙述间虽有渲染夸大，却并不过份。

这则简介把《世界性俗丛谈》的特色概括得很到位。唯一需要补充的是，《世界性俗丛谈》中诸文以更为通俗易懂、生动有趣的故事的形式出之，单标题冠以"某某故事"的就有七八篇之多，而且由于专栏字数限制的缘故，均千字左右，短小精悍。一卷在手，可以大开眼界，正如罗孚先生在《〈叶灵凤卷〉前言》中所指出的，此书"当年在报刊连载时，颇有人以为是黄色文字，其实是事情虽黄，文章不黄，只是趣味盎然的民俗而通俗的文字"。

在简要回顾了叶灵凤性学书话写作的三个阶段之后，该对这部《书淫艳异录》的整理出版略作说明了。我早知道书话大家叶灵凤写过另类书话"书淫艳异录"，却一直未见其庐山真面目。1990 年代后期一个偶然的机会，购置了三个月的《辛报》合订本，读了《辛报》"书淫艳异录"的大部分，但毕竟不是全璧。不久之后访港，在香港一位藏书家处浏览过他视为珍籍、秘不示人的《大众周报》合订本，发现还有《大众周报》"书淫艳异录"，遂影印了其《小引》收入拙编《忘忧草：叶灵凤随笔合集之一》（1998 年 8 月文汇出版社版）。2004 年12 月，为广西师范大学出版社编选"性学三书"，《世界性俗丛谈》又理所当然地入选而出版了简体字本。

因此，当数年前福建教育出版社林冠珍女士与我讨论选题时，我就建议出版尚未整理的叶灵凤《辛报》"书淫艳异录"，我认为不但叶灵凤书话爱好者会对此大感兴趣，性学研究者也会对此大感兴趣。我并推荐张伟兄主其事，认为他是编选《书淫艳异录》的不二人选。而张伟兄那时已经掌握了《大众周报》"书淫艳异录",更是给我意外的惊喜。今天,叶灵凤的《辛报》"书淫艳异录"连载77年之后,《大众周报》"书淫艳异录"连载70年之后,终于可以合为一帙,较为完整地"破土而出",与海内外读者见面了,我认为这是值得庆幸的。叶灵凤如泉下有知,也当感到欣慰。

2012年10月27日于海上梅川书舍

编 辑 说 明

1. 基于版本学意义的考虑，本书对原文中一些与现今通行写法不同的字词，如"的""想像""部份""原故"等，包括外文人名、地名等专有名词的译文，如"卢骚""萨地""拜轮""阿剌伯"等，均保留历史原样。

2. 由于书中文章写于不同时期，作者对一些外文的翻译前后有所不同。对此，本书除了在同一篇文章内加以统一之外，均保留原样。

3. 本书对原文中的明显错字进行了如下处理：中文错字仍保留原样，但在〔〕内标注正字；外文字母印刷错误的，则径行改正。

4. 依据现今的标点符号使用规范，本书将原文中标注书名或文章名的引号改成了书名号，并为原文未标任何符号的书名或文章名添加了书名号。其他标点符号，本书也根据具体情况酌情修改。

5. 由于年代久远，原报文字漫漶不清，甚至有所缺损，本书编辑时，以相应数目的□标注无法辨识的文字。其中，根据上下文义可以明显推断出的缺文，本书则在｛｝内加以补充。

甲编目录

以上载上海《辛报》1936 年 6 月 1 日～10 月 20 日

小引

古人以读书不晓事为书痴，爱书过溺为书淫，秋生对于这两种癖好，可算兼而有之，每遇见好书，总不惜倾囊购来；枵腹读书，是常有的事。久而久之，物以类聚，袋中常空，架上的书却渐渐的丰富了。而且所买的书，大都是不能登大雅之堂，属于猎奇趣味方面的居多。苏凤兄主编《辛报》，嘱将读书所得，写一点贡献给读者，因撰"书淫艳异录"。孔老夫子曰："吾未见好德如好色者也"，话虽如此，但是他老先生却也要拜见卫国漂亮的南子。圣人尚且如此，秋生又何能免？然而所记虽多艳异猥琐之事，必出以干净笔墨，以科学理论参证之，虽不想卫道，却也不敢诲淫，至于见仁见智，那要看读者诸君自己的慧眼了。

拟目一斑

谈猥亵文学

三十年前，大人发现子女们在偷偷地看《红楼梦》,《西厢记》一定要大加诃责，说是不学好，因为这类书都是著名的淫词小说。其实，偷看淫词小说的弟子至少比专向婢女丫环偷摸的要好一级，因为他们多少还有一点"书香"。但是如今却不同了，《红楼梦》和《西厢记》是课外读物，古本《金瓶梅》更公开预约，前天在公共汽车上看见一个女孩子很用功的看书，我偷偷的一看，正是这部《中国文学珍本丛书》。从这上面可以知道时代的演进，使我们对于同一样事物可以有截然不同的观念。

　　许多男女间的私事，现在已经不视为猥亵，可以作为正经问题，公开的讨论。用子宫帽节育可以"救国"，一家卖毛巾被的广告上说："夏夜夫妇燕好之后，用之可免受凉。"凡此种种，都证明所谓海淫，猥亵也者，都随了时代，习尚，一时的风俗环境而转移，并不是绝对的。

　　同样，在近代文学作品中，猥亵的成份更是遽急的在发展。例证是不胜枚举的。不过，文学作品中所包涵的关于两性生活或其他猥亵的描写，是不能和一般的"淫书"一概而论的。所谓"淫书"，德国当代性教育权威布洛讫博士在《现代的性生活和现代文化》一书中所下的定义最恰当。他说：所谓纯粹的猥亵文字，必须著者的目的，是全然在挑动读者的性感。决不能因为有一些著者运用了某一些字，叙说了某一些动作便认为是猥亵。

　　这合理的定义，可以使许多艺术作品，即使里面包涵着不少猥亵部份，然而著者的用意却全然和上述的定义相反，从幽禁之中解放了出来。同时，许多宗教的医学的或科学的著作，虽然全部是关于两性生活的，也可以不和猥亵相混。

　　有人将"淫书"比为毒药，这比喻是恰当的。有许多危险性极大的毒药，在常人手中，不小心是有生命危险的，但是到了专门家，医生的手中，有时却对于医学上有极大的帮助。同样，在许多淫书之中，包含了不少关于风俗人情和变态心理的极珍贵的资料，这些资料，若通过了其中的猥亵成份，以科学的学术的眼光去研究，对于文化史、社会学和心理学是有极大的贡献的。但对于一般素人，这类书和毒药一样是该封禁起来的。

著名的哲学家叔本华曾说："人性中两极端是常常可以并存不悖的。"因此有许多伪善的道学先生，书箱中时常藏着淫书，真愚笨得可笑，他们那里有叔本华这样的坦白。他又曾说："一位哲学家不仅要用头脑去活动，而且也该用生殖器管。"因此他自己也是一位淫书的耽读者。与他同时代的文豪歌德，不仅爱读，同时更是一位绝妙的色情小诗的著者，这些原稿一直到今天还在魏马被保藏着。我国两宋时代的词人，有许多大节凛然，为官清正，但是却遗下了许多极香艳猥亵的小词。凡此种种，并不损害他们整个的人格和伟大，正证明了叔本华的哲理是正确的。

对于猥亵文字，法律和一切维持风化道德机关都在竭力的禁止，但效用是极微的，而且愈加增加了一般人的好奇。正当的处理方法，是该从科学的艺术的立场，辨明艺术作品和专以猥亵为目的的文字图书的区别，从教育方面去普及一般的性知识，提高欣赏艺术作品的水准。这样，将比一切维持风化机关所做的愚笨的举动为有效。

裸体美术与诲淫

中国是将"裸体"视为最猥亵的东西的国家，所以根本没有裸体，更没有裸体美术可言。有之，便是纯粹的春画，它的目的截然不是"艺术的"，历史上所记的后宫镜殿秘戏以及所谓无遮大会，也是帝王纵欲荒淫之举，决不是希腊人尊重裸体视为美的最高点的表现。在这传统观念下，无怪以前艺术叛徒刘海粟第一次雇用模特儿作人体写生时，要值得卫道之士的反对和官厅的取缔了。

但是，裸体果真是猥亵的吗？这问题是值得研究的。第一，我们先要注意"裸体"二字在原始人是不存在的。人本来是不穿衣服的，所以也无所谓"裸"，"裸"是人类有了衣裳以后的发现，这的确是一句定论。同时，也正是穿上了衣裳以后，人类对于自己的身体才有羞耻和猥亵的观念。

一直到今天，世界上有许多民族还是裸体的，至多也不过用一点羽毛或布片遮掩着下部。这举动，并不是为了猥亵，实在是作为装饰或保护性的，因为他们大都将两性生殖器官视为最宝贵最神圣的东西。衣裳最大的作用是"保护"，"装饰"，而不是"遮掩"，这观念一直到现在还残留在文明人的脑经中。

其实，穿衣裳为了遮掩肉体，不如说是为了显露肉体，这倾向在现代女性中更为发达。欧洲的女性，对于衣裳的观念一向与我们不同，她们都想藉了衣裳的掩护来显露自己的肉体。流行的晚礼服和最新式的游泳衣更明显。这类衣裳所遮掩的部份，与其说是"遮掩"，不如说是"暴露"，因为这正不啻将这部份特别暗示给人家。

所以，对于人体的猥亵的观念，实在是因了衣裳而起，同时，所谓裸体美术，也是有了衣裳以后的发现，希腊的裸体雕像，和希腊以前的裸体雕像，制作的动机是截然不同的。因为到了希腊时代，人们才发现脱了衣裳以后的人体的优美，在这以前是根本没有这种观念的。

对于裸体的美术作品，因而发生猥亵观念的，可说是极少数。只有性欲不健全或在特殊环境之下孤独生长起来的人，才有这种观念。德国在一八七六年曾发生一次案件，有一个人在一座圣母像前手淫，讯问之下，才知是一个近于白痴的毫无智识的人。

对于男性的诱惑和刺激，裸体的女性实在比不上半裸的或仅遮掩一部份的女性。一个仅穿亵衣的女性，对于色情的刺激，会比一个全裸的女性更甚。所以非洲有一个地方，只有娼妓才穿文明人的衣服，而巴黎的一些画室，模特儿脱衣裳时大都在屏风背后，待脱光了后再走上画台，因为脱衣裳的一瞬间和仅裸露一部份的肉体是比全裸更猥亵的。

西洋有一些裸体雕像，大都用一张树叶遮掩着阴部。这叶子有些人称它作"秋叶"或葡萄叶，都是错误的，这实是无花果叶。典故出在《圣经·旧约》的《创世记》。女人夏娃听了蛇的诱惑偷吃了禁果，分别出善恶，听见上帝的声音，感到羞惭，便用无花果的叶子做裙遮掩自己的裸体，后来僧侣们便运用到教堂的雕刻上。从这上面，也可看出人类是因自己先犯了罪，然后才对自己的裸体发生羞耻。穿上衣服之后，于是便永远堕落了。

不许参观的博物院

　　一般的博物院，有一些陈列室是不许妇女或小孩入内的，这里面大都是陈列着裸体艺术作品或性器官解剖模型，若是连成年的男子也不许参观的，那就很少有，因为这样根本就无庸陈列了。但是在意大利的拿坡勒斯博物院，却有两间陈列室，受着莫索里尼的手谕，终年封锁，任何人是不许参观的。这里面所陈列的，是从被火山掩埋了的彭贝城地下发掘出来的古物，都是属于色情方面的。莫索里尼不愿古罗马的荒唐遗迹影响他的意大利子民，所以停止开放。但是要探询这里面秘密的人太多，终于也有几个获得入内，美国有一个名叫勃莱特的新闻记者，便是其中之一，他在《绅士》月刊上曾有一文，记载他入内参观所见，现在译述大略如下：

博物院的看守领着我从神秘的甬道一直走到最上一层的陈列室。在狭隘的走廊里，有一间门上没有名称和号数，光线很黯淡，这就是这间著名的秘室。

一共有两间，每间大约有十五尺长，十四尺阔，有门通着。但是并没有窗。走进门去，一种阴湿的霉气扑人，地上满是灰尘，玻璃陈列柜上也满是灰尘。就在这玻璃柜中，收藏着那些著名的"古物"。

这些都是极细巧的秘戏模型，都只有指般大小，在当时都是佩在身上辟邪的，都是用玉石或宝石雕成，下面托着金属的垫座。在彭贝城的当日，妓女都用这穿成项链戴在颈上，作为卖淫的标帜。雕刻的精细真是使人惊叹。

座上还有许多小像，因为经过几百年的埋藏，表面已经雕蚀，都染上一层铜绿，那种紧张热烈的姿势，看上去不觉猥亵，只觉分外可爱。

此外还有象征生殖器的铜灯盏和瓦灯，这些都是当时挂在花街柳巷里。每个下等妓院的门口，都挂上一盏这类的灯，映着妓女的芳名，藉以招徕顾客。

　　陈列室的墙上，挂着许多发掘出来的壁画和浮雕。这都是大规模的秘戏图。这些壁画和浮雕，一共有几十幅，有的颜色已经黯淡，有的色彩还很鲜艳。画上的人物，并不十分写实，但颇有近代风味。那种温柔的肉色，不但极有趣味，而且极其悦目。我们可以想像当时的彭贝市人民是如何的享乐了。

　　墙上还挂着不少妓院的招牌，有的三尺多长，有的一二尺长，正好像现在理发店门口挂着的三色旋转柱子一样。

　　还有一些春画，也是妓院兜揽生意的广告。他们把这类春画贴在门口，引诱顾客，搬家时还可以撕下来带走。另有一些古怪的高帽子，据说都是当时妓院雇了人戴着在街上游行，口中高呼着妓女的芳名，加以种种形容，藉以吸引嫖客的。……

密室中所收藏的这类古罗马色情文化的遗物，共有三百多件，大都是彭贝城遗址中发掘出来的。当时彭贝市民淫靡的私生活不难想像。欧洲有许多著名的生理学者和优生学者还从这上面研究古代人性交的姿势，以求获得合理的结论。所谓"彭贝式"（Pompeian method）便是从这上面的发现。

关 于 秘 戏

　　所谓"秘戏"，便是指描摹男女交媾的图像。这名词由来颇久，据说在《史记》和《汉书》上已经出现。杜子美的宫词："宫中行乐秘，料得少人知"，所指的便是这事。在独夫的专制政体之下，便是这类"秘戏"也仅是在宫闱之中才可以存在，所以现今所流行的秘戏图，大都是"汉宫春色"之类，背景和人物都是模拟宫闱中的景象。

　　秘戏又称春画，俗语叫作春宫。《红楼梦》中傻大姐所见到的妖精打架的香囊儿，便是这东西。虽然是猥亵的东西，却也有正经用处。预防江湖上的铁算盘，念秧术，以邪压邪，据说最有效用，所以乡下人的钱柜和衣箱里，时常要用几张这类"春宫"来镇压。此外，还可以避火，这正是流行世界各处最普遍的迷信。

其实，"秘戏"并不限于"画"，除了画在纸绢上之外，更有雕刻的或塑造的。有瓷制的，有木雕的，也有刻在贝壳和桃核上的。北平捏面人的，更可以在剖开的胡桃壳里或火柴盒内，给你捏上一套。此外，指环，烟斗，中国旧日之香囊折扇，都是制作这类艺术品的最适当的对象。因为能辟邪，所以在钱币和墓道的石壁上，有时也可以发现这类的"秘戏图"。

画秘戏的能手，当然是尽人皆知的仇十洲和唐伯虎，据说一套册页，价值要几千，而且假冒的极多。《清河书画舫》上记载有唐人周昉所绘的《春宵秘戏图》，如果可靠，这当是最古的一幅。此外，近代大同马相舜，太仓王无倪，歙县罗锡三，据说都是此中能手。富豪之家，大都爱收藏这类作品，奔走权门的小人，也爱用这东西作进身之阶。

日本人的这种作品，和中国所流行的差不多，大都是古装的。有彩色木板套印的，有画在绢上的，也有烧在瓷器上的。西洋人的就不同了，很少有像中国的成套画册，大都是单幅的，而且一反"燕婉妖媚"之状，着重变态的描写。十七世纪时的荷兰大师郎布朗特，便留下不少这类的速写。此外，英国的路郎逊（Thomas Rowlandson），更是近代在欧洲描摹秘戏驰名的能手。

自从摄影术发达之后，"真的照相"便替代了画片。这类照片，欧洲的法国德国比利时西班牙等国，都有大规模的制造机关，用极秘密的方法运销各地。一男一女是普通的，有些更表现着手淫，兽奸，鸡奸，同性恋，以及其他荒唐背伦的变态性行为。这类照片虽然各国都用严厉的方法搜查焚毁，但是他们仍用极巧妙的"走私"方法流通各地，和贩卖军火一样，几乎有一种国际性的组织。当然，中国的市场上有这类的"舶来品"，同时也有"国货"。

这类"秘戏"无论是绘画的或塑造的，粗俗不堪的固然不少，但是出之名家之手而意趣盎然的也有。从防范风化上说，这类作品当然不能任它流通市面，但是从私人的鉴赏和趣味上说，这却是不妨收藏的。不过，伧夫俗子当然不足以语此。

我最近曾看见一件小小的日本酒器，里面画着达摩，外面则是一幅秘戏图，女的在上，男的在下，一旁题着两句小诗：

"女的说：我这样高踞在上，如果神灵看见了，不要惩罚我吗？

男的说：不要紧，不要紧!"

这正是谁见了都要辗然微笑的绝妙风趣。

再谈秘戏（上）

　　凡是研究民俗学的人，都知道未开化人对于男女之事，都视作神圣不可轻渎，即所谓生殖器崇拜。所以在南美洲和非洲一带被发现的秘戏图像，大都精美异常，而且制作异常郑重，生动淳朴，决没有文明人的雕琢做作。近来被发现的巴利岛的土人作品，更被世人所重视，许多现代画家，都从这上面吸取人体构成的元素。

　　我国的秘戏图，我在前面已经说过，大都带着浓重的宫庭〔廷〕气味，所以精致的作品也都是这类，但这类作品绝不易见。至于在市井之间时常见到的，大都是恶俗不堪寓目的。赤条条的男女二人，肥白浑胖，至多女的戴一方大红兜肚，挑一双大红鞋，好像山东人的西洋镜里最后的一张一样。这类秘戏图，正是伧夫俗子的至宝，而略有智识的人见之不仅不发生兴趣，反而要作三日呕。明人冯梦龙所辑的《山歌》，其中有一首题作"春画"的，所歌咏的正是这类东西：

> 姐儿房里眼摩挲，偶然看着子介本春画了满身酥，个样出套风流家数侪有来奴肚里，郴得我郎来依样做介个活春图。

这是很写实的，这类作品大约也是供给这样之用而已。至于上等的，大都是宫装，温文尔雅，多半出自内庭供奉画师之笔，正如《金瓶梅》里有一词所说：

> 内府衢花绫裱，牙签锦带装成，大青大绿细描金，镶嵌斗方干净，女赛巫山神女，男如宋玉郎君，……

所以中国有许多秘戏图册页或手卷，有些模仿仇唐的署名，一些故意不落款，便是想冒充出自大内的"御物"。

再谈秘戏（下）

秘戏图的出现是很古的，据邓文如的《骨董琐记》所载：

> 考《汉书》广川王坐画壁为男女交，置酒令姊妹饮，至罪废，汉成帝画纣踞妲己而坐为长夜之乐于屏。汉时发冢鉴砖，画壁皆作男女交状，且有及男色者。又画于车螯壳上者亦然。后则炀帝铜屏，高宗镜殿，皆宋人春宵秘戏图蓝本……

所谓"春宵秘戏图"，见于《清河书画舫》，如果是可靠的话，当是最古最名贵的一幅。据《清河书画舫》的著者张丑题记说：

绢本春宵秘戏图卷，戊午七夕获于太原王氏，乃周昉景元所画，鸥波亭主所藏，或云天后，或云太真妃，疑不能明也。传闻昉画妇女，多为丰肌秀骨，不作纤纤娉婷之形，今图中所貌，目波澄鲜，眉妩连卷，朱唇皓齿，修耳悬鼻。辅靥颐颔，位置均适，且肌理腻洁，筑脂临玉，阴沟渥丹，火齐欲吐，抑何态秾意远也。及考妆束服饰，男子则远游冠丝革靴而具帝王之相，女妇则望仙髻凌波袜而备后妃之容，姬侍则翠翘束带，压腰方履，而有宫禁气象，种种点缀，沉着古雅，非唐世莫有矣……

从这题记上，可知这幅《春宵秘戏图》不但出于唐大家周景元之笔，而且立意很新，题记的文字也极香艳，是极可珍贵的资料。此外，元人冯海粟，有一首题《熙陵强幸小周后图》的七绝，可说是仅有的关于"虐待狂"的诗句：

江南剩得李花开，也被君王强折来。怪底金风冲地起，御园红紫满龙堆。

《金瓶梅》之类

  这几天在四马路发现曹涵美先生的《金瓶梅全图》第一集，装订很古雅，画笔也很细致。虽然不是真正的"全图"，但是对于一般的读者，也颇足"望梅止渴"了。原刊《金瓶梅》本有两种插图本，只是刻得太拙劣，说句笑话，潘金莲的面目有时竟和《古烈女传》上顾恺之的"烈女"差不多，太没有表情，而且也太简单了。北京印行的《清宫丽美图》，画面虽然复杂一点，但是极力在拟古，所以也欠活泼。这回新出的《金瓶梅全图》是颇能一洗这类弊病的，正如《论语》半月刊的广告上所说，"每一人物，眉挑目语，更表情生动，恰又各合身份"，所遗憾的，只是使人未能"窥全豹"而已。

本来，像《金瓶梅》这类的书籍，不论是插画或文字，要公开发卖，删检的手续是必要的，这正是"十六岁以下儿童恕不招待"之意，并非广告术，实在是维持社会风化的一种合理举动。但是对于教养程度已够的读者，或是一些专门家，这里面的"秘密"是不妨公开的。所以在欧洲和日本都有这类私人组织的出版部，用预约的手续发卖，注明是"非卖品"，因此官厅也不加禁止，因为这正是"寓禁于征"的办法，可以限制流传，同时还可以保存这类书的真面目。绝对的禁止实在是愚笨而且也是无效的。《肉蒲团》和《灯草和尚》之类，虽然从前清时代就有明文禁止，但是一直到今天，不是凡是律法所及之处，这类书籍依然存在吗？

提起《金瓶梅》，使人想起波伽丘（Boccaccio）的《十日谈》（*The Decameron*）。这书的内容虽与《金瓶梅》异质，但是在地位上却是同等的。中国人很少不读过《金瓶梅》，或者至少也知道这书名，知道是部所谓"淫书"。同样，西洋人也无人不知道《十日谈》的，因为这是最普遍的一种，同时也是最"初步"的一种。

《十日谈》的原文是意大利文，全译本照例是不能公开发卖的，大都由私家出版部经过"预约"的手续，因此价钱也很贵。英文译本一般通行的都是经过删节的，好一点的版本则在猥亵处保持意大利文原文，这好像说，如果一个英国人能够读意大利文，他便有资格读这几节的文字了。

当然，在外国和在中国一样，除了上述的一种之外，还有数不清的真正的"淫书"存在。英国有不少，法国不用说。据说最好最多的还要算德国，尤其关于男色和变态性欲描写的。法国对于这类书籍的取缔较宽，所以有许多这类的英文书都在巴黎出版。文笔和描写属于上乘的固然不少，但大都和中国的石印小本一样，都是索然无味恶俗不堪的东西。

柏林的布洛讫博士非常推荐英国克莱郎（Cleland）的《芬赖赫耳的回忆》（*Fanny Hill*）说是英国这类著作之中惟一有艺术价值的一部。这书，作者曾匆匆翻过一遍，是和早几年出现的《银梨花下》体裁相近的东西。此外，还有一本《香园》（*The Perfume Gardon*），是译出亚拉伯文的，也是英文中最得人称赞的一种。

守宫砂与贞操带（上）

对于一个男子，一个有了妻子的丈夫，最大的侮辱是嘲笑他的妻子的不贞。所谓"绿头巾"，所谓"乌龟"，据说是男子最不名誉的一个头衔。因此丈夫对于自己的妻子和第二个男子的防范，便不惜耗掷最巨大的心血。古代是这样，现代也是这样。中国是这样，外国也是这样。更值得注意的是，愈是笨拙的男子，将自己的妻子防范得愈严，而结果，只有益发证实自己的愚笨而已。因为在他用尽心机自以为高枕无忧的时候，妻子早已用更巧妙的方法使他将"绿头巾"戴上了。

所谓"守宫砂"和贞操带，便是中外无独有偶的防范妻子的风流刑具。

守宫就是壁虎，据《文海披沙》说："蜥蜴守宫蝘蜓蝎虎，世皆混以为一，即《尔雅》亦云，然其实非也。在壁曰蝘蜓，常近人，无毒，尾击之辄断，在地跳跃不止，儿童多狎之，以其食蝎，故名蝎虎。以其出入宫中，故名守宫，或以为血可涂宫人臂，使无异志，谓之守宫……"其实这仍是说得很含糊的。蝎虎就是壁虎。上海少见，内地则一到夏天，傍晚时候墙上爬的皆是。守宫砂的制法，据说以朱砂和牛羊脂与守宫食之，日久则腹作赤色，通体透红，五月五日取血涂妇人臂上，作朱砂痣，揩拭不去，终身常在，与人交合即灭。

制法很简单，似乎很灵验，现代丈夫不妨一试。只是，慎防着你太太私下也养着一条，那就一切都完了。

汤公让有一首咏守宫诗，就是说守宫砂的：

> 谁解秦宫一粒丹，记时容易守时难。鸳鸯梦冷肠堪断，蜥蜴魂消血未干。榴子色分金钏晓，茜花光映玉鞲寒。何时试卷香罗袖，笑语东君仔细看。

这诗说得很风雅，几乎是"闺中乐事"，其实内幕恐怕未见是这样的。

守宫砂与贞操带（下）

所谓贞操带（Girdle of Chastity）便是中世纪在欧洲流行的，丈夫防范妻子的愚笨而残酷的工具。守宫砂还带点风流意味，至于这贞操带完全是对于女性的侮辱了。

贞操带的形式，据目前流传下来的实物看来，是一条金属的腰带，下面另附着一块金属小片，可以遮掩下部，上面有锁簧，用来束在腰上，阻止女子随意和男子交接的。普通的是单式，前面有一块铜片，可以掩住阴部，而复式的，则铜片之下另有一块铜片接到后面去，连肛门也可以防范了。

腰带上有绞练，可以随腰部的大小伸缩，锁簧装在与腰带衔接的地方。铜片上有小孔，可以通大小便，然而小得连指头也放不进去。这样锁起来，门禁森严，当然可以万无一失了。

欧洲中世纪的嫉妒的丈夫，为要预防妻子的不贞，在出门经商或从军的时候，便要妻子戴上这贞操的保障，加上锁，自己将钥匙带走。有的甚至在平日也要强迫妻子带着。然后，世间最狡狯的是狐狸和女人。伶俐的妻子早已托邻媪配得了同式的钥匙，在丈夫拍拍胸膛安心的走出大门以后，情人早已准备着从后门掩进来了。

贞操带的发源，据说是在东方。非洲土人在阴唇上戴着银环，或者将阴户的一部用线缝闭起来，就是这贞操带的滥觞。而流浪的吉卜赛人，在少女之中，也风行用一匹布或者皮带缝在腰间，保护自己处女的贞操，平时由父母加以察看，直到新婚之夜，才由新郎用刀割开。

不过，这类贞操带是处女守护自己的贞洁，与妻子被丈夫强迫加上去的贞操带截然不同。东方的贞操带之流入欧洲，无疑的是由东征的十字军带回去的。当时的威尼斯，不仅是商业中心，同时也是奢华淫靡的中心。东方的风俗习尚，这时由行伍之中带回欧洲。近东一带所流行的男色的奇癖，也在当时欧洲中上阶级流行起来。有着这种经验的丈夫，对于妻子便也扩大了防范的领域。这只要看复形的贞操带在意大利发现的最多，便是一个明证。

贞操带这东西，十二世纪已经有发现。不过，由于记叙与贞操带有关的古籍，多半被认为猥亵，不能供一般人的研究，因此关于它的文献可说相当的狭隘。然而在十六、十七世纪的欧洲，不仅在意大利，即在法国德国，贞操带都大大的流行过。这不仅从当时的文艺作品，社会风俗的著述中，可以证明，甚至当时法庭的案卷中，关于妻子控告丈夫虐待，或是丈夫控告妻子不贞的案件中，都有不少的牵涉。

被发现的贞操带，在一般的博物院中大都藏诸秘室，不是一般的观众所能见到，因此投机的古董商人竟造了许多赝品以满足猎奇的收藏家的欲望。

一直到十九世纪中叶，英国苏格兰还有一位叫穆岱（John Moode）的医生，公然发散传单，承制各式的贞操带。他说，这不仅使为父母的可以省了许多不必要的担忧，而且可以使为丈夫的免了不少污辱门楣的耻辱。这传单竟然招徕了许多可笑的主顾。

身 具 二 形

身具二形，即所谓"半阴阳人"，普通称作"雌孵雄"，在生理学上的学名是 Hermaphroditism，佛经上名为"博义半择迦"，说是半月能男，半月不能男，又说上半夜为男，下半夜为女。其实，这都是鬼话。所谓"两性体"，在生物学上并不是一件神秘难解的事，下等动植物有许多都是雌雄一体的，而人类的精虫，在受胎之初，也是具有男女同一的生殖腺，在第二月到第三月中，生殖腺的发育渐渐偏向男或女，而生睪〔睾〕丸与卵巢之差别，然后逐渐消失其一。外阴部也是这样，直到第四个月男女之别才定。所以，如果说每一个人都是身具二形，这话虽然是耸〔人〕听闻，但是只要自己仔细检查一下，再翻一翻胎生学中的生殖器发生史，便知这实在是实话。

所谓"半阴阳人"，便是在发育的过程中，发生障碍，其一部份停止滋长或消失，于是便发生了畸形的现象。如男子的"生殖结节"发育不全，不成为阴茎，而止于阴核状态，同时生殖沟不闭锁，发生尿道下之破裂，左右之皱襞不相愈合，成为"膣腔"，同时睪〔睾〕丸又不下垂而停留于腹腔内或鼠蹊内，于是外阴的形状俨如女子。这种畸形，生理学上名为"男性假半阴阳"，因为他实是男性。又有女子的阴核异常发育，则外观如阴茎，生殖皱襞愈合，膣腔殆等于无，同时卵巢下降转位于大阴唇中，恰如睪〔睾〕丸，于是外阴酷似男子，这种名为"女性假半阴阳"，因为她实是女的。这是属于外形的，同时内部生殖器官有时也会有这类的残留，如一侧是睪〔睾〕丸，一侧是卵巢，但大都只有一种生殖机能，所以半阴阳又有内外之分。

至于"真性半阴阳"，即兼有男女两性器官及机能。阴茎能勃起射精，同时膣腔又能交接的，则极少见。即有，大都属于"女性假半阴阳"，不过阴核能勃起，但决不能射精，而且施行解剖时，可断定决无睪〔睾〕丸，或输精管的存在。

半阴阳人的发育，如须发，阴毛，喉头，乳房等，大都依其畸形而生特殊现状。但是如果要认真断定其为男为女，则除施行解剖以外，局部的现象完全是不足据的。

法律观念发达的社会，因了选举权，遗产承受权，征兵义务等，有时一个人究竟是男是女，便有很大的出入，所以有些国家关于男女性别的鉴定，都有专律。但是中国律法上还没有关于这类的规定。因为过去所发生的"阴阳人"的纠纷，大都是婚姻关系或风化案件，从不会牵涉到"公权"过。

中国野史上，关于"身具二形"的记载颇多，而社会上一般的传闻更多，但大都讳莫如深，从未有人施以检查或鉴定。但可断定，大都是"假性"的，因为从生学理［生理学］上说，真的极罕见也。

蓝道婆及其他

关于身具二形的阴阳人，中国笔记小说中颇多记载，但大都传闻失实，近于神怪，不甚可靠。反之，外国一些医学专著和法医鉴定研究，则有许多正确的记录，可供参考。读者中大约也有人愿知道详细的，不妨撮录数段。

中国笔记中的记载，如明人著的《五杂俎》第五卷所记：

晋惠帝时，京洛有人兼男女体，亦能两用人道者，今人谓之半男女也。又有一种石女，一云实女，无女体而亦无男体。近闻毗陵一毗绅夫人从子，至午则男，从未至亥则女，其夫亦为置妾媵数辈侍之，有妓款承枕席，出以语人云，与男子殊无异，但阳道少弱耳。

这后面的一段，大约是事实，只是依时刻以化男女，则未必可靠。又，清人的《坚瓠集》载有：

> 《王历通志》载，心房二宿具男女二形，妇女感之而孕，所生亦具二形。晋史惠怀之世，京洛有兼男女体者，能两用人道。《七修》载，杭友苏民词娶一妾，下半月女形，上半月则阴户出阳势矣。《碣石剩谈》载，嘉靖中瑞州蓝道婆，身具男女二形，假女红奸人妇女，事露刑死。《闻见厄言》载：禾郡城隍庙道童，阴囊之后，谷道之前，又具女形，年长而美，两乳亦发……

所谓蓝道婆，据记载看来，实在是"男性假半阴阳"。他书有更详细的记载，兹一并录下：

> 《碣石剩言》，嘉靖中瑞州府有蓝道婆者，身具男女二体，无髭须，因束足为女形，专习女红，极其工巧，大族多延为女师，教习刺绣织纴之类，即与女子昕夕同寝处，初不甚觉，至午夜阳道乃见，因与淫乱。后至一家，女徒伴宿，蓝婆求奸，女子不从，寻与父母语其故，令老妪试之果然，首于官，捕至讯实。以巨枷遍游市里，女子曾失身者缢死甚众。

这类风化案件，记载颇多，但有些是"男扮女装"，未可与"阴阳人"混为一谈，蓝道婆是最著名的一个。

德国于一九零七年曾出版一本书，名《一个作为女子的男子的回忆》，著者匿名，但曾受医生的检验，据说从小被当作女子教养，直到二十二岁才发现自己有男子的性欲，而且可以性交，实是一个"男性假半阴阳"。

"阴阳人"的发现，大都因了婚姻关系涉讼之故，不是女的"交接不能"，便是男的"阳道渺小"。但也有例外的，据Ambroise Tardieu 氏的记载，有名玛利阿尔塞娜者，寿至八十四岁高龄，与其夫配偶，永年相契，直至死后施行解剖，始知其为男子云。（见日本田中祐吉著：《近世法医学》）

"阴阳人"为生理学上并不十分偶然的现象，但真性的极少，大都是假性的，除属于内性器官变化者外，其余一经检验，不难决定。中国社会人事日益复杂，法律观念也渐普遍，关于这事，不久也许有实际的案件可供我们的参证罢。

女　化　男

　　女化为男，这类事情，从生理学上说，大都是"男性假半阴阳"所起的变化。从性心理上说，则与同性恋，色情综错有关。世间不乏女扮男装，或身为女子，而性情容貌举止酷类男子，从小爱和男孩游戏，厌恶女红装饰，大起来喜欢偷偷的穿父亲或兄弟的衣帽，又在女学校里演戏，喜欢自告奋勇的装扮男子。这类女性，纵然不致每一个都真的化为男子，但从性心理上说，世间女化为男的故事，大都从这上面出发。除了"阴阳人"的生理变化之外，真正的女子忽然化为"伟男"的，尽多传说，实际上却是不可能的。

女子在性情和色欲上逐渐以男子自拟，终至自认为男子或改男装的，这种变态行为，性心理学上都称为 Metamorphosis sexualis paranoia 或 Sexual Inversion。这种"性的变形症"，无论男人以女人自拟，或女人以男人自拟，所谓"雄妇人"或"雌男人"，都是有极强烈的同性恋嫌疑的。德国克莱佛特伊宾博士所著的 *Psychopathia Sexualis* 是研究变态性欲和色情综错的专门著述，书中收集近三百件的变态性欲的医案和鉴定报告，都是极翔实可靠的，包括着变态性欲的各部门，其中便有不少属于"性的变形症"的资料，有的是医生的报告，有的是病者或犯人的自述，男女都有，但结论不属于"半阴阳"的生理变化，即属于同性恋的心理变态，真正"女化为男"可说是少有的。

去年报纸上电闻捷克著名女运动家考勃诃伐女士，短跑八十米和八百米的世界纪录保持者，经过医生的几次手术，已逐渐变为男子，而且取得男子的国籍。细情我们虽然不知道，但可断定他不外是"男性假半阴阳"，却一向被视为女子而教养。所以在体力上能创造女子短跑的新纪录，而经过医生几次手术，就可恢复为男子了。不然，现代医学任是如何发达，化女为男的手术还是不存在的。

中国人对于"女化为男"的传统观念，多与劝善惩恶以及孝道有关系，所以行善多年，女儿可以"梦一老人，强纳一物于胯间，比寤后……"就化为"伟男"，或是女儿将嫁，不忍丢弃父母，合欢之夜也可以一旦化为男子。这类传说或记载很多，深入人心，所以上海前年便发现了东北的姚锦屏小姐，用一束破布缚在胯间，说是变成男子，害得新闻记者和医生大忙特忙，还要说"隔裤扪之，岸然伟男"，一直到用了迷药去检查，才知道是笑话。我想，我的《书淫艳异录》如果写得早一点，或不致使人这样上当了。

姚小姐事败后对人说，她这行为是想谋取职业，可以供养老父。她既然这样孝思，根据中国传统观念，我也只好任之，不便说她是"变态的性行为"了。

男　化　女

男化为女，和女化为男一样，在生理学上的解释，都是属于"半阴阳"之类，而在性心理学上，也都列入"同性恋"和色情颠倒症之类。不过在中国的传统观念上，大都认为"女化男"为吉兆，是行善孝思之报。而"男化女"，则认为是人妖，是阴人得势之兆。其实，人妖虽未必，不过男化为女，因了有许多是乔装的，或者简直是男妓，时常牵涉到风化问题，却是事实。

除了"女性假半阴阳"，一向被当作男子，一旦因了生理的变化，回复女性之外，其余男化为女的事，实是不存在的。

有些地方，买许多年幼的男孩，选择相貌姣好的，从小使他女装，或者用种种残忍的手术，压杀他的男子性欲，长成之后便充当男妓。这种"男妓"，有时喉头、声带和乳房，也会酷似女性，但这是人工的，实在不能认为"男化为女"。

其余，许多男化为女的传闻，与其说是生理上的，不如说是心理上的。一般溺于同性恋的男子，在在都要表现自己为"女性"，风流自赏，所谓"愿来生化作女儿身"，这种变态的色情行为，时常由心理上的作用，影响到生理上的变化。

关于"男化女"的记载，清人卢若腾的《岛居随录》，说得颇详尽：

> 男有化为女者，《华阳图［国］志》：武都丈夫化为女子，蜀王宠之至亡国。《汉书》云，哀帝建平中，豫章男子化为女子，嫁人生一子。献帝建安二十年，越巂男子化为女子。刘曜时武功男子苏抚，陕男子伍长平，并化为女子。隆庆二年，山西御史宋纁上言，静乐县民李良雨，娶妻张氏已四载矣，后因贫出其妻，自佣于人，隆庆元年正月，偶得腹痛时止，二年二月初九日是，大痛不止，至四月内，肾囊不觉退缩入腹，变为女人阴户，次月经水亦行，始换女妆，时年二十八矣。

　　这类记载，旁的书上也不少，如《京房易占》云男化为女，宫刑滥也。女化为男，妇政行也。又云，女子化为丈夫，兹谓阴昌，贼人为王。《春秋潜潭巴》云，男化女，圣人去位，女化男，贼人为王。

　　这类记载，照例归到气运和国家人事的盛衰上去，正是中国对付一切天灾人祸最典型的态度。

　　前几年欧洲曾出版一部传记，书名《男化女》，著者是丹麦人荷耶耳，叙述一个现代丹麦画家魏格纳变为女子的事，当时各报都有记载，周作人的《夜读抄》中也曾谈及这事。这画家最初是心理发生变化，觉得自己是个女子，经了几次手术，居然实现。但可惜不久就死了。其实，从他自己所谈的经过和施行的手术看来，仍不过是"女性假半阴阳"的变化而已。

谈精神分析学

提起弗洛伊德的"精神分析学"，我想，凡是对于现代心理学派以及现代文艺作品有兴趣的读者，大约总知道一二。近几十年，弗洛伊德的性的抑压作用和潜意识，对于心理学和文艺作品，实是一个深水炸弹，无论你是赞成或反对他的学说，无形中总要受他的影响。

关于他的学说，中文也有相当的译本。他的讲演稿《精神分析引论》，商务有高觉敷的译本，共六册，能翻阅一过，对于他的学说是可以一目了然的。将他的学说运用到文艺作品分析上的，有著名的摩台尔的《近代文学与性爱》，可说是以

"性"为主题来研究近代文学的专著，中文有开明书店的译本。此外，弗洛伊德本人曾有过一部自传，是研究他的精神分析学的重要资料。中文也有节译本，译者是前教育总长现在上海执行律师职务的章士钊。章氏是所谓老虎报《甲寅》的创办人，是桐城派古文专家，在北京时以复古维持礼教尽力与新派学者奋斗，今忽然翻译一部这样主张一切都是"性冲动"的著作，真是翻译界一大奇迹。章氏的弗洛伊德自传译本名《弗罗乙德叙传》，并非白话文，而是用桐城派的古文所译。艰涩深奥，古色古香，将精神分析译为"心解"，变态性欲者译为"媾变家"，性交时因忍精或遽受惊吓而得的病症译为"中媾截精"，实在典雅之极。"存文"同志可惜知道这书的较少，否则大可人手一编，琅琅而诵也。

弗氏的学说虽未可尽信，但他用这学术对于神经病的疗治却是可佩服的。只是他的"人类一切的行为，都是有意或无意的性行为的发泄或满足。成人是这样，小孩也是这样"，未免有点骇人听闻。因为照他的理论说起来，你向你的母亲笑一笑，或者你的女儿向你笑一笑，这其中都有"性的意识"潜在其中，未免有点太"那个"。

弗洛伊德生于一八五六年，今年已经有八十岁，是犹太籍的奥国人，希特勒秉政时大焚性科学书籍，他的著作也在内。他的精神分析学运用于神经病治疗和梦的解释最有成功。然而，尊崇他的人说他是"科学界的权威"，骂他的人说他是"疯狂"，都同样的过火。一般的读者，对于他的著作不妨作为一种新学术去涉猎，因了他的学说与日常生活，尤其是性生活极有关联，我们能涉猎一二作为谈话资料也是好的。不过，当然不能入迷。否则，梦见一切向上的物件都是"男性生殖器"的象征，一切有口能容纳物件的东西都是"女性生殖器"的象征，上楼梯是性交，滑了一交是手淫的化装，婴儿吃奶是对于母亲的"色情综杂"，那便要使你应接不暇了。

梦的象征作用

梦有象征作用，这是许多人都承认的。中国古代有占梦术，欧洲在希腊时代就有详梦的著述，埃及人更长于此道。上海愚昧的妇人，为了赌花会，常常睡在野外棺材旁边或者砍了婴儿的头去求梦，都是想从梦中的暗示，获得穷凶祸福的预兆。

我现在要谈的，却不是这类，而是弗洛伊德所主张的梦的象征作用，尤其是关于被抑压的性欲的潜意识，在梦中泄露的现象。

根据弗洛伊德的精神分析论，我们的潜意识，大都是不便向旁人公开的，有时连自己也不知道，都会在梦中流露出来，有的是直接的，但大半是间接的，用着化装的姿态在梦中出现。这类化装的象征作用，大都是有一定规律的，尤其关于性的象征，弗洛伊德便给我们尽可能的指了出来。他说，有些梦，看起来是不伦不类，而且不相衔接的，但是我们如果了解它们的象征作用，便容易明白它们化装之下的真面目。

据他的，梦中的象征，代表整个人体的是房屋。房屋的墙如果平滑，则为男人，如果有棚架和阳台等则为女人。父母在梦中往往为帝王皇后或其他高贵的人物，生产的象征常不离水；或梦没水，或梦救人出水，这都是表现母子关系。死亡的象征为出发旅行。裸体的象征则反为衣服或制服。

男性生殖器在梦里有各种不同的象征。神圣的数目三，是整个男性生殖器的象征。阳具的代表，则为长形直竖之物如手杖，洋伞，竹竿，树干等，也有以刺穿性和伤害性的物件如小刀，匕首，枪矛，军刀等，种种火器，如枪炮，手枪等，因其形似，也是最妥切的象征。有时男性生殖器以水所从出之物为象征，如水龙头，水壶，泉水等，有时则以可拉长之物为象征，如滑车，活动铅笔等。

阳具因有违反地心吸力高举直竖的特性，所以在现代人的梦里，气球飞机以及齐柏林飞船，都是象征。此外，爬虫和鱼，有时是象征生殖器，则颇费解。蛇也属于这类。

女性生殖器则以一切有空间性和容纳性的事物为象征，如地坑洞穴等，又如缸和瓶等。各种大箱小盒，以及银柜口袋等，也属于此类。尤其是房间。房间象征女性正和房屋象征男性有关联，而门户则代表阴户。妇人的象征则为各种材料如木和纸，以及制造品如桌和书等。动物方面，蜗牛和蚌，可视为女性的象征。就身体的各部说，则嘴为阴户的代表；就建筑物说，教堂小礼拜堂，都是妇女的象征。

女性的乳房及臀部都以苹果桃子及一般果物为象征。两阴的阴毛在梦中则为森林丛竹。糖果常用以象征性交的快感。由自己的生殖器而得到的满足则以各种游戏为喻。手淫则以滑走滑动及折板为喻。尤可注意的手淫的象征则为拔牙。跳舞，骑马，登山及一切有节奏的活动，也都是性交的象征。

梦 的 分 析

　　这几天在大谈弗洛伊德和精神分析学。对于一般读者，我想是相当有趣的。我们既然谈过了他的精神分析论，又谈过了梦的象征作用，现在不妨再将他所举出的梦的例证抄录一二，以资引证。弗氏的学说对于梦极重视，我们且看他用自己的学说如何解释一些普通的梦，分析梦中象征的意义：

　　一少女梦见自己正从厅上走过，其头忽和灯架相撞，以至血流如注。此事在现实的经验中确未曾有；她的说明有如下述，或可耐人寻味："你知道那时我的头发真令人可怕。昨天，母亲对我说，好孩子，果实如此，你的头将光秃如屁股了。"

弗洛伊德说，由这上面，可见其头实为体之下端的代替物。至于灯架的象征，不用说，我们自可了解：凡属可以拉长的物体，都是男生殖器的象征。因此，其梦的真意系指体之下端因与阳物接触而流血。

又，梦者在葡萄园中看见两个深穴，她知道此穴是拔去了的树根。关于这点，她曾说："树已不见了。"其意盖谓自己在梦中未见有树。但是这句话却表示着另一思想，可使我们相信其象征的诠释而无疑：其梦盖有关于性的幼稚的见解。以为女孩本来有和男孩相同的生殖器，后来因被阉割（即树根被拔去），所以有不同的形状。

又一例，梦者站在书桌的抽屉之前，抽屉是她所熟悉的，所以若有人动抽屉，她便可以知道。据此，书桌的抽屉，和一切抽屉箱盒同，都是女性生殖器的象征。她以为交媾之后，生殖器便露有此事的痕迹，深为她所顾虑，于是便有了这个梦。

又有一例，则分析得更详细而有趣：

> 这里又是象征作用的一个例子。但是我想于此将梦前的心境作一简要的叙述：一个男子和一个妇人发生恋爱，奸宿一夜。他说，那女人的品质是母性的，每当拥抱之时，即大有生孩子的愿望。但是他们幽会之时，却不得不

设法阻止精虫之侵入子宫。次早醒时，那妇人便述一迷梦如下：

有一戴红帽子的军官，方在街上追她，她力图逃脱，跑上梯子，而他则紧随在后，她气喘的逃入房里。将房门紧闭加锁，由锁隙中窥伺，看见他坐在门外凳上流泪。

红帽军官的追逐和女人的气喘上梯二事显然是交媾的象征。至于梦者将追逐者关在门外，则如梦中所常有的倒装作用的例子，因为在交媾完毕前即引身而退的实为男人。同样，她又将自己的悲痛之情，转移在男子身上，因为在梦里哭泣的是他，而他的眼泪则为精液的代表。

这实是弗氏分析梦的最好的例证。有趣的还很多，我也不便再多抄，读者如欲窥全豹，不妨买一部高氏的译本去研究。

性心理研究

　　我这里所说的"性心理研究"，是指霭理思［斯］的巨著：
Havelock Ellis：*Studies in the Psychology of Sex*。全书一共
有七册，二十余卷，近三百万言，是近世关于性心理研究方面
稀有的一部巨著，材料搜集宏博，态度严谨，不偏激也不拘
泥，于科学的探讨之中参以人情，趣味浓厚，立论正确，实在
是谁也该翻阅一过的一部好书。

　　这书的第一册于一九一零年出版，直到一九二八年才出齐
第七册。第一册是关于羞耻心的进化，性欲所发生的周期律的
现象以及"自爱狂"的研究。还有三种附录，一是：月经对于

女性地位的影响。二是：男子性欲的周期律。三是：宗教中的自爱狂。

第二册是关于变态性欲研究，如男子和女子的变态性欲的理论和分析，各种变态性欲的研究等。有附录两种。一是：流浪人中间的同性恋。二是：女学生之中的"朋友"。

第三册是关于性冲动的分析，恋爱与痛苦的研究，女子的性冲动等。有附录两种，一是：野蛮人的性冲动，二是：性本能的发展。

第四册是关于男子性的选择的研究，如触觉，嗅觉，听觉，视觉等感官对于性选择的作用，各种特殊的刺激和嗜好等。也有两种附录，一是：接吻考，二是：性欲发达的例证。

第五册是关于性的象征如生殖器崇拜以及拜物狂等病症，性欲发泄的机能，妊娠的心理状态研究等。

第六册是研究性欲与社会的关系，如母性与子女，性教育，裸体与性教育，贞操的作用，禁欲问题，结婚问题，以及娼妓花柳病的研究等等。

第七册最后出，可说是余论和补遗性质。材料范围很广，据著者自序说，这都是多年研究的副产品，有时更牵涉到与性欲有关联的其他学科方面。

　　霭理思〔斯〕的这部巨著，最初曾在英国出版，立刻遭了禁止，于是移到美国发行，这才可以继续。但书版上也注明是专供医药和法律参考之用，一般读者概不发卖。另有一种一册的节本，则在美国流行很广，英国也可以发卖。但去年美国的莱顿号司书店出版了一种四巨册的新版本，有霭理斯的新序，说是定本。以前的七册本，每册平均要美金五元，这新版全部只售美金十五元，便宜多了，而且也似乎已经成了公开的不限制发卖的了。

　　霭理斯今年已经七十多岁。除了德国方面许多专门的关于性科学研究的著作外，他的这部《性心理研究》可说是英语中唯一最伟大的收获。这书日本早有春秋社的译本，可是内容少许有些删节。在中国方面，周作人先生曾再三推荐这书，但期望有中译本出现，却还是过早的事。

变态性欲解

变态性欲包涵的范围很广，举凡一切超越于常轨的性行为，都可称之为变态性欲。但严格的定义却不容易决定，而且现象也复杂到几乎不能归纳。文化程度的高下，社会习惯和特殊环境，使人类的性行为不易决定怎样是常态，怎样是变态。而且，性行为的定义也很广泛。若根据弗洛伊德的泛性论而说，则人类一切的行为，从婴儿时代以至老死，无一不与性欲有关，而且都是反常的变态的流露，可说谁都有点"变态性欲症"。

弗洛伊德的学说虽似乎过激，但有几点我们不能不承认。

一般人都以为"性欲"即"生殖欲"，这实不能混为一谈。生殖欲最大的活动固然由性欲而表现，但性欲的活动，除了两性交媾之外还有其他许多活动。最简单的，例如谁都知道接吻与性欲有关，但接吻却毫无"生殖"作用。根据这点，所以性欲的发生并不一定要待两性到达青春期。婴儿从落地就有性欲，他的吸乳，一面是营养作用，但从吸乳的动作上所获得的快感就是性欲的快感，婴儿时常偏爱母亲嫉妒父亲，更是以自己母亲作为性爱对象的潜意识的流露。老年人的生殖能力消灭，但性欲却反而有亢进异常的；这都是证明性行为的意义并不一定是生殖的，有许多纯然是"性欲"的要求。

变态性欲的发生，有许多是生理上的，但心理的条件却是主因。先天的性欲异常症极少见，一般的变态性行为都因了环境，教养和天气而养成。僧侣和军队中最容易发生同性恋，孤独者和苦学的专门家时常是"虐待狂"或"被虐狂"，低能儿和白痴时常犯兽奸或尸奸，都是说明变态性欲的养成重要原因在于生活。

变态性欲的范围很广，但大略分类可如下列：

同性恋——这是最普遍的一种，在男子中流行，在女子中也很流行。大都是一时的，鸡奸，男色，自渎，种种反常的性行为都从上面产生。由来很古，埃及希腊就有关于这类的记载了。

虐待狂和被虐狂——这是相反的两种行为。前者喜欢对于自己爱的对象施以虐待，如鞭打，口咬，以及磨难等，后者则甘心被自己心爱的人虐待而高兴。一般的打情骂俏，是这种病症最好的例证。

露体狂——患者多是少年，但也有成人和老年人。喜欢露出自己的肉体或生殖器，有的私下欣赏，有的喜欢在同性之间，有的更喜欢在异性面前暴露自己的生殖器。

窥觑狂——和露体狂相反，这是专爱偷看旁人的裸体或生殖器，无论同性或异性。公共厕所或浴室是这类患者的天堂。

拜物狂——少年人患者很多。专爱收藏或偷窥异性的零星物件如亵衣，内裤，手帕，甚而至于月经带，以及一针一纸，一丝一发等。通常这类人大都想像丰富，患有手淫症。

此外，如兽奸，尸奸，在某种特殊情形之下性欲始勃发的人，都是属于变态性欲范围。关于这一切变态行为的成因，现象，以及事实等，我想以后再分条细细的谈。在这里，我只想简单的说一句：诸位不必惊异，许多关于这方面的权威都肯定，每一个健康的人，多少总在常态之外，染有一点性欲变态症，据说这不过是所谓"换换口味"而已。

媚药和巫术

媚药的范围很广，纯粹刺激性器官的兴奋剂和麻醉剂是属于这类，而颇风雅的据说服用之后能使男女互相爱慕的药物实在也是媚药，不过这后者与巫术大有关系。本来，巫与医本是通的，不仅中国古代是这样，西洋也是这样。因此，古代西洋巫师营业最主要的项目，便是为人制造媚药，而这类药品大都附带巫术作用，正与中国流传的方剂相仿佛。一根头发能使人入梦，一碗鸳鸯肉能使夫妇和睦。此外，亵衣，裤带，甚至对方的唾吐和所踏过的泥土，一经巫师之手就会成为媚药，使人情不自禁。其实，这都是利用心理作用，是一种变相的性欲上的拜物狂而已。

坊间出卖的《中西戏法大全》，其中也有"美女入梦"或"令人相思法"之类，所用的手法也不外是剪女人的衣裳角烧灰，或者鸳鸯心悬在门上，使人无意从下面经过等等。说是戏法，实在仍是根据传说的迷信和巫术。

纯粹的媚药，即所谓"春药"，很光荣的说，东方人是比西洋人更在行的。一翻开中国古代的医书，谈到长生不老，或者延年益寿之法，便照例不免牵到"采补"上去，于是"房中术"，"房中药"，如"红铅"，"紫河车"之类便层出不穷了，不仅伪托的《素女经》上满是这类的药方，就是翻开《本草备要》，所举列的滋阴补阳的药品也是属于这类，而且带着浓重的神话和巫术的意味，如"肉苁蓉"和"淫羊藿"便是最好的例证。据注解说，前者是：

"产西方边塞上垄中及大木上，群马交合，精滴入地而生。皮如松鳞，其形柔润如肉。塞上无夫之妇，时就地淫之。此物一得阴气，弥加壮盛，采之入药，能强阳道……"

后者据说是"北部有羊，一日百合，食此藿所致，故名"，这真是信不信由你了。

此外，粤人所信任的"蛤蚧"和"海狗肾"等，倒是于

"迷信"之中而更带有世界性的。因为西洋古代罗马所流传下来的药方，以及埃及印度的传说，进而至于现代最"科学"的说明，都以为动物的生殖器睾〔睾〕丸等是最"滋补的"，所谓"霍尔蒙""青春腺"，现代西洋的"春药"大都用着这样的假面具出现。

中西关于媚药原料的使用，更有一点相同的，便是使用蜂蜜和刺激的香料，据说有一种最古的埃及药方，便是用乳香，蜂蜜和胡椒配成。至于鸦片和酒类，那更是最基本的刺激剂，不过，这是对于偶然服用而言，有瘾的便消失这作用了。

关于媚药的详细的资料，手头虽然有着不少，但请读者原谅，我也想"卫道"一下，恕我只能这样概略的谈谈罢。

同性恋之谜

　　同性恋（Homosexuality）是变态性欲中最普遍，同时也是最复杂神秘的一种现象，有男女之分，男子与男子间的性爱称为男性同性恋（Uranism），女性与女性间的性爱称为女性同性恋（Tribadism），而且还有先天与后天之分，一种是暂时的现象（Pseudo homosexuality），另一种是真性的，至今还不能获得学理上的解释，故称为"谜"。据布洛讫博士说，他曾研究过许多真正有同性恋倾向的人，男女都有，仔细的考察他们的私生活，社会活动，实在与常人无异；更可惊的，这些人的心身都是很健康的，因此他认为是先天的倾向，尚无法解释，这些人的同性恋实不能与一般暂时的同性恋现象混为一谈。

所谓暂时的同性恋现象，大都与生活和环境有关，发生于荒僻的单调的缺少异性的生活中，如兵士，僧侣，狱囚，女尼等。这类同性恋都是为了解决性的饥渴，所以彼此都带有性的关系，有的互相交换，有的是甘愿献身。这种同性恋，在男性方面，便与"男风"，"男妓"差不多，完全是一种畸形的病态的现象。

但这种同性恋，一旦接触异性，或者结婚之后，便逐渐的消灭，所以是暂时的。真性的就不然，他们（或她们）大都是结了婚，社会的地位和经济情形都很好，而且婚姻也很美满，但他们（或她们）都另外有一个同性的知心的朋友，维持着一种秘密的关系，有的更自认绝没有性的关系。在男子方面，这种人并不厌恶女性，所以与女性憎恶症（Misogyny）显然有别。反之，他们也喜欢接近女性但不愿与女性发生性的关系，不过他们的身体状态却又是健康的。所以布洛讫博士称这类为真性同性恋，为难解之谜，认为是先天的关系，并不是变态。

近代研究同性恋的权威是侯希费耳特博士（Magnus Hirschfeld），他的收藏这类文献最丰富的性学图书馆，是当代研究同性恋最珍贵的宝库，但是前年希特勒秉政时，大烧禁书，全部都葬送在德国愚昧的大学生火炬下了。

同性恋的流行，并不在下级社会。反之，许多上流阶级人物，如法官，医师，科学家，学者，都自认是同性恋者，坦白的写出了自己的同性恋生活，供专家研究。历史上著名的人物，有这种倾向而见诸记载的，更是很多，据可靠的记载，文艺复兴大师米格盎基罗便是其中之一。

据霭理斯说，有许多娼妓，因了长期职业卖淫，对于男子的性交已感到麻木，没有性的愉快，她们便用手淫满足自己的性欲，大都成为"女性同性恋"。

我国闽广一带流行的"契弟"，江浙士女们的"十姊妹"，都是属于同性恋之列，不过前者有时近于"男妓"而已。

男性同性恋

男性同性恋，即所谓 Uranism，与男色（Pederasty）有别，因为后者纯然以性行为为目的，有时更是职业的，双方并无感情存在。但同性恋则不同，并不一定有性行为，而且双方时有一种"生同寝死同穴"的神秘关系存在，近于秘密结社性质，有时更是集团的行为，彼此有一种神圣不可侵犯的感情，对于外界的闯入者或窥探者，时常要加以生命的威胁。

据说法国大文豪雨果曾经有过一次这样的经历。他那时正住在巴黎的 Rue Jean Goujon，喜欢一人在路上吟诗，他每一夜和朋友分手后，总要经过一条冷落的小路，缓步回去。他时常发现路旁人注视他，但是从来不和他说话，而且也不类歹人，所以他也置之不问。有一夜，他索句不得，正在停步苦思的时候，路旁的树丛中突然走出一人，很有礼貌的向他说：

"先生，我们请求你不要再在此地逗留。我们知道足下是谁，但是我们深恐我们之间不认识你的人或会使你不便。"

"你们在此地干些什么？"雨果问，"每晚我见有人在此地徘徊，然后隐入树丛中去。"

对方简单的回答：

"请你不必过问，先生。我们并不惊扰他人，也不侵犯他人；但是我们也不容许他人惊扰我们，侵犯我们；我们是在我们的地界以内。"

雨果心里明白了，他点头为礼，悄悄的走开了。

隔了一晚，他又走过附近的另一条小路，不料路口却给椅子塞住，用绳缚者。

"此路不通！"有人这样威吓的喊着；但是另一个声音却又和缓的接着说："我们请求雨果先生这趟绕道而行罢。"

当时的巴黎，这类大规模的男子同性恋结合很多，而且公然举行俱乐部跳舞会，许多王公大臣贵族和有势力的土痞都参加，所以警察也奈何不得。

世界男子同性恋最盛行的要算德国了，直到现代还是这样。前年希特勒清党时，许多重要人物被捕时大都拥着娈童作乐，便是一个明证。据布洛讫博士报告，一千九百年的德国全部人口总数是五千六百三十六万七千一百七十八人，但是其中有同性恋倾向的竟有一百二十万人；柏林的全部人口是二百五十万，其中五万六千人是同性恋者。柏林的咖啡馆，食堂，土耳其浴室，便是这辈的大本营。侯希费尔特博士的大著《柏林的第三性》，便是专门研究这现象的。

真正的同性恋者，大都是终身的，这倾向从小就发现，直到老死。虽然结婚能暂时阻止，但日后总要再现。据说这类人从小就有女子倾向。大都像貌娟好，性格温柔，从事比较和缓或近于女性的职业，此外发育上更有一点特征，通常男子的两肩总较臀部阔大，女性则臀部阔过肩部。但男子有同性恋倾向的，则肩部，往往与臀部一般阔。

同性恋不仅在文明人中流行，未开化人也有这类现象，而且上流社会的比例较下流人大，多数同性恋的男子都是身体健康，出身高尚，这实是一种难解的现象。

德国的卡尔希（F. Karsch-Haack）曾对于同性恋作广泛的世界人种的研究，曾写过一部《亚细亚东部民族的同性恋生

活：中国，日本和高丽》，于一九零六年出版，可惜笔者至今
还不曾见过这书。

男性同性恋例证

中国历史上有不少关于男性同性恋的记载，如安陵龙阳，陈子高董贤等，然这大都是帝王的幸臣，与其说是同性恋，不如说是男色。英国唯美派文学首倡者王尔德，被道格拉斯爵士控诉诱奸其子，因而王尔德被判监禁，哄动文坛，更是近代英国关于男子同性恋最著名的案件，不过因了风化和原告家族体面关系，个中详情如何不得而知。但关于一般人士的，克莱佛特伊宾（Dr. Krafft-Ebing）所著《性精神病论》所举例证颇多，大都是医生的报告或病人的自白，极详确可靠，兹摘译数则，以见男性同性恋者的实生活：

（一）Z君，三十六岁，批发商人，父母身体健康；心身发育中等；十四岁时自动开始手淫；十五岁时，开始热烈注意同岁大小的男孩。从不注意异性。

二十四岁时第一次至妓院，但见了女人的裸体后就逃避了。

二十五岁时，与自己有同病的男子发生性行为（热烈拥抱以求射精，有时互相手淫）。

为了商业事务及治疗自身变态性欲之故，二十八岁开始结婚。藉想像之力（想像对方为一美少年），始能与其妻作健全的交媾。生一儿后，他又逐渐与妻远离。同性恋的感情和思想又开始活动，于是他以手淫来压服。

他爱上了一位少年，为了自己身体的健康和事业，病人才开始来医所求治，他也喜饮酒。

医生劝他戒酒，断绝手淫，竭力和其妻接近。至不得已时，至多与男子接吻拥抱。努力作心理上的矫正。

（二）T君，三十四岁，商人。九岁时，一同学教他手淫，开始与同榻弟兄互相手淫，又试行鸡奸。十四岁时，爱上一个十岁的同学。十七岁后，开始厌恶美少年，注意龙钟的老年人。

有一夜，他听见他年迈的父亲因性的满足而呻吟。他想像他父亲的性交情形，非常兴奋。从此老年人同性恋的行为时常入梦，因而遗精，这种现象又在手淫时呈现在他的眼前。年岁愈老，愈能激刺他的性欲，有时甚至射精。二十三岁时，他想藉娼妓矫正自己的恶习，但不能举，厌恶少年人。

二十九岁后，爱慕同性老年人的心愈烈。认识一老人，陪他散步，有时竟引起射精。最后，竟异想天开，雇用一老人，使其与人性交，自己在旁观看，引以为乐，有时也能藉此自举……

（三）P君，三十七岁。从小就爱和美俊少年人接近，尤爱偷窥他们的生殖器，引起兴奋。发育后，和其他男子互相手淫；但对方以二十五岁至三十岁为度。在性行为中，他总以女子自居。他充满了女性的爱，有时觉得是舞台上的一个化装男性而已。旁的男子因他的"女人腔"而讥笑。为了矫正自己的怪癖，他结了婚。他努力使自己和妻子接近，想像她是一个少年人……

伊宾博士的书中例证颇多，有四五十则，大抵的倾向都是这样，伊宾博士对于同性的见解，与布洛讫等人不同。他否认"先天说"，他以为一切同性恋都是病态的，都可以治疗痊愈。

女性同性恋

女性同性恋，即 Tribadism，又因了古希腊女诗人莎孚（Sappho）与女弟子群居列斯堡岛，有同性恋的传说，所以女性同性恋又称"莎孚主义"（Sapphism）或 Lesbian lovers。据侯希费尔特、布洛讫等人的研究，真性的女性同性恋，较男性为少，而一种暂时的现象，则与男子的比例差不多。女子同性恋者，在近世与女权运动，妇女运动有关，她们要求与男子取得平等地位，便不得不在各方面努力，同时更对于男子的能力作种种分析和指摘，这便引起女子对于男子的轻视和反感，因而有了同性恋的流弊，这倾向在智识妇女方面尤其显著。

　　女性同性恋在上游社会发生的大都是精神上的，不一定有性行为，即所谓"柏拉图式的同性恋"（Platonic tribades）。据说外国有些贵族妇人，专爱收容一两个女伴或养女，或者是年轻的女优，供给一切费用，带了出去散步或观戏。若是女优，则待她上台时，自己坐在下面眉来眼去，引以为乐。我国的"干妈"和"干女儿"可说也有点这种嫌疑。

　　和柏拉图式相反则另有一种女性同性恋以性的满足为目的，这其中除了娼妓，孤独的职业妇人，春情期的少女，更有不少已婚妇人。这可说全然是病态的，性欲满足的方法大都是手淫，或以阴核互相磨擦名曰擦淫（我国俗语名曰磨境[镜]），这是和风化有关的。据日本田中祐吉的《近世法医学》（有商务上官悟尘的中译本）上说：

　　　　女子互相摩擦其阴核及阴唇之内面，或以……者，曰
　　擦淫，多行于监狱，寄宿舍及驱梅院等女子群居之所，又
　　有所谓莎孚主义者，为希腊太古女诗人莎孚之所好，故有
　　此名，即以舌吸弄摩擦阴核之丑行也。今日法国，尚有此
　　风，甚至有以此营业者云。女子反复擦淫之结果，相互间
　　遂生恋爱，其交情恰如夫妇，凡悲喜哀乐皆共之，其甚者
　　竟至于相携而情死焉。此外亦有因色情颠倒，同性相爱，

而耽于擦淫者，此种妇女常嫌弃男子，虽有美男，亦不足动其情爱，因只恋同性之妇女，使其接触摩擦自己之阴部，或使吸弄其阴核，以遣其情，此等女子其身体状态，恰如男性，骨骼肌肉发育较强，乳房，盆骨狭，有时鼻下及颈部发生粗毛，其举止动作活泼，而无优婉温柔之态，不喜缝袵烹饪之事，能好从事于科学政治等……

田中祐吉的著作，所根据的便是我已引用过的诸人的著作，所以无甚出入。据布洛讫博士说，女性同性恋另有一特征，即对手时常更换，据一位年长的同性恋者书面报告，她在四年之中换了三个"爱人"，大都是嫉妒作用。

同性恋在下等娼妓中非常流行，而且都是"擦淫"的实行者。这种现象，据霭理斯等人的解释，职业卖淫妇因长期卖淫，对于男子的性交感到麻木，失其愉快，故不得不向同性中互求安慰。更有一重要原因，则因下等娼妓所遭遇的男人，大都粗暴酗酒，专为发泄性欲而来，不知温柔为何物，久而久之，此等娼妓以为男子性格大都如是，见而生畏，引起反感，故往往溺于同性恋云。

一个寂寞妇人的感想（上）

下文载布洛讫博士的名著《我们这时代的性生活》一书中，为说明女性同性恋生活最可珍贵的文献：

生长于乡村，一个商人的女儿，我成为一个很梦想的人，用一种不绝的渴念追求着一些不知的美丽的伟大的事物——希望能成为歌唱家或艺术家。十二岁时，我已经完全是"妇人"了，发育得很丰美。虽然还是孩子，却时常有一种不能统制的愿望，希望能有一位可爱的女性来拥抱我，和我接吻，我要用爱和自我牺牲的情感对待她。十三岁时，我和亲戚住到一个省会里，进了一年的女学校，没有一个人曾经实现我的梦想。我母亲，在我三岁时就守寡了，因了有六个孩子的牵累，遭受着严重的经济困难。哥哥和姊姊们都结婚之后，二十四岁的我，便开始去入世独立谋生。我在一位寡妇家中谋得了位置，充她的"女伴"。我的东家，已经是六十岁的老妇人，最初并不使我同情，但她用和爱慈母般的态度对待我，这使我高兴了。渐渐的我成了她的知已，每晚要我和她同睡一床；要我用手抚摩她。我不明白那时我怎样敲她的腿部；但有一夜这老妇人将我的手引到了她的私处。于是我才明白这妇人的春情还在。我感到她在我的抚摩之下怎样战抖，紧紧的将我拥抱；但在我一方面，我并不感到甚么。如果她的年岁与我相仿，我想那就要不同了。我那时并不感到，在"生理上"我与旁的女孩子有别。我有一种对于爱情难遏止的愿望，不是直接官能的爱，而是精神上的爱，由这上面日后或可发生官能的爱。在我的同伴中有一个少年商人，一个美少年，他向我追求，于是经过长久踌躇之后，有一天我终于应允了他，将妇人最可贵的东西呈给了他。他用着残暴的贪婪占有着我的肉体。我始终以为他会娶我做妻子。在性交中我毫无感觉，因此失望了。有一天这骗子对我说他要结婚了，要我交还他的戒指，可以给我钱。我一怒之下，觉得孤独无援，伤感万分，便将戒指掷还他，辞职走了。

当我到了柏林之后，我开始听到而且也读到关于同性恋之事，但是却寻不到我梦想的——这就是说，精神上的爱，从这上面可以发生官能爱的。我认识了同性恋的妇人，但是她们向我所显示的那种狂暴猛烈的热情，使我虽然渴望"同性恋爱"，也不为所动。只有和我要好的妇人接吻，我才感到一点快感，但是我却感不到因我的原故所给与他们的那种狂乐。我开始怀疑自己，虽然是常态发展的妇人，是否老天不曾赋给我这种特殊的官能。我爱美貌的妇人，希望能与她们接吻拥抱，而且我也认识那种以金钱出卖给别种妇人的妇人。我厌恶这些人，从不发生好感，因为她们只知道粗暴的官能享乐，而我对于这是没有反应的。

一个寂寞妇人的感想（下）

几年之前，我患过很严重的腹病和神经衰弱症。我已经是年逾四十的人了。经过一场两年的大病之后，我依旧还有同性恋的欲望。我迄今的生活都是不幸，返复自问，老天为何这样的虐待我。难道仅有一次对于这种刺激的享受也是不可能的吗？

几星期之前，我认识了一位已婚的妇人，她丈夫几年以来就患着阳萎症，而她却是个情感丰富的人。不幸之至，这妇人虽然在其他方面使我同情，但她所受的教养似乎不十分好，而更使我惊骇的，她另有一位闺中密友，这妇人是完全无教养的，但在性爱方面和她同嗜，于是她每晚和这夫妇二人同睡一床。这丈夫睡在一旁，两个妇人耽溺着她们的变态淫乐，这女友作为是"男子"。我在一生中曾见过不少古怪的事，但是这样的一种结婚生活却是创见。这男子自称艺术家，是画家，任着他妻子度这种同性生活。我相信这男子看见这两个妇人的行为，自己一定也感到兴奋，他根据了她们的姿势作画，然后出卖以维持生活。

在这人的家中，我以为简直是深渊，但是有许多同性恋的妇人还时常来走动。在我方面，我虽然为这些妇人扰乱了我心中的安静，虽然也感到相当的陶醉，但是那情况太使我厌恶——因为她已沉入她自己不能领略的深渊中去了。只有从我方面，她才有一点了解。但是和她续继往还是不可能的，因为她缺少我心目中以为可爱的妇人的一切长处，实际上，我简直有点嫉妒这妇人，因为她是快乐的，她充分的享受着上天所吝给我的那种甜蜜的感觉。

世上再有像我这样不幸的人吗？也许如有一位与我有同感的妇人和我做朋友，我或者能幸福，如果命运肯使一个不幸的妇人与我相遇的话。我希望着，但是我不致相信这样的事会实现。

我到底是属于那一种"性的人?"

这篇自白是翔实可靠的。据布洛讫说，从这妇人的历史上，可以看出思想的原则特别显明。她绝对恨恶男性，不像有一些同性恋者以男子自拟，或将对手当作男子。据说这正是强烈的女性性格的表现。

《圣经》与猥亵（一）

英国大诗人密尔敦曾说过："《圣经》时常以不十分文雅的态度叙述亵渎的事；对于罪人的肉欲却出以温婉之笔"，这是实在的。《圣经》除了作为是一部宗教的经典之外，更是一部极美的文学作品，极丰富的故事集，同时更是研究古代生活习俗的极好的参考资料。《圣经》的记述者为了要阐明善恶的赏惩，先民的制度和立法，故对于恶人的罪行记载得很坦白，尤其在《旧约》中，因了当时的风俗习尚不同，许多记载不仅使一位初读《圣约〔经〕》的少女脸红，使教外的道德家摇头，甚至有些地方使牧师也难于讲解。

《圣经》除了所记的淫恶罪行之外，对于婚姻制度性道德问题以及贞操问题也都有规定和训言。《旧约》和《新约》不同，而各种教派所根据的解释又不同。英人诺斯柯特（Hugh Northcote）曾有一部专著《基督教与性问题》（*Christianity and Sex Problems*），便是关于这方面研究的。

现在一般教徒所用的通行本《圣经》，已经是所谓"洁本"，经过相当的删节，但仍有不少猥亵的记载，如乱伦，男色，强奸等，兹根据上海圣经公会颁布的中译本，加以引证和分析。

譬如说，男色或兽奸，英文称为 Sodomy，德文为 Sodomie，"所多玛"是一个城名，这典故就出在《圣经》上；据《旧约·创世记》第十九章所载：

> 那两个天使晚上到了所多玛，罗得正坐在所多玛城门口，看见他们，就起来迎接，脸伏在地下拜说，我主啊，请你们到仆人家里洗洗脚，住一夜，清早起来再走，他们说，不，我们要在街上过夜。罗得切切请他们，他们这才进到他屋里。罗得为他们预备筵席，烤无酵饼，他们就吃了。他们还没有躺下，所多玛城里各处的人，这老带少，都来围住那房子，呼叫罗得说，今日晚上到你这里来的人

在那里呢！把他们带出来，任我们所为。罗得出来，把门关上，到众人那里说，众兄弟，请你们不要作这恶事。我有两个女儿，还是处女，容我领出来任凭你们心愿而行……

那时的所多玛城，罪恶滔天声闻上帝，这里众人所说："把他们带出来，任我们所为"据考证便是指"男色"，所以善人罗得劝众人不要作这恶事，宁可以自己的女儿交给众人。所多玛城既如此淫乱，故随即被上帝降硫磺天火烧了，但罗得的一家人却得了救。"男色"称为"所多玛"就是本此。

《圣经》与猥亵（二）

《圣经》中关于乱伦的记载颇多，如《创世记》十九章三十节所载：

罗得因为怕住在琐珥，就同他两个女儿从琐珥上去住在山里，他和两个女儿住在一个洞里。大女儿对小女儿说，我们的父亲老了，地上又无人按着世上的常规进到我们这里。来，我们可以叫父亲喝酒，与他同寝。这样，我们好从他存留后裔。于是那夜她们叫父亲喝酒，大女儿就进去和父亲同寝，她几时躺下几时起来，父亲都不知道。第二天，大女儿对小女儿说："我昨夜与父亲同寝，今夜我们再叫他喝酒，你可以进去与他同寝。这样，我们好从父亲存留后裔。"于是那夜她们又叫父亲喝酒，小女儿进来与他父亲同寝，她几时躺下几时起来，父亲都不知道。这样，罗得的两个女儿都从父亲怀了孕……

这罗得就是前说的那罗得。生女与父亲同寝，这种乱伦的行为，虽然为了续后，但到底是不足法的，所以这行为虽然未受上帝的惩罚，但养下的两个儿子摩押和亚米，上帝都在他们身上降了刑罚。

此外，如《撒母耳记》下第三章：

一日，伊施波设对押尼珥说：你为什么与我父的妃嫔同房呢？

《创世记》第四十章：

但你故纵情欲，滚沸如水，必不得居首位。因为你上了你父亲的床，污秽了我的榻……

子淫父妃，这类都是属乱伦的。而以色列人的始祖亚伯拉罕，更与他的堂妹结婚，这见《创世纪［记］》二十章第十一节：

亚伯拉罕说：我以为这地方的人总不惧怕上帝，必为我妻子的原故杀我。况且她也实在是我的妹子，她与我是同父异母，后来作了我的妻子。

又有，犹大将他的寡媳他玛误作妓女，与她同房，因而有了孕，也是属于乱伦的，见《创世记》三十八章第十四节以下：

> 他玛见示拉已经长大，还没有娶她为妻，就脱了她做寡妇的衣裳，用帕子蒙着脸，又遮住身体，坐在亭拿路上的伊拿印城门口。犹大看见她，以为是妓女。因为她蒙着脸，犹大就转到她那里去说，来罢，让我与你同寝，他原不知道是他儿媳。他玛说，你要与我同寝，把甚么给我呢？犹大说，从我羊群里取一只山羊羔，打发人送给你。他玛说，在未送以前，你愿意给我一个当头么？他说，我给你甚么当头呢？他玛说，你的印，你的带子和你手里的杖。犹大就给了她，与她同寝，她就从犹大怀了孕。……约过了三个月，有人告诉犹大说，你的儿媳他玛作了妓女，且因行淫有了身孕，犹大说，拉出来把她烧了。他玛被拉出来的时候，便打发人去见她公公，对他说，这些东西是谁的，我就是从谁怀的孕。请你认一认，这印，和带子并杖，都是谁的，犹大承认看，她比我更有义……

从这故事的上面，不仅说出犹大的荒唐，他玛的幽默，而且更可间接知道当时的卖淫制度，妓女的服饰，以及对待寡妇通奸的刑罚。

《圣经》与猥亵（三）

更骇人的，是大卫的儿子诱奸他堂妹的故事，情节曲折，简直是现代报纸绝妙的桃色新闻，据《撒母耳记》下十三章所载：

> 大卫的儿子押沙龙有一个美貌的妹子，名叫他玛，大卫的儿子暗嫩爱她。暗嫩为他妹子他玛忧急成病，他玛还是处女，暗嫩以为难向她行事。暗嫩有一个朋友，名叫约拿达，为人极其狡猾，他向暗嫩说，王的儿子啊，为何一天比一天瘦弱呢？请你告诉我。暗嫩回答说，我爱兄弟押沙龙的妹子他玛，约拿达说，你不如躺在床上装病。你父

亲来看你，就对他说，求父叫我妹子他玛来，在我眼前预备食物，递给我吃，使我看见，好从她手里接过来吃。于是暗嫩躺卧装病，王来看他，他对王说，求父叫我妹子他玛来，在我眼前为我作两个饼，我好从她手里接过来吃。……他玛就把所作的饼，拿进卧房，到她哥哥暗嫩那里，拿着饼上前给他吃。他便拉住他玛说：我妹妹，你来与我同寝。他玛说，我哥哥，不要玷辱我，以色列人中不当这样行，你不要作这丑事你玷辱了我，我何以掩盖我的羞耻呢？你在以色列人中也成了愚妄的人。你可以求王，王必不禁止我归你。暗嫩不肯听她的话，因比她力大，就玷辱她，与她同寝。

这种用计强奸自己堂妹的血族乱伦案，就是现代也是少见的。更可异的是，他玛所说："你可以求王，王必不禁止我归你"，则似乎兄妹通婚，那时已不算怎样违法的事了。

其实，血族通婚，在原始人中原是通行的，而弟兄二人合娶一妻，或是哥哥去世，兄弟承接嫂嫂为妻，更是法定的权利，如《创世纪［记］》三十八章所载：

犹大的长子珥，在耶和华眼中看为恶，耶和华就叫他死了。犹大对俄南（次子）说，你当与你哥哥的妻子同房，向她尽你为弟的本分，为你哥哥生子立后。俄南知道生子不归己有，所以同房的时候，便遗在地上，免得给他哥哥留后。

这正是当时的习俗。但可惊异的是，那时的人已经知道将精液遗在地上作为避孕的方法。

《圣经》与秽亵（四）

以色列人出埃及以后，上帝便藉先知摩西的手，立下许多约法，其中与血族通婚以及乱伦兽奸等有关的是——如《利未记》十八章所记：

> 你们都不可露骨肉之亲的下体，亲近他们，我是耶和华。不可露你母亲的下体，羞辱了你父亲，她是你的母亲，不可露她的下体，不可露你继母的下体，这本是你父亲的下体，你的姊妹，不拘是异母同父的，是异父同母的，无论是生在家生在外的，都不可露她们的下体。不可露你孙女，或是外孙女的下体，露了她们的下体，就是露

你自己的下体。你继母从你父亲生的女儿，本是你的妹妹，不可露她的下体。不可露你姑母的下体，她是你父亲的骨肉之亲。不可露你姨母的下体，她是你母亲的骨肉之亲。不可亲近你伯叔之妻，羞辱了你伯叔，她是你的伯叔母。不可露你儿妇的下体，她是你儿子的妻，不可露她的下体。不可露你弟兄妻子的下体，这本是你弟兄的下体。不可露了妇人的下体，又露她女儿的下体，也不可娶她孙女，或是她的外孙女，露她们的下体。她们是骨肉之亲，这本是大恶。你妻还在的时候，不可娶她的姐妹作对头，露她的下体。女人行经不洁的时候，不可露她的下体，与她亲近。不可与邻舍的妻行淫，玷污自己。不可与男人苟合，像与女人一样，这本是可憎恶的。不可与兽淫合，玷污自己。女人也不可站在兽前，与他淫合，这本是逆性的事。

在同书第二十章内也有类似的申诫，而且说明犯了的都要用石头打死或是烧死。从这样不厌琐细的反复申诫中，可看出当时过着游牧生活的以色列人是如何淫乱，盛行乱伦，男色，更有女子的兽奸。

这种淫乱的行为，到了耶稣降世以后更盛行，当时的罗马正是淫乱奢靡的魔窟，所以使徒保罗在《致罗马人书》中咒诅着说：

> 因此上帝任凭他们放纵可羞耻的情欲。他们的女人，把顺性的用处变为逆性的用处。男人也是如此，弃了女人顺性的用处，欲火攻心，彼此贪恋，男和男行可耻的事，就在自己身上受这妄为当得的报应。

又在《致哥林多人前书》中说：

> 风闻在你们中间有淫乱的事。这样的淫乱，连外邦人中也没有，就是有人收了他的继母……

据说前者所指，便是女子同性恋和男子同性恋。当时罗马人的变态行为由此可见。

整个的《圣经》，《新约》和《旧约》，类似这种关于性生活和猥亵的记载还很多，不便一一摘录。抛开宗教的立场，对于研究民俗学的人，《圣经》实在是一部引用不尽的宝藏。（本节完）

萨 地 小 传

　　萨地，为萨地主义（Sadism 即虐待狂）命名的由来，他的生活知者颇少，而且传说纷纭，兹根据几种可靠的传记，作一简单的萨地小传如后，以为研究变态性欲者的参考资料。

　　萨地的全名是：都拉丹·亚尔封斯·佛兰西斯，萨地侯爵（Donatien Alphonse François，Marquis de Sade），一七四零年生于巴黎，出身于很古旧的一个著名的贵族家庭，他的家庭在武功和文事方面都很知名。据拉克洛亚氏（Lacroix）说，"这个可爱的少年，他的细致苍白带黑的脸，辉耀着一对大而黑的眼珠（一说蓝色），已经显露着葬送他一生的那种罪恶的影子"。他的声音是"迂缓而使人亲切",步履是带着"温静的女性优雅"。可惜的是,并没有正确可靠的画像流传。离开学校后,他曾投军任骑兵军官,参加德法的七年之战。这种生活曾影响了他的畸形性格的发展,是毫无疑问的。他父亲给他订了一位另一贵族的女儿为妻,这女儿年方二十,偶然凑巧,萨地第一次到他未婚妻家中去,未婚妻不在,只见了她的一个十三岁的妹妹。萨地一见倾心,立刻爱上了这妹妹,而女的方面也有反应。女孩子的歌喉极好,他们两人都是音乐爱好者。但双方家长都坚持原有婚约。萨地结婚后,妻子很爱他,但他却很淡漠。

萨地继续恋爱他的小姨,这时她已经住在尼庵内无法接近,他将她誉为"朱丽叶",后终如所愿,这可说是他一生最快乐的时候,但不久女的就去世了。

这种不幸的婚姻和遭遇,无疑的决定了他的命运。他放浪形骸,无所不为,有时与贵公子为伍,有时又加入下流的侪伴。综他一生,他一共在狱中度过二十七年光阴,然所犯的罪并不如他自己所设想或后人所想像的那样严厉。他最大的控案不过是引诱一个女丐入室,作猥亵行为,更加以鞭挞。又有一次是在马赛的妓院中浪用春药。

他自小就爱写作,二十三岁时已正式从事著述。因为在狱多年，与实生活隔阂，他的想像愈加丰富，根据他自己畸的形实〔畸形的现实〕生活，他便写下了多部变态性爱小说，这些小说综合起来可说是一部十八世纪的变态性欲百科全书。

据布洛讫说，萨地可说是第一个认识性问题的重要的人。他曾说，人的罪行有许多是由于先天的遗传或生理发育的不全，对于这类罪人，若仅依据一般法律加以裁判，实为不公。

他同情法国大革命，曾发行小册子攻击拿破仑，遂被拿破仑认为疯人，终身加以监禁。这是政治上惯用的卑劣手段。其实他是不疯的，许多医师都证明，萨地至多患精神衰弱症而已。当时的妇人对于这位"虐待狂的魔君"颇多同情，曾发现有许多贵妇人作书请求释放萨地。

萨地死于一八一四年十二月二日，年七十四，晚年已近于双目失明。据狱中的一个园丁记述，萨地在狱中，每喜购置极珍贵的玫瑰花，坐在狱中一方污水池的旁边，将这些花朵逐一加以审视，送到鼻上狂嗅，然后浸入污水中，引以为荣。

他死后，脑壳曾由脑相学者加以研究，据说其形端正而小，几乎是妇人的。这脑壳为伦德医生（Dr. Lunde）所收藏，但在十九世纪中叶忽然失踪，由另一个医生潜携至英国，大约直到今天还在英国什么地方被保存着。

萨地主义者

P君，年二十二岁，父亲健康，母亲却有显著的歇斯地里症。他有一个哥哥，一个姊姊。他自己很健康，聪明，而且很漂亮。

在四五岁时，有一次偶然推开一扇房门，看见他的姊姊，那时已有十四五岁了，跪在她的保姆面前，下衣揭起，大约为了什么过错正在挨打。这偶然的遭遇给了他很深的印象，他一切都记得很清晰，尤其是他姊姊的臀部——浑圆，白皙，在他孩子的眼中觉得异常肥大——这一瞬间的印象便决定了他终身性生活的方向。

从这以后，他老是渴望抚摩他姊姊的臀部。他和她睡在一床，虽然还是孩子，他已经知道用极小心的方法达到他的目的，不使他姊姊发觉，在她沉睡的时候揭开她的睡衣，轻轻的抚弄她的臀部，有时更设法使他姊姊覆身而卧，他便将她的屁股当作枕头。

这情形一直继续到七岁，他开始和邻居的两个女孩子熟识起来，大的一个有十岁。他和她们游戏，自己总要扮作父亲，责打她们。大的一个女孩是早熟的，他总解开她的衬裤，用着很快意的感情打她。他时常反覆这种游戏，两个女孩子也任他打，他们总是在暗处举行，有时女孩子自己揭开衬裤，任他用手抚弄她的臀部和大腿。有时他更用一根软软的鞭子。有一次，女孩子问他愿意看看她的前面，但是他拒绝了。

有一天，在八九岁的时候，他和一个男孩子在一处，无意看见一张中世纪僧人鞭挞自己的图画，便要求他的朋友照样打他。那孩子也愿意干，于是他们便时常这样做。从此不手淫，也不想到性交。偶尔在公共场所发现鞭打的事，他便很满足。有时偷看女孩子的大腿和臀部；如果对手是妇人，那更使他满足。

他的最大的享乐是想像。他时常编造一些以鞭打为中心的故事。十三岁时，这种故事已能使他感到性的冲动。他曾写过以鞭打为主要的喜剧，更由自己加以插绘。他到图书馆中搜集与鞭打有关的文献，曾经编过一篇很详细的参考书目。

他尤其喜爱妇人鞭打妇人的场合，他以为应该双方都有快感。

近来渐渐矫正了。他结识了一个妇人，这妇人很爱他，他将自己的特殊酷好告诉了她。她帮助他疗治，用一根软橡皮棍，使他在性交的时候轻轻的打她。

以上所述，见利吉斯（E'keyis）所著《一个萨地主义者》，霭理斯曾加以引证，说明一般的虐待狂患者，大都是幼时从家庭中所获得的激刺。

虐 待 狂

虐待狂，即 Sadism，有人译作"施虐癖"，章士钊译作"虐淫"，又有直译作"萨地主义"者。命名的由来是因为法国十八世纪有一位作家名萨地（Marquis de Sade）者，写过许多关于这类变态性欲的小说，后人即名之为 Sadism。

所谓萨地主义（即虐待狂），就是对于他人施以种种虐待，如鞭打口咬等，因而引起自己的快感或性冲动。这种患者男女都有，被虐的对手或为爱人或为无关系者，甚至有对牲畜施以虐打，而自己获得性的快感者，故萨地主义者时常构成刑法上的犯罪。

　　萨地主义与纯粹的残暴有别。残暴的目的只在实行"残暴"的行为，作为报复或发挥威力而已。萨地主义者的虐待则纯然以"性的快感"为目的，有的从虐待他人的行为上获得性的满足，有的更必要于爱人施以种种虐待，方始引起性冲动，否则即麻木毫不感动。

　　故虐待狂与被虐狂（即 Masochism，马索主义）为对立的，一以虐人为乐，一以受虐为乐，二者有时更有很大的关联。

　　关于虐待狂的定义，诸家各有出入，如克莱佛特伊宾（Krafft-Ebing），摩耳（A. Moll），费拉（Féré），加奈耳（Garnier），布洛讫（Iwan Bloch）等人，都各有自己的定义，霭理斯曾在他的《性心理研究》第三册《恋爱与痛苦》中加以比较，不过补充着说，虐待狂的行为，并不一定要本人亲自去施行，有时由第三者施行，自己作为旁观者，甚至在无意的场合中，如由窗口见儿童被父母责打，或者在刑场上见犯人行刑，均可引起性的快感，以至射精。

　　据布洛讫说，虐待狂最普遍的现象是鞭打，即听见旁人的辗转呼号能引起自己性的兴奋，甚者必将自己的爱人鞭打见血，返复求饶，然后始与性交，至于口咬手拧，还是不足为奇的现象。此外，虐待狂又可作以下的分类：身体加害，患此者专喜身怀利器，于路上或暗处，乘人不备，对于单身妇人或少女加以刺伤，自己引以为荣或随即手淫，然杀人致死者则少见，有之亦不过是误伤或被发现被逼而杀之而已。另一种是物件的加害，即喜以硫酸镪水等猛烈性液体，浇女性的衣物或用具，尤其是晒在外面的亵衣，另有一种属于性的盗窃症（Sexual Kleptomania），专爱偷窃零星物件，引以为快，富家女郎犯此者很多，这也是属于虐待狂之列。再有一种虐待狂则为象征的，即喜爱说猥亵的话，或用极粗俗的话骂人，打情骂俏，浑身轻松，这都是属于虐待狂之列。据说有许多上流人士逛妓院，尤爱逛下等妓院，目的并不在与妓女性交，只在听她们粗俗下流的谈话，便满意而去，就是这种病态的流露。

萨地主义在文艺上的表现，当然以萨地本人的许多著作为中心。此外，属于文艺的名著，王尔德的《莎乐美》便是其一。莎乐美捧着血淋淋的约翰的头，吮他的嘴唇，赞美他的头发，和他琐碎的独语，便是虐待狂的心理最高的表现。

笞刑与性欲

笞为中国五刑之一，就是打屁股，是属于肉刑之列。在前清时代，不仅是最普遍的官刑，而且也是寻常的私刑之一。略为体面一些的人家，丫环小使犯了主怒，都可以随时加以施用，同时却又是父兄和师长教诲子弟的"家常便饭"。据说直到今天，偏僻一点的地方还运用这刑法，军队中的"军棍"也就是这个，而上海的某一个天主教的中学里，据说加诸学生的"体罚"之一便是"打屁股"。

笞刑的方式，据近人瑜君的记载是：

打屁股的板子是竹制，长二尺多，宽二寸，厚约四五分。挨打时犯人自己褪了裤子，向下伏在地，两足惓在一起，掌刑的皂班，拿了竹板，一条腿屈跪在旁边，轮动竹板一下下敲成很有规律的节奏。一边口中还抑扬顿挫的报着数目：一二三……五六七八……地上伏者的犯人便也随了喊着：老爷恩典！老爷恩典！……

打屁股是老爷的"下马威"，犯人一到堂下，掷下几条签子，不由分说便是"五十大板"。

笞刑大都施于男犯，但犯妇有时也要挨打的。据说执行女人笞刑的皂班，事后照例要向犯妇享受"亲近"一次，以消晦气，否则至少也得孝敬一笔"执行费"。

纵然还没有找到确凿的资料，证明中国的笞刑能使犯人获到性的快感，或使行刑的人和老爷都感到性的满足，但有许多老爷特别喜爱打犯人屁股，直到犯人连声讨饶才住手却是多少有点"虐待犯［狂］"的嫌疑的，而况如果是女犯，白白的屁股耸在堂下，虽然隔着公案，若说丝毫没有性的刺激，也是使人难于信任的事。

至于在外国，"鞭挞"（Flagellation）和性欲的关系，却早已被证明，而且已经出版了不少专著。欧洲中世纪的僧人，就将"鞭挞"视为苦修的公德之一，每隔一定的时日要浑身脱得精光，自己用皮鞭抽打，或者互相执行，有的更作为"忏悔赎罪"之一，由教士为之执行，男女都是一律。据说这种"苦行"可以减除肉欲，实际上却是因此而将肉欲发泄了而已。

"鞭挞"本是虐待犯［狂］及被虐狂的普遍现象之一，但特别注意臀部，却是可注意的事。据说鞭挞能增加血液循环，刺激性欲，同时"臀部"又正是性神经特别发达的所在，浓重的肉感便产生了这特殊现象。实为不足异的。

"按摩"以及我国的捶腿捶背，都是"鞭挞"的变形。都是"和舒血脉愉快心身"，使人获得性满足的。这种性欲上的"笞刑"，英国最发达，其次是西班牙和德国，而著名的大思想家卢骚，在他的名著《忏悔录》中，也曾再三的说明自己幼时从鞭挞上所获得的快感。

有不少虐待狂或被虐狂患者，都是因了幼时父母滥用笞刑而起的。关于这类的记载颇多，容以后有便再谈。

刺花与色情（上）

刺花又称文身，或作缕身，用在刑法上便称为"黥"，犯人发配，脸上总要刺上两行金印，演义小说中时常见到的，便是这类，这与自动的刺花截然不同。刺花，日本人称作"刺青"，中国也有称作"札青"的，但所刺的并不一定是青色，还有朱墨二色。现在上海一般"剃头师傅"的臂上，大都是青朱二色的混合。

岳传中所说岳飞背上的"精忠报国"四字。水浒传中的好汉九纹龙史进，花和尚鲁智深，都是我国关于刺花的记载中最动人的资料。刺花的心理作用，除与色情和装饰有关外，也与秘密结社有莫大的关系。这是一种最庄严的"誓约",最不易消灭或伪造的"信号",与和尚的"戒疤"差不多,但一般的邪狭少年和无赖却又将这视作是夸耀侪辈的举动,勾引妇女的工具。所以刺花显然有两种不同的作用:一种是作为誓约,另一种则是作为装饰。这后者便与色情有莫大的关系了。

早几年上海所轰传的刺花党,害得有许多人用镪水消毁了自己的皮肤。那时被捕游街的一个女党魁,据说浑身刺遍,是一幅双龙戏珠图,以一对乳头作了构图的中心。这话如果可靠,那确是下了一番苦功,值得夸耀的东西。

刺花是一种世界流行的现象。在文明人之中流行,在野蛮人之中更流行。下等社会流行,贵族阶级也未尝不流行。去世不久的英皇乔治,臂上便刺有在海军见习时期遗下的一只铁锚,便是明证。而且刺花更不一定是不名誉的事,这完全要看所刺的花纹和地点而定。

最爱刺花的是水手和兵士,其次便是从事需要一种特别团结力的职业的人,如理发师,浴室助手,汽车夫等其他游手好闲之徒,也爱来上这一套,那不过是藉此取得一种资望或护身符而已。

刺花所用的花纹,大都有一定,刺花师正好像剪鞋花的人自有自己的蓝本的。就上海一隅而言，大概所刺的花篮八结，五星，牡丹花，铁锚，西洋美女，国旗等。以前是五色旗，现在也改成交叉的党国旗了。然这大都是就一般所见的而言，而且大都刺在手臂或胸口易见的地方。至于特殊精细的，或者刺在隐蔽之处的，那却不可一概而论了。

上海的刺花，大都沿用旧法，用手工刺成，还没有采用西洋流行的电针。电刺不仅迅速整齐，而且也减少痛苦。理发师等之间的刺花，据说都是请熟稔的人互相代刺，我不知道上海是否有以刺花为业的专家，只知道以前在杨树浦码头相近有一位专门刺花的西洋人（Tattooer），每样五元，是各国到沪兵舰上的水兵老主顾。

刺花与色情（下）

刺花在野蛮人之中，则纯然以色情为目的，作为性的刺激，以引起对方的注意。许多土人，从小就要在身上刺以种种花纹，然这还是属于区别阶级氏族而设，但一到了成年，刺花却完全以色情为对象了。据说塔黑蒂岛的土人，女子一到月经来潮，便是必须刺花的年纪。刺花的部份，大都注重性器官。有一位旅行家，第一次到该地，在他的记载上说，该地的女子均用一方青色的三角布掩护下体，到后来才发觉，所谓青色三角布实在是阴阜上所刺的花纹。

赤裸的野蛮人，不穿衣服，他们对于刺花的观念，正与摩登小姐对于新装的观念一样，完全是装饰自己吸引异性的。因此，土人便将刺花作为装饰自己身体的要素，愈刺激愈好。他们运用着红土，驯鹿的血，沥青，以及许多异怪的树叶汁水刺入皮肤，划作种种几何形的条纹。有的有了战功或地位之后，便在身上加多几处花纹，作为账簿或制服一样。

本来，色彩对于性的刺激有很大的关联，不仅文明人是这样，野蛮人对于色彩的感觉更敏锐，所以他们用红土和白垩刺在身上的花纹，实在是最有性的诱惑力的工具。而且，我前面已经说过，性器官刺了花纹，便表示是已经成年的人。

欧洲文明人的色情的刺花，也并不亚于非洲和澳洲的土人。特多的是水手和娼妓，而且更与犯罪有关。据克利拉的统计，白利格的教养院中，男女犯人有百分之十二身上是有猥亵的刺花的。一个有同性恋的娼妓在她的阴部刺了一尾鲭鱼。而犯罪学研究专家郎布罗索更确认色情的刺花时常可作犯罪的佐证。据说有一个犯强奸罪的犯人，检验身体，浑身都刺遍了花纹，龟头上更刺了一尾鱼，七颗星。据他自己解释，这是纪念他少年时曾经鸡奸过七个少年人。

在上流社会中，尤其是妇人，喜爱在私处用刺花留一点纪念的人很多。西韦勃利（Reie Schwaeble）曾有一部专著研究这事。据说巴黎有专门为女性执行这种业务的刺花师，而且还有俱乐部。其中有一位太太自踝至腿刺了一双袜子，可以乱真。另一位在臀部和大腿上刺了许多铭句。一个在双腿上刺满了花环和葡萄丛，腹部有鸟雀栖着，背上更有五彩的花束。一位侯爵夫人在她的肩上刺着家世的纹章。两位同性恋的妇人更在彼此身上刺了一幅连环图画，分开来毫无意义，两人并在一处则成了一幅画图［图画］。最精采的要算这俱乐部的主妇了。她浑身上下，刺遍了花纹，是一幅极精致的行猎图。色彩鲜丽，构图纤细。成群的车马，猎狗，猎人，绕遍全身，行猎的目标是一只狐狸，则刺在她的阴部。

日本人也流行"刺青"。花街柳巷的江户儿，正和我们的"侧帽少年"差不多，是以这种从痛苦换来的装点为荣的。谷崎润一郎有一篇小说名《刺青》，便是描写一位刺青师对于自己艺术上的幻想。不过，日本人刺青的花纹与西洋人不同，是喜爱运用龙蛇，云纹，帆船等有浓重东方色彩的东西的。

被 虐 狂

被虐狂（Masochism）为重要的变态性欲现象之一，与
"虐待狂"是对立的，即前者甘心受人虐待，且以此为乐，甚
得性的快慰，而后者则以虐人为快也。

被虐狂又称"马索主义"，乃是因为命名的由来是根据近
代德国小说家沙其马索其（Leopold von Sacher-Masoch）的作
品。他的小说多描写这类现象，当时还没有专名，研究变态性
欲的专家伊宾博士便将这类现象著为"马索主义"，当时马索
其还没有死，便引起他本人的抗议，说是侮辱了他，同时许多
读者也反对，说伊宾玷污了一位著名作家的名誉。但伊宾却

解释，一位某种学术的研究家并不一定是实行家，马索其的著作多关于被虐狂，但他自己不必一定是被虐狂者。伊宾解说，他以马索其的名字命名这种变态性欲，正是尊重他，尊重他的专门著述。抗议虽然抗议，这名词却从此被采用了。

关于被虐狂，因为与虐待狂是相对的，所以也常常有不可分离的关联，而且时有一人兼有这两种癖好者。萨地主义者本人萨地，据说同时就又是被虐狂者。

虐待狂者以男性为多，被虐待者则以女性为多，这是因为女子天性柔弱，以服从为乐，更以服从异性的爱人为荣，所以常是被虐狂的患者。不过大都是轻微的，可说不是一种病症。厉害的被虐狂者，则常常要求爱人对自己加以鞭挞，唾吐，或者伏地作兽行，令爱人骑在身上，这样才感到性的满足，否则便萎顿不兴。

虐待狂的结果常常陷于残忍和谋杀，但被虐狂却不致有这样的猛烈，所以残杀的事是少见的，因为被虐狂的主动人是自己，而对方则是被动要求执行虐待的，所以不易有过份的行为。

著名的虐待狂者，历史上颇多前例。著名的大哲学家亚里斯多德便是其一，据说欧洲民间曾流行一幅版画，所画的便是亚里斯多德伏在地上，他的爱人骑在他的背上，手执鞭子，一个道地的被虐狂者。此外，奥维德在他的名著《爱经》中，已经推荐过这事。而大诗人歌德海涅的情诗中，时常以奴仆贱物自拟，据说就是被虐狂心理的流露。

更为人知的被虐狂者，是大哲学家卢骚。他在自传《忏悔录》中，承认幼时受郎白息小姐的责打，引以为乐，说是有性的快感，屡次设法使自己挨打，以致郎白息小姐发现他的存心，改换了斥责他的方法。

日本的小说家谷崎润一郎，曾写过一篇短篇小说名《萝洞先生》，有章克标先生的译本，叙说有个记者拜访这位名学者萝洞先生，发现先生正闭着眼睛，伏在地上，被一个婢女骑在背上打屁股，先生却像猫一样的发出呜呜的叫声，可说是一个被虐待狂者的精采的写照。

据说欧洲还有一种妓院，专为被虐狂而设，备有各种刑具和密室。客人一到，便由妓女为之加上脚镣手铐，或者缚在特制的刑床上，加以鞭挞，更制造种种阴惨恐怖的空气，务使客人感到真的在受人虐待。这样，经过相当时间之后，客人便满意付酬而去。

痛苦与快感

怕痛怕吃苦是人类的本性，但有些时候却以受一点痛苦为快，有的人更去寻求痛苦，这不能不说是可怪的现象。这种痛苦的快感，尤其发自异性的，更觉浓烈，中国人说这种感觉是"骨头轻"，却不知道这正是一种先天的无可奈何的现象。

虐待狂和被虐狂者，一以虐人为乐，一以被虐为乐。而对于对手的感情愈亲密愈快乐，正是这种现象的极端，可说是变态的，病态的。但在一般的恋爱场合中，这现象也很显著。在花前月下，假如有一位小姐低低的对你说："乖乖，我恨不得咬你一口！"我想被说的人无不要觉得飘飘然的。而且一定甘愿真的送上去被她咬一下，这正是从痛苦中获得快感的最普通现象。此外，手臂上捏一下，大腿上扭一把，都引以为荣，浑身轻松，虽然自己否认，却已在无形之中成为被虐狂者。

关于恋爱与痛苦，霭理斯在他的名著《性心理研究》中，曾有专篇研究，反覆引证，从原始动物的感觉，以至野蛮人的"掠夺婚姻"，苦肉计的求爱方法，马来人为了刺激异性在生殖器上所施的特殊手术和装置，以及吮吸和亢奋剂等，真是研究得面面周到，若要仔细加以引证，怕有一册十万言的巨著可写，而且"此地也不是说话之处"，还是随便的谈谈罢。

据说世界上的女性，被虐狂症最显著的是俄国。（苏联不知道如何？）斯拉夫族的女人，三天不被她的丈夫殴打，便要疑心她的丈夫心变，不爱她了。俄国有几句俗语说得好："爱你的妻子如爱你的灵魂，同时也得像外套一样的时常为她扑扑灰尘。"又说："亲爱的拳头是不痛的。"据说匈牙利也是这样，女人几天没有吃丈夫的耳光，便要肯定丈夫对自己冷淡了。

真正的被虐狂者，则不仅情愿挨打。据布洛讫博士说，马索其主义者为了要满足自己的性欲，他们甘受一切的痛苦：刺，戳，咬，抓，火烫，拔头发，践踏，鞭打，审讯，流血，他们都觉得是人间的至乐，只要不真的丢了性命，他们是愿过猪狗一样的奴隶生活的。

汉堡有一位商人，时常光临一家妓院，有一个妓女是他的情妇，他要她的指甲留得很长，每当他来了，便要她用尖指甲搔他的下部，直到鲜血淋漓，这商人才满意而去。又有一个人则要他的阴囊缝在沙发椅垫子上，使他不能行动，这样坐了一刻，然后才将缝上的线拆去。

最可怕的是，柏林有一位富绅，据他的情妇自述，他愿意做狗，带着狗项圈，锁上链条，每当他情妇吃饭的时候，便睡在她的脚下，她丢吃剩的骨头给他，他便高兴的啃着。仆人进来，走近他的情妇，他便咬他们的脚，然后情妇用鞭子抽他，他便模仿狗一样的呻吟着。他不愿人称呼他的姓名，他另有一个狗名字：尼罗。据他的情妇说，他们很少发生性的关系。

这可怕的故事，是出自一位检察官的起诉书中，当然详确可靠，世上竟真有这样变态的人，无怪霭理斯要说，痛苦与性爱的关联，是性心理中最精微最不可解的一种现象了。

变　形　记

　　《变形记》（*Metamorphoses*）本是一部希腊古典文学名
著，著者奥维德（Ovidius）便是著名《爱经》的原著者，叙
述希腊神话中诸神变异的故事。此外，亚普黎厄（Apuleius）
也有一部《变形记》，叙说他自己的遭遇，不过这书通常都名
作《金驴记》，以别于奥维德的《变形记》。

　　但我现在所要谈的，却不是这两部文学作品，而是以此得名
的一种生理变形的病症，即所谓"性的变形症"（Metamorphosis
Sexualis）。这种现象，我以前谈论阴阳人和男女变化时已经涉
及，但纯粹属于变体的，却还有不少可供参考的资料。

关于男女变形，据清人卢若腾的《岛居随录》所载：

人有五不男，天犍漏怯变也。天者阳萎不用，古云天阉是也。犍者阳势割去，寺人是也。漏者精寒不固，常自遗泄也。怯者举而不强，见敌不兴也。变者体兼男女，俗名二形，又名婆罗门半释迦，能两用人道，或上半月为男，下半月为女，又或从子至午则男，从未至亥则女，《晋书》以为乱气所生，谓之人疴。其类有值男即女，值女即男者，有半月阴半月阳者，有可妻不可夫者。

关于"半择迦"，即阴阳人，宋人的《容斋随笔》上说得更详细：

《大般若经》云，梵言扇搋半择迦，唐言黄门，其类有五。一曰半择迦，总名也，有男根用而不生子。二曰利伊沙半择迦，此云妒，谓他行欲即发，不见即无，亦具男根而不生子。三曰扇搋半择迦，谓本来男根不满，亦不能生子。四曰博叉半择迦，谓半月能男，半月不能男。五曰留拏半择迦，此云割，谓被割刑者。

这是关于男子的。在女子方面，也有五种变形，据《洗冤录》验妇女尸所载，所谓"五不女"是：

五不女：螺纹鼓角脉。螺者牝内旋有物如螺也。纹者窍小，那［即］石女也。鼓者无窍如鼓。角者有物如角，即阴挺是也。脉者一生经水不调及崩带之类。

所谓"角"，就是女性假半阴阳，《洗冤录》则名为"二形人"。

卢骚忏悔录

我前次曾谈及大思想家卢骚是被虐狂者，其实，卢骚的变态性欲症，除了被虐狂之外，其他还有很多，而且少年时还耽于手淫，一切都坦白的记在他的《忏悔录》中。

关于他的被虐狂，见第一部第一卷中（卢骚的《忏悔录》有商务版的章桐先生的中译，上下二册。我还未见过，想来该是全译）。据卢骚自己叙述，他那时只有八岁，住在朗贝赛小姐的家中读书，朗贝赛小姐已经有三十岁，对待他是严师而兼慈母，所以孩子们有了过错便要惩罚。起先只是恫吓，但是有一次卢骚真的挨了打，但是他立时感到对于朗贝赛小姐的责罚，不仅没有畏惧，反而有一种快感，据他自己说是：

> 因为我从这个痛苦，甚至这种耻辱中，发现一种复杂
> 的感情，使我的恐惧心，敌不过想从同一人手中再经验一
> 次这种感情的愿望。毫无疑问，一种早熟的性欲本能大的
> 混杂在这感觉中，因为从她哥哥手中所受同样的惩罚，便
> 使我丝毫不觉快意了。

因此卢骚便故意在郎［朗］贝赛小姐的面前犯过失，希望
她能亲手惩罚他。但她似乎已经发现卢骚的下意识，知道这种
惩罚在他身上有了旁的效果，便扬言打小孩子使她太吃力，她
以后改换惩罚的方法了。在那时候以前，卢骚和旁的就学的孩
子们都是睡在她的房里的，冬天有时更和她睡在一床。但在这
事的第二天，他们便被搬另一种屋里去睡了。

卢骚自己说，谁能想到从一位三十岁女性手中对于八岁孩
子的惩罚，便统制了他终身的愿望感情和嗜好。从这以后，他
总是希望与他有好感的女人打他，像朗贝赛小姐一样的打他。
他自认那时还不知道男女之事。他真正的尝到了爱的神秘滋味
的，是在十三岁时。他的童贞是丧在华伦斯夫人手里的。他称
她"妈妈"，她称他"小乖乖"。两人的年岁相差很多，正是卢
骚性欲早熟和变态的流露。

卢骚又是"露体狂"者，就是故意在女性面前显露自己的生殖器，或者做出种种的猥亵姿势。在《忏悔录》第三卷的开始，他就说及这事，有一次因为逃避几个女孩子的辱骂，避入一个地窖，几乎被旁人当作贼捉住打了一顿。

卢骚少年时耽于手淫，在《忏悔录》第三卷中还加以歌颂，据他说，这种□行是他这种孤独和畏葸青年的天堂，靠着想像，他能接近一切的女性，并不需要请求她们的同意，任随自己，恣意享受。

马索克小史（上）

以描写"被虐狂"小说得名的沙讫-马索克（Leopold von Sacher-Masoch），他的生平，可说完全是他作品的现实。关于的他的传记，最详尽可靠的是席利讫特格罗（Schlichtegroll）的《马索克与马索主义》。此外，马索克妻子的自传，也可间接供给不少资料。席氏的传记，将马索克不幸的一生归罪于他的妻子，而马氏夫人在自传中，则力辩他丈夫完全是他自身变态性欲的奴隶。她亦爱莫能助，故不得不分离。

马索克于一八三六年生于波兰的勒姆堡，是西班牙德国和斯拉夫的混合血统。贵族出身，父亲曾任警长，母亲是小俄罗斯人。马索克幼时身体很弱，由一个俄罗斯农妇作乳母喂养，这才长成。这对于他的影响很大，他自己曾说，他不仅获得了健康，而且更获得小俄罗斯人阴郁神秘的灵魂。

他从小就喜欢残酷的事。行刑的图画，教徒殉教的惨史，都是他小时的恩物，他更时见梦见自己在一个强壮的妇人手中，被她虐待。

他所住的故乡加利西亚的风俗，不是妻子作丈夫的奴隶，便是丈夫绝对统制妻子，这种风俗也使他性格蒙受了很深的影响。

十岁时，他遭受了一件终生不忘的奇遇。有一位伯爵夫人，是他家里的亲戚，美而悍，他很崇拜她，尤其羡慕她许多御寒的皮货。他时常喜爱为伯爵夫人服务，尤爱服侍她梳妆。有一次给她穿拖鞋，他不禁吻她的脚，伯爵夫人微笑着踢了她〔他〕一下，他觉得十分高兴。（本节未完）

马索克小史（下）

有一天，他和姊妹们捉迷藏，躲到夫人卧室的衣橱中。他才躲好不久，伯爵夫人忽然走进房来，后面跟着她的情人。他不敢声张，眼看着一对情人在沙发上躺下，互相拥抱。正在这时，伯爵忽然带着两个朋友闯了进来，马索克正在暗暗吃惊时，伯爵夫人已经一跃而起，向她丈夫劈面一拳，打得他鲜血满面，立刻带了两个朋友逃之夭夭，而那个情人也乘机溜走了。这时，衣橱里遮掩着他的衣服忽然落了下来，伯爵夫人发现他躲在房里，知道他目睹了一切，勃然大怒，将他拖出去掀在地上，一顿毒打。这时伯爵又跑了进来，不再发怒，跪在一旁求他妻子饶恕。马索克从房里逃出时，看见伯爵夫人正在踢她的丈夫。

无疑的，这是他终生忘记不掉的印象。他便将妇人当作是可恨又可爱的东西，时常要将男子在脚下践踏。

马索克对于鞭子和皮货有一种特殊的爱好。在他的作品中，描写一位美丽的妇人，他总说："如果穿皮大衣一定更漂亮。"形容讨厌的妇人，他一定说："我简直想像不出她穿皮衣服的情形。"他的原稿纸上曾经印着一位穿银鼠镶貂毛大衣的女性，墙上挂着穿皮衣女性的图画，画室中更藏着一袭女性的皮大衣，不时拿出来扑打，以助文思。

他的妻子本是他的小说的读者，最初感情很好，但是后来因为她不愿应允他的要求，要她用鞭子打他，便渐渐疏远。最后马索克更逼他的妻子去寻外遇，为她登广告征求男友，弄假成真，他妻子终于跟人私奔了，马索克便和一位女书记同居。

许多记载都说，马氏平素温和可亲，而且不吸烟酒，虽然爱使他心爱的女人穿皮货，自己的服饰却很朴素。他死于一八九五年，晚年住在德国乡下，过着托尔斯泰一样的和农民接近的生活。

大自然的葬仪

人类想像中对于死亡的恐怖，对于尸体的迷信，在自然界中是不存在的。一般的动物，对于死了的它的同伴的尸身，或是一具异族的尸身，都当作是自然的一种赐与，最好的办法就是果腹；你不吃，立刻就有旁人来吃。

但并不一定一种动物都吃它们同类的尸身。于是，在广阔的山野，鸟兽成阵，昆虫成群，许多寿命都不很长，死亡率是很高的，那么，这许多尸体怎样处置呢？我们很少发现寿终正寝的动物尸体，那么，谁给它们埋葬了呢？

鹰鹫和乌鸦都是食肉鸟，但它们所吃的和动物的死亡比例相差很远。在自然界中，另有一种专门从事殡葬任务的昆虫，学名为 Necrophorus Mortuorum，一般都称作"挖墓虫"（Sexton Beetle），它拥有锹铲和一切掘穴的工具，专门从事殡葬的工作。

这种虫的色彩是庄严的黑色，但背上另有两条黄带以资点缀。它们都很乐天，每日工作完毕之后，便从事唱歌，但这种音乐并不是有关的"为艺术的艺术"，却是"现实的"。这就是说，为了吸引异性而作。

挖墓虫靠了她［它］灵敏的嗅觉以判别附近有无工作。一发现附近有了"丧事"，它便立刻将这好消息通知它的妻子，然后夫妻双双立刻动身，择最近最快的路，因为先下手为强，闻风而来的同伴是很多的。

到了目的地，譬如说，它们发现今天要料理的尸首是一只田鼠，便立刻纠合后来的从伴，大家饱餐一下，便开始从尸身的四周渐渐掘下去，使它沉下，然后用土掩在上面。

挖墓虫有一对铗子一样的触角，十分健强，很足以应付他［它］们所负的任务。埋葬完毕之后，同伴就各自分散，只有挖墓虫太太在守护着它的不久要出世的孩子和他［它］们将来的粮食。

　　对待小动物是怎样，对待大动物便要取大规模的集团行动。

　　过着纪律生活的蚂蚁，对于侵入它们垤中的尸身，总是付之大嚼。不便吃的，它们便由工蚁移到安全地带，决不使它妨碍巢里的卫生。

　　蜜蜂发现巢里有"死人"，便设法将它推出巢外。如果死者是外来的，如一只蜗牛等，无法推出去时，他［它］们便采取最安全的办法，用蜂蜡将他封起来，毫不泄气，便也不致有碍卫生了。

　　昆虫和人类差不多，对于死者处置的方法总是付之埋葬，因为土地正是一切生物的泉源，也是一切生物的归宿。不过昆虫比人类更为达观，它们并不对死者有所恐怖，反而视作是一种新生的给养。

关于死的种种

生，死和恋爱，是人生的三大神秘，尤其是死，是今世的结束和来世的关键，难免看得十分郑重，因而也发生了许多迷信和传说。

将死之前是有一种预兆的，所谓（Death Warning），最普通的世界性的代表物，是一只黑乌鸦或其他黑色的鸟类。这种鸟类出现在某家的屋顶上，且夕一定有死神要光临。

欧洲人最忌十三，尤其是十三个人一桌聚餐，是最不吉的事，第一个立起来的人一定要死。这迷信是有相当渊源的，与欧洲最普遍的宗教基督教有关，因为耶稣在受难之夕，曾召集十二个门徒聚餐，即所谓"最后的圣餐"，十二个门徒之一的犹大，暗中将耶稣出卖了给敌人，就餐将半就立起来通知敌人将耶稣捉了去，但他事后又感到惭愧，终于上吊死了。因此十三是不吉之数，而十三个人聚餐，第一个站起来的人不仅要自杀，而且还是个贪财无义的小人。

英国的苏格兰人相信，秋天的花丛中忽然开了一朵白玫瑰，最近一定有人要死去，而久病的人忽然想要苹果酒一类的饮料，也是死的预兆。水手和渔人的死，多半在退潮的时候，狄肯斯曾将这迷信写入他的名著《块肉余生记》中："正是低潮时候，他（巴克斯）和潮水一同走了。"

这种迷信，都是属于联想的，由一件反常的或衰落的事态中，看出死的影子。因此，如果一棵树一面结实一面又在开花，或者你将刚才自己用过的镜子失手打碎，你的影子也同时碎裂，这都是死的预兆。

有些地方，相信救人出水是不吉的事，因为你救了他，水神失去了到手的收获，一定要向你报复。

有些关于死的迷信更是传统的，据说英国著名的"布利列顿池"，地主家有人要去世，事先池中有一株树根一定会浮出来。而某家有一棵榆树，它的叶子一旦突然摇动，家主不久就要死了。

在十九世纪末，欧洲贵族阶级流行一种迷信，说有一位"白衣妇人"在宫廷出现，就是大丧的预兆。这白衣妇人曾在德国王宫出现过，又到过荷兰和巴伐利亚，据说拿破仑失败之前出现过，有的更说从十七世纪中叶以来，她从不差误的是一个大不幸的预兆。

为了对于生之留恋，即使无可避免的死了，但是是否真死还是值得考虑的，万一在棺材中复活起来，那不是太可懊丧的事，因此康特地方有一个妇人，在临死时会特立遗嘱，请求死后在她心口戳上几刀，以免不幸在棺中复活。德国有一个特殊的殡仪馆，棺殓后死者手中要握着一条绳，绳端悬着铃，要停厝相当的时日才埋葬，有人日夜巡守，以便一闻铃声就可以开棺。但不幸的是，自从这制度设立以来，铃声还不曾响过一次。

最近日本有位富翁，临死时相信自己一定可以复活，特嘱在棺材中装上电铃，以便他复活时可以通知家人。但不幸的是这铃声终不曾响。有人说这也许是他自己的过失，棺材中没有装电灯，他在黑暗中揿错了，揿了地狱的门铃。

丧葬风俗志异

中国人相信人死后会投胎转世，欧洲人，基督教的信仰者，却相信到了《圣经》启示录上所说的天地末日，上帝审判世人时，所有的死人都要从棺材里复活起来，为了这个原故，爱尔兰人的丧葬风俗，在棺材入土时，有一个时期曾流行将棺材钉松去，而死者装殓时手脚部份也特别露在外面，以便将来复活时不致感到困难。

罗马人通行火葬，只有自杀的人或者罪犯才埋到地下。逆伦案的凶手，死后要用一只雄鸡和尸身缝在一只袋中，然后再埋到地下。埋葬的方向和反正也有关系。尸身大都头向东方，这是基督教的传统，因为相信天地末日最后一次的召唤是在东方。面部朝下，据说可以免除作祟。对于血案的凶手，英国人照例不准葬入教堂的墓地，都是埋在十字路口，而且只准在夜间举行，直到十九世纪，法律才有指定的丛葬地点。

各国都有指定的荣誉公葬区域，如英国的威斯特敏斯特大寺，苏联的红场克利林宫，是伟人国殇的长眠之所。在今日，一位著名的电影明星也许有机会能入选葬到这里，但在法国，直到大革命之前，优伶甚至连教堂的坟地也不许入葬的。坟地各有各的门类，自杀者，异乡人，未入教者，难产妇人，都是不相融混的。泰隆地方更有一个专为男子的葬地，平素不许妇女入内，据说死人最好嫉妒，见了陌生女性，难免不大兴风波。

柯细加地方，对于少女的葬仪，是给她穿上最好的衣服，双脚用白缎带缚住（以免她的魂灵在各处流浪），头上戴起结婚的花环，祷祝着说："我们，你的闺友，给你带来了百合和玫瑰，也给你带来了婚礼的花环。"雅克西的风俗，一个未婚少女的葬礼，便要在教堂的门口挂一道花环，有时还要附着一副白手套，白手套表示"纯洁"，正与法官被逼判决罪犯时带上白手套表示无辜差不多。

火葬和埋葬可说是文明人对于尸体处置的方法，一般半开化民族便不同了。最著名的是怕西人的天葬。他们将死者放在塔顶上或树梢上，等候鹰隼的啄食。这种葬法初听是觉得残忍可怕，但他们也有美丽的解说。怕西教徒相信一切原质都是神圣的，而尸体都是污秽的东西。所以埋到地下要玷污了"地"，火葬也亵渎了"火"，水葬更侮辱了"水"，所以死尸最好给鸟兽吃，而且还可以赎罪。马拉巴山上著名的"沉默之塔"，便是天葬的圣地，猛禽盘旋，浓荫如翳，目睹之下到〔倒〕并不是怎样可怕的地方。此外，将尸身喂蛇，脔割了喂狗，烧骨扬灰，这种种野蛮的葬法，从现代科学的眼光看起来，倒是合乎卫生的，至少比愚笨的埃及皇帝，造了金字塔，将自己的尸身制成不朽的木乃伊，金棺银椁，结果却在千年之后被发掘出来，陈列在博物院里卖门票，要聪明得多了。

对于死者的追念和祭祀，东西各有不同，西洋人以鲜花供奉，东方人却爱以食物供奉，这是最大的差异。据说某一个公墓里，有一位西洋人带了一束鲜花来扫墓，看见一个东方人用酒菜在祭奠，不觉加以嘲笑，讥讽的问道："你们的祖宗什么时候来吃这些东西？"那位东方人却从容不迫的回答："你的祖宗出来嗅花香的时候，就是我宗祖〔祖宗〕出来吃这些东西的时候！"

这真是一句太幽默的回答，然而却也说出了祭祀的真理。

尸 体 偷 盗

尸体偷盗，并不一定是违法的事，有时还要受到奖励，这完全看你用什么名义去偷盗。每一家古董店里，每一座著名的博物院里，总有一些从坟墓里掘出来的"赃物"，然而这却称为"古董"。更甚的，如埃及王后大臣的尸身，所谓"木乃伊"，差不多是博物院和考古学家的至宝，这不是"尸体偷盗"是什么？然而这是不犯罪的。

犯罪的是"掘墓贼"，中国称为"倒斗"，这种阴森怕人的行为，是以棺中殉葬的财物为目的的。谩藏海盗，这是活人不好，早几年著名的东陵盗宝案，简直哄动中外，听说近年关中一带也流行掘墓，而不景气流行，江北一带连薄薄棺殓的一套短布衫裤也有人剥了。

更有一种不犯法的掘墓，如历史上伍子胥的鞭尸，近代掘土豪劣绅汉奸卖国贼的祖坟，反而是大快人心的事，而帝王和富豪为了"龙脉"的风水关系，破坏人家的坟墓，也是并不怎样犯罪的事。

"倒斗"的目的在财物，"掘祖坟"的目的在泄愤和报复，都不是直接以尸体为目的，此外还有一种真正的"为艺术而艺术"的掘墓，这就是所谓"尸体偷盗"。

尸体偷盗者的目的，有一种是希望人家来赎取，绑死人的票，然而这是极少数，大部份却是偷窃尸体卖给人家供解剖或制标本之用。

这种偷盗并不注重棺中的财物，所注重的是尸身的新鲜与完整。

医学上所需用解剖的尸体，目前都由国家明文规定，将死囚或无人认领的尸身，由学校或医院备文去领，但在这条文未颁布以前，医生需要一具尸体作解剖，那是很困难的。这不是随处可以购买的货物，也不是公然可以买卖的货物。

尤其是欧洲人，相信死人有一天会复活升天的，那么，尸身割得粉碎，拿甚么去升天呢，因此直到十九世纪，还有人反对人体解剖，说是残忍不道德的事。为了这个原故，医生只能私下出重价去购买尸体，因而便发生"尸体偷盗"了。

从十六世纪以来，随着人体解剖学逐渐进步，便也形成了一种专以偷盗尸体供给医用的职业，这种人称为"复活家"（Resurrectionists），专门结党发掘新死人的坟墓。发掘不足，便在静僻地方谋杀单身行人，充作尸体卖给医生。

这种谋杀不能有伤痕，否则医生便要怀疑，因此大都是骗进屋里，加以闷杀，这就是所谓 Burking。"褒克"（Burk）本是人名，他是苏格兰人，在十九世纪初年，与他的同伴"海耳"（Hare），专门谋杀人将尸体出卖，先后一共谋杀过十六人，然后才败露。他们所用的方法便是闷杀，当时哄动一时，因此便造成了 Burking 这个字。

去年南通某医科学校的学生，被乡人控告盗窃尸体，大约也是供自己私下解剖之用，这可说是最现代的"复活家"了。

尸奸（上）

　　尸奸，即对于已死的尸体作猥亵行为，是一种极可怕的使人毛发直竖的变态性欲行为，学名为 Necrophilia，是虐待狂更进一步的表现，有时更与"色情的杀人"（Lust-Murder）有关。

　　这种行为，初听几乎使人不敢置信，一具冷冰冰甚而至于僵硬腐臭的尸体，趋避恐怖尚且不遑，那里还有人敢对之实行非非之想，然而竟确有其事，这不仅有许多记载斑斑可考，就是各国法律，也有关于惩罚尸奸的专条，我国现行的刑法中也有明文记载。不过世界一例，所处的刑期都不十分重，这也许因为犯者的神经大都是失了常态的原故。

尸奸的犯者，其人的性欲大都是异常的虐待狂患者，因此对于臭味，冰冷的感觉以及恐怖等，反而感到可以刺激。

尸奸与"色情的杀人"有关。这种人好将女性加以杀害，眼见血腥淋漓的情形才感到兴奋。这种人间或并不与尸体发生秽亵行为，只是将尸体加以脔割，或者破腹取出内脏，……然后在这种惨恶可怕的场面下，得到一种变态的满足。另有一种则因强奸不遂，被逼将对手加以杀害，迨其死后仍加以奸污，以发泄自己未遂的欲念。

尸奸又与环境及机会有关，僧侣及兵士，在看守尸体的静夜或行军兵燹中，因了一时遏止不住的性欲便对尸体加以侵犯。此外，验尸所，殡仪馆，医院，也有因一时的冲动而犯罪者。至于正式的尸奸患者，他们的活动区域大都在荒僻的公墓中，注意新葬的妇人坟墓。穷乡僻壤之区的浮露棺枢，也使乞丐和白痴等有时获得犯罪的机会。

有一种偶然的尸奸犯者，这种人都是以处理尸体为职务，偶然因一时冲动而犯了罪；看守坟地的园丁或者掘墓贼，也有是这种偶然的尸奸犯者。

关于尸奸的记载，各国的民间传说，神话，以及小说中，颇多这类的资料。法国文学中颇多关于尸奸的作品，萨地的小说也有涉及尸奸的。古希腊希洛多陀的作品曾叙及一个埃及人奸污一个新死的妇人，可说最古的关于尸奸的资料。

伊宾博士曾根据可靠的记载，分析过不少尸奸犯者。一个二十三岁的少年，强奸一个五十三岁的妇人，在撑拒之间，他竟将妇人杀死了，随即加以奸污，将尸体抛入河中，但不久又将尸体捞出来重行奸污。这也是与色情的杀人有关的尸奸，那残酷的犯罪行为，即使读到了也犹觉恐怖。（本节未完）

尸奸（下）

波爱斯孟（Brière de Boismont）曾在一八五九年记载过一次尸奸案件，死者是一位上流社会十六岁的少女，犯人贿赂了看门人，半夜潜入屋中，死者的母亲在夜间听见停尸室中有笨重的物件落地的声音，起来察看，发现一个穿睡衣的男子从灵床上跳了下来，她起初还以为是贼，但来者的本意立刻就被暴露了，事后据悉犯人也出身于高尚家庭，生平专好侵犯年轻妇人的尸体，于是被判处无期徒刑。

爱伦堡（Eilenburg）的名著《虐待狂与被虐狂研究》中，也有关于尸奸的记叙：有个三十多岁的新死妇人的棺枢，埋入坟地，当日泥土并未完全掩好。晚间有位妇人来省视她亲属的坟，这坟与那新埋的妇人坟地相近，她发现这新葬的棺盖在掀动着，当时十分骇异，连忙去通告公墓的看守人，看守约了几个园丁一同来察视，竟出人意外，他们发现住在附近的一个名叫乌克西的穷汉正在侵犯那尸体，当即加以逮捕，次日并将尸身起出移入验尸所，加以检验，以判别犯人是否遂行了他的目的。

可靠的关于尸奸案的记载，最著名的是贝传德（Sergeant Bertrand）的案件，许多专家都曾加以引证。贝传德专一发掘死动物的尸体，加以脔割，取出内脏，自己同时手淫，后更将活狗杀害以遂行他的欲念，案发后，被判了一年监禁，这是因为法医鉴定，他的神经呈现显著的异状。

除了上述的实地尸奸之外，此外尚有一种象征的尸奸，这种人有特殊的嗜好，每好命妇女扮作死尸，穿上寿衣，房中也布置成尸室的情状，燃起白蜡，妇人不言不语，始终躺在床上死人一样的任其所为。据伊宾博士记载，有一位教士曾有这种变态的癖好，时常光临某妓院，命所爱的妓女扮作死尸，自己庄严的施以弥撒祝祷，然后与之同寝，妓女须始终闭目不语，完全装作死人模样。

更有一种象征的尸奸，则为见了美丽的女尸所引起的非非之想，这种想念有时会使神经不健全的人实行犯罪。

兽　奸

　　兽奸（Bestiality），即人与动物相奸，外国的刑法上多统称之为 Sodomy，其实是不相融混的。又与动物崇拜狂（Zoophilia）有别，因后者大都对动物加以溺爱和狎弄，并不实行奸犯也。

　　兽奸犯者属于性欲变态症者颇少，大都与教养和环境有关，因为这种荒唐不人道的行为，非脑经愚笨者不肯干也。

　　兽奸案发生的统计，乡村与都市的比例相差很远，这就说明了这种行为的动机大都基于环境和教养。乡村生活，时常人畜共处，牧人偶然一时的性欲冲动，又如中国所传说的"塞上无夫之妇"，在牛马成群中，是时常促成这种不道德行为的。

至于发生在城市中的，在不外下列三种原因：一，性欲无法解决者，行为虽然荒谬，其实是可悯的。二，则为一种迷信的，患花柳病的人，多他们［他们多］相信可以因此移除病根（当然是胡说）。三，多发生于妓院，这完全是惨无人道的藉以敛钱的淫秽行为，大都市中多秘密存在，上海租界也时有破获。

兽奸并不是文明产物，古代早有记叙，愈是荒原牧畜的生活便发生愈多，据说南斯拉夫民族与驴马相交，并不犯罪，而奥国骑兵队中南斯拉夫族的兵士，时与母马相交，被发现了则称无钱宿娼，不得已而出此，长官也对这种兵士奈何不得。

哈伯达（Haberda）于一九零五年曾在德国出版一部专著，曾根据一百六十二件兽奸案件，仔细加以分析和研究。谓男子犯者大都是与家畜时有接触者。

布洛讫博士曾说及中国有人与鹅相交的事，他大约是间接从笔记上得来的，如《文海披沙》所载，那真是洋洋大观。（编者按：为了免得"妨害风化"，以下删。）

露　体　狂

　　露体狂（Exhibitionism）是一种普遍的性欲变态症，即喜欢在公共场所或异性之前，恬不知耻的暴露自己的身体，自己即从这种行为上获得性的满足。

　　本来，裸体并不犯罪，在众人之前显露自己的裸体，亦不足为罪，但在现制度的道德和羞耻观念之下，一个脑经健全的人是决不敢干这自失体面的举动的。因此，所有的露体狂者，大都是疯癫症的患者。

　　据希孚（Seiffer）报告，根据八十六个露体狂患者的研究，其中十八个人有痫癫症，十七个人的神经错乱，十三个人素来行为不端，八个人神经衰弱，八个人是酒徒，十一个人是习惯上的露体狂者，其余十个人也有显著的病状。在这八十六个人之中，有十一人是女性。

露体狂的养成，有许多是先天的，或从小养成的坏习惯，但大都疯癫居多，精神常态的人可说少见。

这种人的性欲受了抑压，转到虐待狂的倾向，同时更沾染手淫，于是露体的癖好便养成了。最初还在僻静处所，独自一人行之，逐渐的便大胆起来。公共场所，浴堂或厕所，面临大路的楼窗，露天剧场，都是最好的活动区域，这种人大都显示自己的裸体，更甚的则在大街之上突然褪尽衣裤，大声呼嚣。

由于不良的家庭教育，许多小儿从小就爱玩弄自己的性器官，或者成人故意加以种种暗示，长成后，在春情发动时期，便常常流于露体狂。

现代的露体狂者，则爱摄种种裸体照片，或以自己的裸体照片给异性看，观其惊异羞涩之状，自己引以为乐。

更有一种人爱在异性面前说粗俗的话，或以种种猥亵言辞向异性附耳而语，这种虐待狂的人也有称为口头上的露体狂者（Verbal Exhibitionist）。

露体除属于性欲变态者外，也有一种风俗上的，即以臀部或性器官示人，表示侮辱或鄙视之意。更有一种迷信的，则以裸体对于鬼怪有辟邪镇压作用。前者是世界性的。后者在中国很发达，也许直到今天，还有人相信将一排裸体妇人排在阵线上，敌人的大炮便打不出了。

现代大都市中，有人以裸体表演种种猥亵行为为职业，也有人酷爱参观这种表演，据说巴黎最多，有专设的妓院满足这种需要，这种人前者称为 Essayeurs，后者称为 Voyeurs，此外更有私人的俱乐部，会合了男女的露体狂者，那便近于我国所说的"无遮大会"，真是荒谬之至了。

露 体 狂 补

一九零六年三月，柏林歌剧院中，时常发现女观众的后衣为人所污，当局乃雇用便衣侦探多人，散居在观众中加以侦查。有一天正在表演《罗汉格林》第二幕的时候，有一位侦探发觉一个观众紧贴到一个女观客的背后，开始作猥亵行为（手淫），当即加以逮捕，才知道这人名 P，是建筑师，据他自供，在戏院中每乘女观客注意台上表演之际，即潜至其后手淫，目的达到之后即遁去。他已犯过此种行为数次。他不知道自己究竟为何犯此，但事后必定懊悔云。

这种行为，是变态性欲种类中的旁门，属于露体狂（Exhibitionism）之内，名为 Frottage。就是在公共场所，尤其立在妇人的背后，性欲会突然冲动起来，于是在兴奋和昏迷的状态中，不顾一切的开始作猥亵行为，久之遂成习惯。这种人有一特点，即只注意妇人的臀部，不论老少，从来没有从正面犯此行为者；而且这类人常是阳痿症患者，但在这特殊的场合下，会突然暂时兴奋起来。

伊宾博士（Dr. Krafft-Ebing）解释这种行为，说这都是习惯的手淫患者，对于女性一面憧憬一面又畏怯的心理表现，因此从不敢正视妇女，只是偷偷的从背后加以试验；又因为注意妇女突出的臀部，故其中又杂有拜物狂（Fetichism）的成份。他随即又从麦格南氏（Magnan）的著作中，引证了四个例子，证实他的解释。其中一个是牛奶店老板，酒徒，习惯的手淫者，因在黄昏时夹在群众中手淫，被判处四个月徒刑。又有一个则是四个孩子的父亲，因在一商店中图在一女顾客背后作猥亵行为被捕；被捕后自己十分懊悔，要求加重处罚。第三个是在公共汽车上，图在同车的女客背后作 frottage 时被捕；据他自己说，每见了妇人的背影，即忍耐不住，自己亦不能控制自己的行动云；结果送入教养院中。第四个则专喜在教堂中玩弄妇女的衣裙，自己即感到极度的狂乐因而射精，有时在梦中也有这种遭遇。但他意识非常清晰，事后总是十分懊悔。

这种变态的性行为患者，性机能照例不健全；但在特殊的场合下，如城市中的戏院，乡村里赛会节日的群众热闹中，立在一个女性的背后，就会突然的兴奋起来。这种行为，有时是无赖的轻薄行为，有时则是一种病态的流露。

色情与广告

　　与色情有关联的广告很多：电影院，戏院，歌舞班，疗治神经衰弱或美容的医药广告，节育或其他家庭卫生用具，一般人事广告，如征友，征伴侣，教授方言及娱乐等。有的是内容纯正的，但大部份都藉了广告上所说明的为掩护，而暗示幕后的真意，聪明的广告读者也一望就知道登广告者的用意所在。

　　电影和戏剧的肉感香艳广告，不过是对于内容的夸大的说明，但也有暗示在某一时间或某一节目有秘密表演的。治疗神经衰弱的兴奋剂，有许多都是春药的变相，至于美容和健身的广告，则不少是秘密卖淫的媒介。防毒和节育卫生用具，所卖的常是刺激性器官的橡皮用具和药品。聘请女书记，征求伴侣，以及公开的舞伴游侣待聘，甚而至于家庭教师和保姆，在黑暗的都市社会里层，许多都是藉了职业作幌子的至于坦白的说明了："巴黎青年女子，擅长交际舞术及各种最新娱乐……"则凡是有经验的都市新闻纸读者，一望就知道这是秘密卖淫的白俄女子了。

关于利用新闻纸作种种不道德的广告及色情活动的，布洛讫博士曾加以研究和分析，据他说，世界最早利用报纸广告征婚者远在二百年之前，是英国一位三十多岁的绅士，自称有资产，愿与拥有三千磅财产的青年女子结婚。另有一位二十五岁的青年，声称有适当职业，父亲行将给彼一千磅财产，愿与一相当女性结婚。

布洛讫博士的色情广告分析如下，他所根据的是德奥的各大新闻纸：

（借款广告）常是"年青善活动的女性"因有急需，向"老年绅士"征求小数信用借款，或是"有为青年"向"高尚女士"请求暂时经济帮助。女的大都声明是独身，新寡，或者不便使丈夫知悉，一时有某种用度。据说有许多私娼都藉了这类广告活动。

（征求职业及友伴）这是最普遍的一种，有的更有同性恋意味，如下列数则：

某高尚女士，年近三十，征求一高贵可靠之士女为友。

某高尚老年绅士，征求品行优良之青年人为友。

至于年轻"女子"，"妇女"，"寡居"，愿为高尚绅士及独身青年之伴侣者，其用意更不问可知。

（房间出租）此类广告时常特别声明"环境便利"或"另有单独出路，不受惊扰"，更有专供日间租用者，完全作情人幽会或私娼之寓所。

（私人侦探）此种职业专为人搜集离婚证据，私会及外遇经过，私生子血统等。正当者固不少。但大都受人委托故意伪造证据或奸情，以便作离婚及敲诈之要挟。

此外尚有藉学术通问或教授为名，实行种种不道德之目的。亦有男女双方拟好暗语或密码，藉广告通消息及幽会时间。至于下列广告，则一望而知为性欲拜物狂者所刊登的了：

某青年绅士，高价收买著名女优或名媛淑女之旧鞋，以供私人收藏之用。

禁 欲 问 题

关于禁欲的功效和利害，据说是宗教家，生理学家，甚至教育家优生学家社会学家等争论最厉害的一个问题。各走极端，不相上下，然大体归纳起来，不外下列五项意见：

（一）主张一生之中应完全过禁欲生活者，如托尔斯泰等人之说教。

（二）医学立场的相当禁欲说，以男女双方可以发生关系而无妨害为度。

（三）片面的性道德主张者，彼等要求女子在未结婚之前应绝对禁欲。对于男子则认为禁欲是不可能之事。

（四）"费娜"派或"伊薇尼"派，这是根据道德立场，要求男女双方在结婚之前应彼此保持性的贞洁。费娜是德国一部著名关于婚姻问题的小说主人翁，她向男子要求，结婚时男子应以童贞交换女子的贞操。伊薇尼是英国作家撒拉格朗小说中的女主角，她在婚礼进行中将达教堂门口时，发觉她的未婚夫私生活不贞，便立时掉头而去。

（五）否定论者，以为男女两方，无论终身的或一时的禁欲，均为不可能之事。

关于这五种意见，布洛讫在他的名著《现代的性生活及其与现代文明之关系》一书中曾加以批判。据他说，关于第一种的终身禁欲说，可以不置批判，因为性欲是人类的本能，绝对禁欲是违反自然的事，只有脑经不健全的人才将男女之事视作是"罪恶"或"不净"。

第三项片面的禁欲说也错误，因为此等人否认女子性欲的存在，以为女子是被动的，附属的，故在未结婚以前，男子可以享受性的自由，女子则被抹煞。

第五项的怀疑论者，也是似是而非。性欲虽然是人类不可抵抗的本能，但人类同时已是高等动物，有"文明"。文明有转移人性的伟力，可以使人类对于性冲动加以约束，使其不妨害个人，亦不妨害社会。但这种量力须在清晰认识性本能之重要的社会中才能发挥。

只有第二项及第四项才是处理禁欲问题的理想的正确的态度。男女是平等的，在二十五岁，至少在二十岁以前，应绝对避免发生性的关系，这是有百利而无一弊的，三十岁以上男女的禁欲则颇发生问题，因这时生理机能已至纯熟时间，久加抑压便要发生变态或种种精神上的病症也。至于已婚夫妇，则有常识的健康男女，大都同时都有节制自己性欲的能力，同时，月经和妊娠也是一种自然的性欲调济。布洛讫曾再三劝告德国青年，至少在二十岁以前应避免与异性发生关系。

古代以色列人早就对于男女之事加以限制，垂为训诫，据说上帝最嘉奖的有三种人：一是穷人在路上拾物能归还原主者，二是富人暗中施舍者，三为居住大城中的独身汉而无不净行为者。当时有个住在城中的青年听了颇为高兴，但是教士却说，这并不是指你而说，所指的乃是某鞋匠，他与娼妓杂住一条街上，日日为她们制鞋，娼妓时常到他面前，但他却头也不抬。

关于性欲节制，印度经典也说，人生有八件事运用适中则为享受，过份则有害。这八件事是：行路，财产，工作，酒，睡眠，热水洗浴，针灸，性交。

初夜权及其他

初夜权（Jus Primae Noctis），是欧洲中世纪封建制度残留的一种奇异的结婚习俗，凡是属于地主领域之内的新嫁娘，结婚的第一夜须让地主享受，这就是说，新娘须将她的处女贞操呈献给地主，然后才可以嫁到夫家。有时丈夫也可以用金钱为妻子向地主赎取这种义务，但接受与否须待地主自己决定。他们有时不要钱，一定要享受新娘的初夜权，丈夫也就奈何不得了。这种初夜权的独占，虽然是地主阶级用他们的金钱和统治势力所维持的一种特权，但在婚姻制度的演进上说，却是有相当渊源的。

人类在原始时代，神权高于一切，代表神的教士或僧侣是一切特权的享受者。人类为了向他们所崇拜的神表示虔敬，或是祈求福赐，便作种种的牺牲和献祭。头生的牛羊和子女，初熟的一串葡萄和麦穗，都是属于神之所有。同时，男女己身的肉体，男子的童贞，处女的贞操，夫妇间的交接，都视作是神圣的东西可以献给神的。神嘉纳了，便会赐福与献祭者，否则便要降祸，因此这一切东西——男子的包皮，女子的处女膜，夫妇间的交合（不是情人的幽会），都视作是最神圣，同时又是最不祥的东西。因为这些东西可以致福也可以惹祸。

希腊人在结婚的时候，新娘就须将她的处女膜献给Priapus（阳具之神），新郎和新娘的家属陪她到神的庙中，新娘单独走进内殿，新郎等在外间等候。这神是一个魁梧的裸体男像，大都是石雕的，表现着热情紧张的姿势，新娘在惊惧敬畏之中，战栗着紧抱住神体，在走出内殿之后，她已经不是处女，而且已获得神的赐福了。

东印度风俗，女子到了十岁便要将她的处女膜献给神，这种残忍的行为大都是由父兄强制执行的，这些神像都是男性生殖器的象征，用木，石或象牙所雕。有些地方则由教士代表着神执行，而且还要收取相当的"执行费"。拿不出手的女子便只好终身做老处女，无人过问，因为处女是神圣而且不吉的，没有经过神的祝福，谁也不敢娶她。

处女的牺牲祭，除了由神或教士代表接受外，更有由女子的近亲（大都是父亲或长兄）执行的，有些地方则由过路的陌生人执行，彼此作为对于神的献祭。巴比伦地方的"米利达"（Mylitta）祭便是属于这种。他们规定，每一个少女，或是已婚妇人，不论贵贱，一生之中一定要与陌生人交合一次，作为对于米利达神的献祭，同时那陌生男子也须献相当金钱给庙中。男子可以拒绝女子，而女子则无权拒绝男子凭了神的名份的要求。据说后世的娼妓，便是由此滥觞。

这一切习俗，在现代人看起来，几乎是可笑而且可耻的事，但在结婚制度和贞操观念的沿革上，这一切是不容忽视的，同时，原〔始〕人的性生活与宗教的关联，也是不容否认的事，直到今天，欧洲的婚礼还要由牧师加以祝福，丈夫可以陪了妻子向教士忏悔，教士可以代表了神饶恕妇人的罪行，正是那些习俗的变迁和残留。

贞操与羞耻

贞操是一个没有定义的名词，它随了风俗习惯，宗教种族，时代环境为转移，但在精神上说，它的目的是一贯的，而且是人类可崇敬的一种美德。但这里所夸奖的贞操，不仅限于肉体，而且也不是男子娶妾时以是否处女而判决代价高低的那种所谓贞操。合理的"贞洁"和"不贞"是有相对性的，而且不限定与"性"有关，更不限于女子。一个十八岁的女子，被欺骗了与一个男子结婚，几年后终于离婚，她热烈的爱上了一个男子。这个女子，不仅她的爱是纯洁的，她的身体也是纯洁的。

　　孟特加沙氏（Mantegazza）曾将羞耻心的有无以判别贞操，将女子分为"无羞耻观念的"，"半有羞耻观念的"，"有羞耻观念的"三种，而各给以分数，从零分至一百分。鲍尔氏（B. A. Bauer）在他的《妇人论》中曾加以嘲笑。他说，照孟氏的分级给分法，那么，新加利多尼亚的妇人，看见法国水手就掀起短裙举手相邀的，一定在零分以下，而一个不孕的妇人，为了不肯受医生检验子宫，宁可终身无子，一定可以得一百分甚至一千分了。但事实上并不是这样，后者是虚伪的尊严观念作祟，前者则在她们的社会中，根本不将这样的行为认为"非法"。

　　又有人以衣服的有无和多少，来决定羞耻观念的有无，对于贞操的重视与否，但这也是很难说的。有许多地方，胯间仅是挂着一片香蕉叶或兽皮的种族，他们对于破坏他们"性风俗"的人有最残忍的处罚，而在文明社会里，穿最华丽最精致的亵衣的女性们，她们的贞操常是有问题的。

　　埃及和亚拉伯的妇人，终身蒙面，不让陌生男子窥见她们的面部，据说她们未带面纱而突然遇见男子时，便将裙子扯起来遮住面部，即使下体裸露出来也不顾。和这相反的，彭吉斯地方的男女，浑身精赤，只用几片树叶遮掩下体，但他们的孩子一到断乳之后，便与父母分卧，而孩子长成之后，必须搭屋另居，从不同住一处。

依据文明人的羞耻观念，最无耻的该是爱斯基摩人了。他们的睡眠，一家男女大小脱得精赤，共同钻在海豹皮之下，翁姑和子媳的人伦大道从不避嫌，万一有客人留宿时，大家便挤得更紧一点，女儿们大都睡在客人的贴近，用以表示主人待客的敬意。但在他们并不认为这样是无耻，因为他们对于女子的社会地位根本与我们异样。

有许多未开化地方都将女子视作货物，女儿是父母的财产，妻子是丈夫的财产。因此，只要女儿的行为不影响婚姻上的利益，父母是不过问的，而丈夫为了增加收入，也可随时将妻子租给过路的独身客人。女人根本不需要贞操。

文明人对于女子所要求的贞操，实际上也是将女子视作货物的变相，因此所注重的是肉体的完整，货物成份的保证而已。合理的贞操观念，必需是男女相对的，一种精神上的信念而不是仅限于性器官的事。

结 婚 异 俗

在一般人的心目中，结婚的仪式，总不外旧式结婚与文明结婚两种，至多再加上一种时髦的集团结婚而已，殊不知道这一套男女的喜剧（悲剧?）是经过了几千年的变迁和进化，方达到目前的形式，同时许多奇怪的结婚仪式和风俗一直到今天还保存着，使我们于惊异之外，清晰的辨出它进化的遗迹。

目前结婚的制度，一夫一妻制（Monogamy）是举世公认的最文明最合理的制度，虽然有些宗教和法律承认一夫多妻制（Polygamy）或一妻多夫制（Polyandry）的存在，但那仅是极少数的例外。

没有结婚制度以前，人类所处的是杂交（Promiscuity）时代，动物一样的双方享受着性的选择和竞争自由，没有任何限制和缚束，再进一步，便到了原始的集团结婚时代，这其中仍没有个人成份，乃是"族"与"族"的结合，甲族三十个男子与乙族三十个女子结婚，每个女子是三十个男子的公妻，每个男子也是三十个女子的公夫，有了孩子便属于母亲，这是母系中心时代的现象，男子处于附属地位，只是履行"供给种子"的义务而已。

以男子为中心的结婚制度，是母权消失父权逐渐抬头以后的产物。这时，孩子开始属于父系，而妻子也是经过掠夺或强奸的武力获来。女子被屈服之后，男子便有了真正的"家"，同时以个人为本位的婚姻制度也成立了。在这样情形之下，女子开始成了附属品，成了男子的财产，于是一夫多妻制便产生，而丈夫对于妻子不仅可以管辖，而且还可以视作货物一样的交换买卖了。

掠夺婚姻，女子是男子用生命之力搏战而来，是战利品，所以要防止她的逃脱，因此成功之后务要使她远离母家，以免她潜逃，据说欧洲人的蜜月旅行便是这种风俗的变迁。结婚仪式要经过战争式的武力解决，许多男子共同追逐一个女子，或是男女双方决斗，这风俗一直到今天还在许多地方流行，中国人的抢亲，也正是掠夺婚姻制度的残苗［留］。

在这情形之下，妻子的贞操和是否处女，是属于问题之外的。据说在西郎（Serong）地方，婚礼的酒食要由女子自己担负。她在结婚之前自己沐浴更衣，到某一个庙中坐候，从每一个与她发生关系的男子手中索取代价，直到足够结婚费用之后才回家。在婚礼的喜筵席上，有一钵清水上面铺着一张叶子，一位老妇人扶着新娘的右手，使她用食指将树叶戳破，表示已由处女变成妇人，于是婚礼便告完毕！那戳破的树叶则高挑在屋顶上，这是对于村中尊长的通告，在这夜间，他们是随意可以进入新娘房中，向她表示"敬意"的。

利地亚（Lydia）地方的新娘，在结婚之夜，贺客也可以进入房中向新娘作肉体上的致贺，事后付一点代价作酬。据说今日结婚礼物实是这种酬报的变相，而欧洲人和新娘接吻的风俗，也正是另一种行为的替代。

妻 的 买 卖

世界上有许多地方，要讨妻子的男子，只要按照市价到市场上去购买，不要的时候，可以拆［折］旧卖出去，或者像旧汽车一样的贴换一个新的，这情形虽然使许多摩登小姐听见了不高兴，但想到她们订婚时所需要的种种费用，父母所需要的聘礼，可知这其间也不过是五十步与百步的距离而已。

买卖婚姻是掠夺婚姻的进步，将武力改作了商酌方式，向女子的父母纳相当的代价，而将这女子的所有权转移，与其说是婚姻，不如说是男子购置了一份家产而已，女子的市价要因了年岁容貌及工作能力而定。在澳洲的土番中，一个妻子的价值是一把刀，一只玻璃瓶，或者一只鼻环；在比较开化的印度土人中，买个妻子的代价比较高些，价格的差异是从一头猪到二十条牛之间。冰岛妻子最便宜的价格是一先令，在佛奈斯兰却要英金八磅。有些地方，女人的价格更与家畜和牲口的价格一律，据说印度某地方的酋长，有一次向一个船长买一块火石，说明以猪两头作价，但上岸之后只弄到一头猪，于是便以一个妇人作抵。

斯特姆（Bernhard Stern）在他的《俄罗斯社会道德史》中曾说起，买妻的风俗盛行于高加索一带，一个鞑靼少年如果要结婚，这就是说，如果要买一个女人，只得向幸运的有很多女儿的人家去物色，一个女儿的价格大都是五百到七百卢布，但有时也可以二三百卢布加一两头牛羊的低价成交。少年人很穷，为了买妻子必需借款，而这样的债务往往要等待自己有了女儿出卖之后，才能归还。因此鞑靼人对于妻子选择的标准，一定要耐劳能干，会养女儿，否则这笔生意便要亏本了。

购买妻子时，和买卖普通货物一样，买主自己先将货物看清楚，有怀疑之处，则请女眷将妻子领到僻处，仔细加以察看。成交之后，也和普通货物一样，货银两讫，大家喝一杯酒，握手而散。

一九零三年，俄国柏特罗夫加村的警察局，曾收到某村农夫的一封信，要求代为将附来的广告公布，广告的内容是，他有一个二十多岁的妻子和两头小猪要出让。妻子很美丽，耐劳吃苦，不过性情凶悍，喜欢吵嘴，小猪则很肥壮。两者一共廉价二十五卢布出售，如合意者，买方可以 C. O. D（收货付款）办法付款，不合退还。警察当局以为这农夫有神经病，派员加以调查，发现这农夫头脑清楚，与常人无异，他说这妇人终日吵闹，使他生活不安，所以贬价以求脱手。询问女人，女人当然不很高兴，但是并不抗议男人这样的行为。

不仅在俄国，此外在英国德国，挪威冰岛，有一时期都盛行过妻子买卖的事，中国当然也不是例外。

妻子可以买卖，男子当然一夫多妻制。孟特加沙氏曾说，伊斯特雅加地方，一个女子的价格是：四十金卢布，两张鱼皮，六码红布，三件男子外套的衬绒，一只大锅，两只小锅，三件女衣，四袭女衣皮统，二十九张白狐皮，四张海獭皮；沙漠亚人买一个女人，有时也要花一百到一百五十只驯鹿的代价。因有一个酉长曾谦逊的说，女人的价格太贵，所以他仅有五个妻子！

塔　布

　　在原始人的心目中，自然界最大的神秘现象是"生殖"，以为是神对于人类最大的赐予，因此人类对于神的敬拜，也以这同样的行动来报答，以为神既然希望人类蕃殖，那么，人类将这行为贡献给神，不是会蒙到更大的祝福吗？这就是性与宗教的关系，也就是原始人将"性交"奉献给神的真意。现代人对于"性行为"的一切猥亵观念，在原始人中是根本不存在的。

　　经过了杂交时代的未开化民族，虽然没有一夫一妻的婚姻制度，但彼此也成立了一种"塔布"（Taboos），即所谓性的禁例，如乱伦，蒸淫，兄妹通奸，血族相奸等，都在禁止之列。这种禁例在平日是森严不可侵犯的，但是到了某一时期，这就是说，人类以最敬的典礼祀神的时期，一切都开禁了，因为这时的一切行动都是献给神的，因此一切行动也都是神圣的。平日抑压的未开化人的热情，在酒醉舞酣之下，一切都奔溃了。

这种行为可以加讫奴亚人（Kauchiluas）的疯狂的典礼为代表。

这种典礼都是在森林中的神庙里举行，男女单独参加。男子径直入内，女子则在门口留住，她们逐一脱下自己的衬衣交给教士，教士藏在一只盒子里，另给她们每人一块牌，像现代衣帽室里的对号证一样，是她们衬衣的收据。然后女的也进入庙中，于是典礼也就开始了。他们男女相混，一同唱歌祷告跳舞，情绪也愈来愈紧张。到了顶点的时候，教士就走到庙中，将藏有女子衬衣的盒子逐一分给男子，然后女子凭了她们的牌子对号，相合的就成了今夜的伴侣。对手也许是一个陌生人，也许是一个青年男子，也许是老人，也许是自己的父亲或兄弟，一切都不能预知，然无论情形怎样，两个人今晚总是一对，而且必须履行最神圣最终的祀神典礼——性的交合。这典礼是在狂叫跳嚣之中举行。

一切平素的禁例，到此都成了神圣的行为，只有不遵行的，反而要获到渎神的罪过。然而这是不会有的事，无论你是父母子女，平素最贞洁的妇人，到此都将这种分配视为是神的旨意，庄严的履行着。

加讫奴亚女人的衬衣，在这一夜，扫除了人类一切关于性的障碍，回复到原始杂交时代的绝对自由上去了。

"塔布"最大的禁例是乱伦和血族相奸，但关于妇人的不净，如月经等，也是禁止触犯的，犯了的便要烧死或用石头打死。不过，他们的禁例，与其说是为了"风化"和"健康"，倒不如说是为了触犯神怒之故。古代人所崇拜的神大都由不正当的交合而产生，因此神也就不愿人类触他们的短处了。

蛇 与 宗 教

　　不怕蛇的人是很少的。这一种普遍的恐惧，也许就是蛇被崇拜的动机，因为一切可以致福或致祸于人的现象和生物，在原始人心目中都被视为神圣而加以崇拜。此外，蛇的一年一度的蜕皮，被目为永生的表现；行走无声，藏着浓重的神秘性；它的尖锐的目光，流露着狡狯；身体的形状，近于男子生殖器，这一切也是间接使人对于蛇敬畏崇拜的原因。

　　在原始艺术中，一条直竖的蛇是热情的象征，同时也就是男子权利［力］的表现；所以在许多神像手中所握的杖，都是两条蛇相交而成。

　　埃及人和印度人是著名的崇拜者，美洲土人和南洋群岛一带的土人也都是蛇的崇拜者。蛇是男性的代表，是智慧和蕃殖的象征，因此最拜蛇的当然是女人。女人可以从蛇庙的教士身上祈求获孕，有些地方每年更选定了一些女子作为蛇的太太。有杀害了蛇的，便要遭受重刑，因为他亵渎了生殖的神圣和男性的权威。

　　蛇既是男性的象征，当然也有它的子孙，因此有许多地方的未开化民族都相信他们的祖先是蛇，或是蛇与女神相交而成。不用说，在这样观念下，蛇当然被视为神圣的了。

　　基督教与蛇有不解的冤仇。因为人类一切的罪孽和痛苦，都是受了蛇的引诱，据《圣经·创世纪［记］》说，上帝所造的一切生物之中，蛇最狡狯，蛇便引诱亚当的妻子夏娃，叫她偷吃禁果，吃了以后便可与上帝一般聪明智慧，女人耳朵软，便真的偷吃了，而且还给她的丈夫亚当吃，因此上帝大怒，将他们逐出伊甸园，而且分别加以惩罚：

　　　　耶和华上帝对蛇说：你既作了这事，就必受咒诅，比一切的牲畜野兽更甚，你必用肚子行走，终身吃土。……又对女人说，我必多多增加你怀胎的苦楚，你生产儿女必多受苦楚，你必恋慕你丈夫，你丈夫必管辖你。又对亚当说，你既听从妻子的话，吃了我所吩咐你不可吃的那树上的果子，她必为你的原故受咒诅，你必终身劳苦，才能从地里得吃的，你必汗流满面，才得糊口，直到你归了土。

蛇的这场祸真闯得不小！据说，人类如果不受这样的咒诅，男女可以长生不老，不用工作，女人也可以不用怀胎的方式传接后裔，至少也可以"无痛生育"，而且也不致闹恋爱把戏，受男子统制。男子更可终身优游，不必"汗流满面，才得糊口"了！

然而蛇所受的刑罚也不小。据说蛇本来有四只脚乃至八只脚的，这样一来，只好用肚子在地上爬了。不过，据哥尔德堡（B. Z. Goldberg）在《圣火——宗教中的性故事》中说，上帝当初创造的万物，言语都是相通的，蛇看见夏娃与亚当的私生活，不觉爱上了夏娃，想诱奸她。蛇劝夏娃吃果子，不过是"搭讪"性质，不料竟因此闯下大祸也。

生殖器崇拜

生殖器崇拜（Phallic Worship）是最原始的宗教，也正是后世一切宗教的泉源。原始人发觉人类不经交合不能生子，一个单独男子或一个单独女子并不能蕃殖，故除将交合视为神圣的行为外，并对男女交合的工具——男女性器官——直接加以崇拜，视为蕃殖之神，这就是生殖器崇拜的起源。

埃及和印度是生殖器崇拜最流行的地方，古代罗马也有象征生殖器的神像。印度人的所谓 Lingam 和 Yoni，便是崇拜的男女生殖器。

埃及人崇拜男性生殖器，这一直到今天，还可以从遗留下来的许多神像和建筑上可以看出来。崇拜男性生殖器的原因，据说还有一个神话可供解说：爱西斯（Isis）和奥西利斯（Osiris）是埃及古代的两个大神，他们二人是兄妹，同时又是夫妻。后来奥西利斯给太风（Typhon）谋杀了，将他尸身剁成细块，抛掷各处。爱西斯给她的爱人收尸，到各处去收集，奥西利斯的尸身各部份都寻获了，只是缺少生殖器。爱西斯寻遍各处，仍是毫无影踪，于是她只得以木头雕了一具生殖器，极度加以爱护。这就是男性生殖器在埃及被崇拜的由来，也就是木石雕制的生殖器到处可见的原因。

男性生殖器神像大都只是一具向上直竖的生殖器，也有是一个完整的裸体男像的，不过比例大都不称，生殖器特别庞大，这种神像散见于郊外，城门口，公共建筑的庭院，妓院的门口。有许多更是成双的。更有蜡制的或玩具一样小形的，则供妇人献祭之用，在崇拜生殖器的庙外多有出售。妇人将这献给神，一面祷祝着"Santo Cosmo benedette，cosi Voglio!"这意思是说："可敬的圣科斯玛神哟，让那个也像这样罢！"

这种出售的生殖器神像，大都剑拔弩张，作兴奋勃起之状。售价并无一定。有人见询，售者总是说："出价愈高，其效愈灵。"

女性生殖器的崇拜，则在印度一带流行。女性器官被视为
"众生之门"，是生命的泉源。又原始人对于生育的见解，以为
"种子"本生存于男子体中，不过经过交合的手续，移到女子
子宫中去长成，故女性生殖器又被视为滋生茂盛的象征，印度
田间在收获时，多用石块堆成女性生殖器形状，加以祝祷，便
是这种用意。

女性生殖器的造形复杂，脑经单纯的原始人便以种种象形
来替代。因此今日所见的女性生殖器神像，大都是雕成橄榄形
或尖圆形，更有三角形的，用以象征女性的阴阜和阴毛。今日
的教堂门窗建筑，有许多是作尖圆形而重叠内陷的，据说就是
女性生殖器崇拜的遗迹。因为一切门窗都是"女性"的象征，
这是各种宗教经典中惯用的隐喻。

男性生殖器有反抗地心吸力的特征，在原始人的心目中，
一切向上的物件都是男性器官的代表。有许多地方的生殖器崇
拜，神像都是一具尖长高耸的石柱。从印度流传过来的"塔"，
正是男性的代表，而佛门子弟圆寂后的骨塔和经幢，表示着
"舍利子"不灭，其形象和用意都是生殖器的象征。

谈尸体检验

在过去，中国官厅的对于尸体检验，大都凭了一部《洗冤录》及仵作的个人经验，虽然也有不少是处，但到底不明人体解剖及生理学，又加上许多阴阳果报的臆说，结果便不很可靠，如说人骨有三百六十五节，系案周天三百六十五度，男子骨白，妇人骨黑，这实是浑话。更荒谬的是，他说妇人产门之上多羞秘骨一块，伤者致命，而这羞秘骨有特殊作用是：

妇人隐处，其骨为羞秘骨，不可检验。设有青色，难执为伤。盖女子从一而终，则骨白如璧。再醮一人，即有一点青痕。傥不自闲，阅一人则加青一点，若系娼妓，则青黑殆遍……

人体构造虽然神秘，但像这样一块骨头竟有现代数学计数器的功用，却恐未必。

现代的尸体检验，是属于法医范围。医学发达，检验器械又完备，所以是十分科学的。但也正因了这种特质文明的发达，犯罪的范围也十分广阔，而杀人犯的手法又变化百出，所以要定鉴一具尸体，断定他的死因，时间久暂，伤痕真伪，被杀抑自杀，也不是一件容易的事。若更进一步，尸体已经腐烂割裂，那就需要更繁琐的科学检验了。

尸体检验，要决定男女性别，在尸体新鲜时固不成问题，但若已经腐烂或支解，便要凭解剖内脏或骨骼来决定，普通情形，可以依据阴毛发生的状态及乳部来决定男女，但有时也有女子的乳部平坦，而阴毛则和男子一样生至脐部的，所以未可一定。解剖内脏则可以从子宫的有无以决定男女，因女子子宫在身体组织中最不易腐烂，常有外部皮肉内部腑脏已经腐败不可辨，而子宫仍完好者。又从盆骨及头盖骨的比较上可以判别男女，但这需要专门家才能决定。

一般的尸体，一定要发生两种现象。一为尸硬，一为尸斑。前者因死后肌肉短缩，故全身关节僵硬，这大约在死后二三小时内就开始，但若流血过多或窒息以死，则这种现象发生较迟。尸斑是血液沉定的结果。仰卧者则发现于头顶腰背等部，俯卧之尸则发现于颜面胸腹等处，缢死者的尸斑必在下肢。尸斑的颜色是青赤色。从尸斑的位置可以推定尸体的位置，所以在检验上颇为重要。

在一般的天气下，尸体经过四十八小时后，便由硬而软，内脏开始腐败，从腹起部［部起］逐部变色。所以根据尸体的软硬可以推知久暂。

检验尸体，除尸体本身外，对于附着的衣物，血痕，尸身的特殊情形，也应注意。因为从这种种上面不仅可以帮助判决死因，死者的环境和职业，而且间接还可作缉获凶手破案的线索。

现代的杀人犯，时常有极科学的杀人方法，或移尸毁坏颜面等消灭证据的行动，故对于尸体的检验，也必以精细科学方法对付之才可。

性的拜物狂（上）

在性爱的发展上，对于异性每个人都有一点拜物狂。我们时常发现恋爱的对手某一部份或某一点特别可爱，印象特别深刻，因此对于这一部份或这一点便特别留意，甚而因了这关系觉得对方更加可爱，这种现象，便是性的拜物狂（Sexual Fetichism）的表现。

拜物狂的目标大概可分为三类。一，属于身体的某一部份；二，身体的某种机能和散发排泄出的气味与液体；三，与身体有关的任何物件。

在第一类之中，如手，脚，鼻，耳朵，眼睛，头发，胡须，颈项，乳部，臀部，生殖器官等，这一切都可以成为性的崇拜的对象。

第二类则包括个人的行路姿势，动作，声调，目光，臭味，肤色等。每一种都可以引起特殊的爱好。

第三类，就大体说，可以衣服为总括。但个别部份，如上衣，下衣，衬衣，衬裤，亵衣，裙，鞋袜，手巾，衣料（毛织、丝质、皮货），衣服的色彩和式样，以及帽子，眼镜，领带，头发的式样，都成为性的拜物的对象，甚者，鞋子的鞋根，衣服上的一枚钮扣，都足以在把晤之下引起性的快感。

性的拜物狂和一般爱好的分别，在于后者是常态的，有理性的，因人而及物。前者则截然相反，常因物而及人，甚或只爱其人身上的某一部份或某一物，对于其他部份则漠然无关。

性的拜物狂更可分为广狭两种范围。狭者仅就其人本身上某种优点，如皮肤白皙，头发光黑等，加以爱好。广者则视其人之一巾一袜，俨然为其整个崇拜对象，与其人身分离，并可由此获得性的满足，这实是真正的性的拜物狂。

人身的一切和它的附属物件，既可以成为性的崇拜对象，于是就发生了一种奇怪的现象，就是不以身体的一部份，而以整个身体为性的崇拜对象。这种情形不可与一般的恋爱混为一谈，因为此时所崇拜的并非其个人，却是其所代表的"某一种类"。这种可名为种族的拜物狂（Racial Fetichism）。

这纯然是一种异国趣味的表现。在欧洲的各大都市，有不少的非洲人，印度人，阿剌伯人，黑人和东方人寄住，在报章新闻上时常发现他们和欧洲白种人有色情的纠纷发生。这不是一般的恋爱或卖淫。异族人的一切，容貌，肤色，体格，举动，对于另一个种族有时是一种诱惑。虽然黑白种族隔阂甚深，但是欧洲有许多女士爱好黑人，更有白种妇人公然光临巴黎的黑人男妓院，而欧洲男子也特别爱好黑种女子，这完全是种族的拜物狂。

美洲也是这样。高傲的白种妇人时常为了某一种目的私昵一个黑奴，而黑色女子更是美国绅士的特殊嗜好。同时，白种人在黑人眼中的魔力也极大，不断的黑人强奸白种女子的发现，实是形成南美仇杀黑人的一个主因。

性的拜物狂（下）

在女性身体上，最普通成为性的拜物对象的是头发的丰富光泽和色彩，时常引起种种特殊嗜好。一般西洋人都爱金黄头发，也有少数人爱红发女头的，妓女为了迎合客人的嗜好，时常将头发染作种种颜色。头发的式样和气味也是崇拜的对象。世界各地女性发型的岐异，与其说是装饰的，不如说是应了各种男子不同的爱好而发生〔生〕。

女性头发崇拜者，时常因了头发的特殊气味和柔软的触觉，引起性的快感，据阿讫荷尔兹（Archenholtz）记载，有一位高等英国绅士，专爱为美丽的妇人梳发，说有无穷的快感。他有一位情妇，并无他种关系，仅是专门满足他这种变态的需要。在高兴的时候，就要她将头发散开来，任他随意的抚弄。（见阿氏所著"英国与意大利"第一卷。）

头发崇拜的极端，便发生偷剪辫发的犯罪行为。这种人专在穷乡僻壤或闹热区域，偷剪妇女的辫发并不是为了卖给假发，否［商］牟利，而是供自己个人的收藏和欣赏。一九零六年德国柏林曾捉获一个剪辫犯，在三月之间他剪过十六个少女的辫发，分门别类，一一加以地点和日期的说明，他直认不讳由此获得无上的快感。

头发之外，阴毛也成为性的崇拜目标，许多同性恋的男女，时常交换彼此的阴毛，藏在贴身，珍如拱璧。加奈尔氏（Garnier）记载，他知道有一个人专收集女子阴毛，用嘴咀嚼以资快感。他贿通了旅舍的女仆，在女客人起身之后到床上去搜集，一有所得便兴奋得浑身战栗。

毛发崇拜的反面，据侯希费尔德博士，柏林有一个娼妓喜欢秃顶男子，有些种族的人更在春情发动之后，将毛发剃去作为标识。

耳目口鼻都是性的崇拜目标，这可以无须详述，尤其是眼睛，不知有多少人，仅为了眼睛的原故才颠倒一个异性。乳部可以成为特殊的崇拜目标，据魏特诃斯基（Witkowski）记载，曾经有位真正的"书淫"，用妇人乳部的皮肤装帧书籍，使乳头恰巧蒙在封面正中以作装饰。此外，一般的爱好人皮的人也有。

生殖器的拜物狂，时常与宗教中的生殖器崇拜相混。据说男子在妇人眼中，严格的说，实不过是"性器官"，因此妇人可说是普遍的生殖器拜物狂，而所谓"品箫"（Cunnilinctus），则可说是对于生殖器之味觉的崇拜。据说有人将雪茄烟塞置阴道中，然后取出燃吸，这可说是性的味觉崇拜到了顶点的。

排泄器官的排泄物和臭味也成为性的拜物对象，曾有人喜爱女性在他的身上或掌中排泄，这种都是性欲被虐狂者的拜物狂现象。

妇人的脚，鞋袜，以及亵衣衬裤手巾等，都是性的拜物好对象，这种爱好时常和犯罪相伴，因为这类性欲变态者已使物件与人身分离，单独加以迷恋，因此都市中时常发现专偷女子衬衣或手巾的人，在家中可搜出大批赃物，此种人并非小偷，却是藉了这些物件用种种变态方法去满足自己的性欲。

自爱与自渎

所谓"自爱",并不是君子洁身自好的自爱,而是霭理斯的 Auto-Erotism 的译名。据霭理斯的定义,不由于他人或异性的少许激动而引起的性冲动,统名之 Auto-Erotism。日本人译作"自己色情"似乎有点费解,因此爽快的名之为"自爱"。

自爱的现象,一般总以"手淫"一词包括之,实则,手淫是自爱的最普遍的现象,却不是全体,所以霭理斯提出"自爱"这新名称后,颇获得一般的赞许。

更有一个与这种现象相合的名词是"自渎"(Self-abuse),

这范围是比手淫包括更广一点的。因了字面上已经含着非议和惩罚之义，所以一向为宗教家或道德家所沿用。

法国人一向用"俄南主义"（Onanism）这名称包括种种自爱的现象，甚至有些同性恋的现象也包括在内，实是错误的。所谓"俄南主义"，是根据《圣经·创世纪［记］》三十八章的记载：

> 犹大为长子珥娶妻，名叫他玛。犹大的长子珥在耶和华眼中看为恶，耶和华就叫他死了。犹大对俄南（次子）说：你当与你哥哥的妻子同房，向他尽你为弟的本分，为你哥哥生子立后。俄南知道生子不归己有，所以同房的时候，就遗在地上，免得给他哥哥留后……

从上面的记载，可以清晰的看出，俄南的行为是"中止泄精"（Coitus interruptus）的避孕举动。也许在道德家眼中是"自渎"，但实与"自爱"无关。

自渎的手淫行为，与其说是病态，不如说是本能，因为这已经是一种普及世界的"常识"。有人以手淫为是文明病，是性欲被抑压的现象，过着性交自由生活的野蛮人是不会有的。其实，未开化人的手淫习惯，无论在男女方面，都比文明人更厉害。

　　不仅人类，几乎一切生物都知道手淫。一个细心的动物园游客，只要他有耐心观察，可以发现这句话的证实。据霭理斯说，猿猴不必论，其他牛羊犬马，羚羊野鹿，都知道手淫，鸟类手淫的也很多，就是水族，雄鱼也会在寻不见雌鱼的时候，自己将腹部在石上或草上去磨擦。

　　一般动物的性生活都是有周期性的，到了一定的时期而找不到配偶，大概都有手淫的倾向，这正是自然界的普遍现象。

　　在给一般读者阅览的报纸上谈论这问题，危险是太大的。因此恕我不能多讲了，我且抄一首诗来作结束罢。这是《天方夜谭》中歌颂"香蕉"的：

　　　　啊，皮肤光润的香蕉哟，你使少女的眼睛张大……
　　你，在一切果物之中，是独具慈悲心肠的，孀妇和弃妇的慰藉者哟！
　　自爱的方法和工具正是无穷的。

卖　淫　考

据霭理斯说，娼妓是文明的产物。一般人以为娼妓无时无地不有，这是夸张的。在许多未开化民族中，娼妓是不存在的，因为娼妓制度，至少要在人类将性生活划归于结婚生活之后才产生，在不将婚姻关系以外的性生活加以鄙视的社会中，娼妓是不存在的。至少，职业的娼妓不存在，至多是某种程度的"业余娼妓"而已。

许多未开化民族中的妇人，接受异性的一点财物之后就可以发生关系，但这种行为并不是卖淫，因为彼此的关系是暂时的，而所接受的乃是求爱的礼物，并非代价性质。非洲和亚洲的一些民族，尤其是爱斯基摩人，家中有客人来到，家主总要命妻子和女儿陪客人同睡，认为是一种礼貌，客人拒绝了便是瞧不起主人，客人临行当然要留下种种礼物，然而这绝不是卖淫的夜度资。娼妓的产生，乃是在通行晚婚和认结婚生活以外的性交为非法以后才出现，这是确切不移的定论。

关于娼妓的定义，虽然看来很简单，但是各家也有各家的主张。从表面看来，一个出卖自己肉体的妇人是娼妓，但出卖的范围是很广的。许多妇人为了获得安定的生活才结婚，更有公开登报征婚。要求对方须有"赡养家庭能力"始合格者，但这种妇人我们不便说她们是娼妓。又有主张妇人和多数男子发生过关系的是娼妓，但这也是不平等的定义，因了依据这定义，男子多半将成为"男妓"，尤其在现代意味上，更有专供女性同性恋需要的娼妓存在，这定义更无法包括了。比较合式的倒是罗马人的定义："娼妓者，乃是为了金钱之故，公开的不分选择的将自己肉体供给男子的女性也"，这定义的唯一缺陷乃是偏重女子方面，所以霭理斯综合了各家定义，定了一条比较完善的现代化的娼妓定义：

　　所谓娼妓，乃是无限制的以供给异性或同性发泄情欲为职业的人。

　　妇人论者布耳以女子为中心，他认为一般的娼妓定义该是：为了金钱之故，经常不断和数个男子发生关系的女子是娼妓。他以为这定义至少能包括三点：一，性交的职业化。二，杂交，对手时常变换。三，以自己肉体供给他人作性行为而收取代价。

　　是的，从一般的意义上讲，这是一条比较合理的定义。

　　卖淫制度的起源，无疑的与原始宗教仪式有关。不过卖淫的妇人并不认为"娼妓"，而是她们对于神的一种义务。妇人是人类蕃殖的工具，为崇敬蕃殖之神（这神在各个不同的民族中各有专名）之故，妇人便将自己献给神作祭，这祭礼的终典便是和庙中的教士或他人性交，取得相当的代价献给神作供奉。无论贵贱都要一律履行，每个妇人必需经过一次，否则便要遭受神的惩罚，终身不孕。这实是卖淫制度的起源，后世不过将卖淫所得，从神的手中攫为己有而已。

宗 教 卖 淫

所谓宗教卖淫，就是古代妇女将自己肉体奉献给神的风俗。这种专司人间蕃殖的神祇，名称不一，随种族而异，如 Ceres，Astarte，Isis，Mylitta 都是同一性质。为了崇敬神，这些妇女必须将自己供给一个陌生人享受，取得一点酬报，作为对于神的贡献。这种举动，在当时是十分严肃的，但从文明人的眼光看来，实无异于卖淫，况且从这种风俗上，更进一步，有些女性将自己的肉体终身献给神，长期住在庙中，以性交供男子作献祭或赎罪之用，取得相当的酬报，即所谓"庙娼"（Temple Prostitution）。这种演进，已逐渐脱离"生殖器崇拜"意味，蜕为真正的卖淫了。

关于宗教卖淫的仪式希腊著名历史家希罗多德氏（Herodotus）在他的名著《历史》第一卷中曾说得很详细：

巴比伦人有一种十分可耻的风俗。国中生长的妇女，一生之中必须经过一次，去坐到委纳斯女神的庙中，和一个异乡人交媾。有许多富家妇女，不愿和常人混在一处，都坐了轿车，跟着一大群侍从，这样去到庙中。但大部份都坐在圣坛之内，头上带着一道绳圈，熙熙攘攘，往来不绝。在各群妇人之间有绳索分成的道路，以便异乡人可以挑选。妇女来到庙中坐下之后，便不许回家，直到有一个异乡人看上了她，丢一枚银币在她的膝上，带她离开圣坛。丢银币的时候，他一面要这样说：愿女神密丽达祝福你！银币大小不拘，不得拒绝，因为这是法律所不许的，既经抛出之后，就成为神物了。谁第一个向她丢钱，她便跟谁去，不得推拒。她跟他去了之后，完成了女神的愿望，然后始可回到家中。从这以后，无论任何大的礼物，也不能买动她了。妇人生得美丽长大的，很快就有人挑选，丑陋的要等待很久才能完成她们的义务。有的要在庙中等待三四年。

　　这种风俗的演进，有些妇人终身献给神。用自己的肉体养活庙中的祭司，这便成了"庙娼"。庙娼的来源，有些是家长犯了罪，将自己的女儿献给神赎罪，有些是和"丈夫"不睦，甘愿"落发修行"。她们除为庙中执役之外，还要学习种种祀神的仪式和技术——跳舞和爱的技术。

　　开店要生意兴隆，神也希愿她的信徒众多，为了这种原故，女神的经常信徒多半是孤独的旅行者，水手，异乡人。庙娼和祭司们为了便于这些信徒还愿或献祭起见，便将庙筑在十字路口或码头附近。无疑的，急于要作"性的献祭"的信徒们，都可以就近完成好事了。

　　最初，献祭的代价并无一定，但日子久了，人多了，渐渐的便形成了一种规则，大家只要照规则纳费就行。男子以金钱或货物，庙娼以自己的肉体，共同献给神以求祝福，祭司便藉以维持香火。

　　后世的卖淫制度虽然由此滥觞，但严格的说，这种庙娼的举动实不能说是卖淫，因为他［她］们已经将自己的劳动和劳动所得献给神了。

职 业 卖 淫

宗教仪式的庙娼,自从可以接受他人的金钱,代为举行"性的献祭"以后,她们的行为便职业化了,这是职业卖淫的起始。但这种变革是逐渐的,我们不能从历史上寻出真正的职业卖淫的确实出现期,只知道在文明发达的希腊时代,已经有妓院和官娼的存在了。

希腊的妓院,名为 Dicterion,里面的妓女当然都是官家的奴隶,按照各人的学识容貌和技艺分为三等。头等妓女名 Hetairae,各人不仅容貌超群,而且学识也上选,熟悉政治情形和礼节,可说是交际花而兼女学者。她们都是贵族的情妇,而且有时竟是政治家的顾问，许多国家大事都由她们在背后参与。她们可以公然出入各种上流社会，分庭抗礼，而且受到尊敬。

二等妓女名 Aleutridae，这是艺术家性质，类似今日的歌妓。她们都熟悉歌舞音乐，可以在宴会上侑酒娱客。远方来的客商，只要备足资斧，当然她可以留客。

三等妓女名 Dicteriadae，这是最下等的一种，专供水手，奴仆，工佣等寻欢买笑之用，在通商的海口更多。

到罗马时代，娼妓的发达更不用说；据山格尔的《娼妓史》所载，罗马的娼妓类别更多，最上等的名 Delicatae，半公开性质，都是达官贵人的情妇。其次名 Famosae，可说是"名媛"，都是出身名门，她们卖淫的目的，不是为钱，便是享乐。其次名 Doris，都是美貌妇人，可说完全以色相来号召的了。下等的有 Lupae，都是住在野外树林中，庙沿下或破屋中，她们在僻静处或小街上接待顾客，因为那时的罗马是没有街灯的。一种名 Elicariae，是一种卖饼女郎，以面制成男女生殖器形状，在庙门口卖给人献祭，自己便也兼操卖淫的副业。Bustuariae，住在坟场附近，专为人举哀或料理死人的，也兼操副业。Capae，这是旅店的女侍，晚间可以给旅客伴宿。

Noetiliae，这种人是在路上兜揽生意的，等于现代的野鸡。Diabolares，是最下等的妓女，每次代价只合现代两分钱，更有一种 Quadrantariae，则只要半分钱或是一尾鱼一块面包而已。

罗马的妓院已经有官私之分。在虐待基督教徒时代，年轻的女教徒，并不送入斗兽场残杀，大都没入官妓院为娼。私娼院也是奴隶居多，有时老板娘自身也兼做营业。罗马的妓院大都以春宫画或生殖器的雕塑作标识，屋内的陈设和装饰也大都是春画。就是一般卧室也是这样，据说有一位风流的绅士，因他妻子养下一个孩子是黑人，便向法庭控告妻子不贞，要求离婚，但是被告的律师却辩护着说，原告房中的壁画，上面画着一幅黑人和白人的春画，被告朝夕渲染，腹中胎儿受了影响，生下来的当然变成黑人了。法官以为理由充足，竟因此判决了妇人无罪。当时罗马的淫风也由此可见，妓院的发达正是当然的结果。

秘 密 卖 淫

　　在都市人口的统计上，娼妓所占的比例是相当惊人的，但将有执照的卖淫妇人和没有执照的秘密卖淫比较起来，后者所占的数字更要惊人。这种秘密卖淫，从最巨的代价以至最贱的代价都有，有的是职业的，有的是业余的，她们表面与良家妇女一般，甚至使"专家"也难于分别。

　　法国的小仲马，第一个在著作中将这类妇女锡以嘉名，称之为"半世界"（Demi-monde），这就是秘密卖淫的总称，包括一切种类的私娼。在他的剧本《半世界》中，藉了剧中人杰宁的话，他说这些人本都是良家妇女，只因偶一失足，便一误再误，结党为非了。她们穿着不可侵犯的外衣，实行卖淫的生活。她们受人欢迎的原因，是因为没有上流妇女谈恋爱扭捏的麻烦，又没有职业娼妓那样的耗费。

这是小仲马那时代的法国社会情形，据布洛讫博士说，这情形到现在是不同了。小仲马那时代，私娼的代价比公娼低廉，但现代却相反了。秘密卖淫的妇人，不但过着华贵的生活，而且在尊严的外衣之下还受着人们的尊敬和羡慕。她们已取得了古希腊 Hetairae（第一流名妓）的地位，不仅选择对手，而且还在政治和经济上襄助她们的对手了。

世界各大都市都有这种高等秘密卖淫妇。她们是时髦的中心，新装和新趣味的倡始者。出入戏院赌场以及上等娱乐场所以选择她们的主顾。许多绅士和富翁都以拥有她们为荣。不仅为一般的职业卖淫妇所羡慕，而且更为爱虚荣的良家妇女所羡慕。

她们和真正的上流妇女的区别，不在外表和学识上，而在用费的来源上，据说这区别便是半个世界的区别。前〔后〕者所用的是家产，后〔前〕者则出自一个或一个以上钱袋中的津贴。

巴黎的高等私娼，还和十九世纪一样，她们运用自己的交际手腕，造成自己的地位，以待善价而沽，据说今日的巴黎秘密卖淫妇，都与新闻记者有往还，以便一旦有美国富翁，印度王子，或旧俄贵族到巴黎时，可以随时勾引。

更有一种国际的秘密卖淫妇，她们辗转于世界各大都市，于卖淫之外，兼着间谍或私贩的副业，今日巴黎明日伦敦，后日柏林。赌窟蒙地卡罗是她们的大本营。为了追踪一个目的物，她们有时更不惜远涉重洋到东方来。她们都与海员有相当连络，所以容易知道她们目的物的姓氏和身份，而且冠冕的获得介绍。她们的国籍没有一定，但大都好采用法国和旧俄贵族的姓名。

男　妓

伊宾博士曾说："男妓对于社会的妨害，无疑的比女性娼妓更大；这是人类历史上最大的一个污点。"

男妓是男子同性恋的副产物。同性恋互相有"情感"存在，双方的目的并不在金钱，但男妓却和女性娼妓一样，毫无感情的以自己肉体供给他人，从中换取代价。这是男妓和一般男子同性恋的区别。

男妓当然以男子为对象，但大都市中另有一种男子存在，他们的职业是："接受代价以满足情欲猛烈的女性们的性欲。"这种人被呼为"牡马"（Stallion），实是男妓的一种，不过为数极少，与一般的"吉果罗"有别，德国出版无名氏所著的《柏林的娼妓及其牺牲者》，曾在卷末有一附录，专论柏林操这种职业的男子。

男妓的出现，是男色盛行的必然结果。希腊罗马时代，社会淫乱，盛行男色，已经有这种职业出现。更早一些，在卖淫制度还未存在以前，宗教上一面有以性交为人赎罪的女子，一面也有替代女子而以自己身体供人献祭的男祭司，可说男妓早已存在了。

在原始人的想像中，最初的神，原是体兼阴阳身具二形的，后来分为男神女神，所以也各有各的信徒。将女儿献给神作祭的父亲，有时也会以儿子代替。儿子到了庙中以后，便像"庙娼"一样的执行职务，供男子作性的献祭，收取代价。这种男祭司大都是经过阉割的。希伯来人呼专供人作性的献祭的女子为 Kadosha，同一性质的男祭司为 Kadosh，这可说是最早的男妓。

美洲的一种印地安人，如果夜间梦见了月亮，便是得罪了女神，他便要穿上女衣，到庙中供人鸡奸一次，以息神怒。男妓有许多也是女装的。罗马的男妓，大都是男扮女装，这种习惯一直到现代还未更改，现代的男妓仍是用脂粉来吸引他们的男顾客。

柏林和巴黎是现代男妓最流行的地方。当然，男色发源地的东方，当然也有这种职业存在，男妓的种类正和女性娼妓一样，有职业的，有业余的，有上等的，也有在路上或咖啡店中随时勾引顾客的"男野鸡"。

据布洛讫的记载，他说巴黎的圣马丁路就公然有一家小小的男妓院存在。这是一家旅馆，馆主人是同性恋者，他的房间专租给男性恋的男子们幽会，此外，馆中更经常有五六个少年人，大都十五六到二十一二岁，随时可以供应旅客的需要。

男　　色

　　男色，一名"希腊式恋爱"（Greek Love），据说是东方民族的产物（以后有便另谈），是男子与男子间的性行为，即 Immission penis in anum 或 Coitus analis（恕我用了几个拉丁字），中国读者大约没有不知道这是什么玩意儿的，尤其是北方人或闽广一带的人。英文叫作 Sodomy 或 Pederasty，不过有一点区别，前者是指两个同性恋的男子间的不自然的性行为，后者则是纯然的男色了。

　　男色在外国名为"希腊式爱恋［恋爱］"的原因，乃是因为希腊人最嗜此道，上自帝王，下至走卒，无不有几个"娈童"或"契弟"，连主张精神恋爱的大哲伯［柏］拉图也有这嫌疑。而这种"文明"，据说却是从东方传过去的。凯撒大帝，尼罗王，都是同性恋者，实行着希腊式的恋爱。

使徒保罗在《致罗马人书》第一章第二十六节中曾斥责当时的这种风尚说：

> 因此上帝任凭他们放纵可羞耻的情欲，他们的女人，把顺性的用处变为逆性的用处。男人也是如此，弃了女人顺性的用处，欲火攻心，彼此贪恋，男和男行可羞耻的事……

保罗既然在通信中这样指斥，可见当时的教徒中也难免有人染上这嗜好了。

旧俄著名的医学家塔诺斯基教授（Benjamin Tarnowsky）曾有一部大著《欧洲的男色》，从医药和法律的立场，根据欧洲古今关于男色的记载和实地风化案件，一一加以研究，尤其注重法国和俄国，仅是一翻那详细惊人的目录，已经使人要无所适从了。

据伊宾博士说，一个心身健康的人染上男色的原因，起初都是暂时的，如兽奸的动机一样，是不得已的举动。如在长途旅行中，监狱生活，海洋生活中，其中有老于此道或曾经此道的人，加以引诱，互相沾染，于是便渐渐的成了嗜好了。但如果这人的性欲是正常的，一旦接近了妇人之后，便会渐渐的改正。只有真正的性欲变态者，见了妇女无动于中，或是耽溺声色的富豪，这种人才是促成男色流传的因原。

男性同性恋者，大都是年龄相若，互相爱慕，不近女色，据说这种私人行为对于社会的妨害较小，所以有些国家的法律都无明文干涉。只有公然卖淫的男妓，或以男色诱诈人钱财的恶棍，都是一体禁止的。

据说德国有一些恶棍，这些人都是"娈童"出身，年老色衰，便招□□□□□□□□□先以己身供□□□□□□□□，然后再加□□□□□□□□脱离，于是□□□□□□□□来，使在公□□□□□□□引诱少年富家□□□□□□□，万一被惑，□□□□□□□要关头突然出现，□□□□□无所不为，因为这□□□□□的犯罪，法律规定□□□□□等刑罚，所以这些□□□□□吃黄连，不敢声张，□□□□更被挟持玩弄，不得脱□□□的竟至终身堕落的。据说□□男妓都是由这里面产生。

女人的故事

有一位英国的讽刺家曾说，女人是坏东西，因为你如果将Women 这字拆开来，她含有 Woe to men（咒诅男人）之意，所以始终是使男子不幸的，况且当初上帝创造第一个女人夏娃，是用亚当的一根肋骨造成，只吹了一口生气，并没有给她灵魂，所以女人是没有灵魂的。后来女人更受了蛇的诱惑，偷吃了禁果，害得男子的罪业永世不得干净了。

纪元前一一七零年左右，利地安有一个皇帝，娶了一位非常美丽的妻子，有一天他在总管大臣格吉之前夸耀皇后的美丽，但是格吉默然不语。皇帝疑心大臣不信任自己的话，以为他说谎，便将大臣格吉私藏在皇后的卧室里，以便皇后更衣时他可以亲眼目睹她的美丽。格吉从卧室溜出来时，不料被皇后发现，质问之下格吉只好供出他到这里来的目的。皇后大怒，她吩咐格吉说，他现在只有两条路中选一条路可走，一条是立刻自杀，一条是去将皇帝弑了，他自己来做皇帝，因为除了是她的丈夫以外，她不允第二个男子见了她的裸体以后仍活在世上。格吉毫不踌躇的选了第二条路，走去将皇帝弑了，成了美丽皇后的丈夫。

这个利地安皇帝的被弑，可说咎由自取，而女人的狠毒也由此可见。罗马皇帝加纳加拉的母亲裘丽亚，在自己儿子的面前，故意装作不曾看见他，将自己浑身脱得精光。加纳加拉看见自己母亲美丽的肉体，不禁叹道："妈哟，我真爱上你了，可惜是法律所不许的！"但是裘丽亚却回答："如果你真的爱上了，这已经是合法的！你该知道你身为帝王，你是有权可以立法的人！"于是加纳加拉拥抱了她，使她成了自己的皇后。

这样的女人太可怕了！

也许是女人给予男人的不幸太多，所以她本身便也受到男子的磨难。尼罗王曾弑了自己的母亲亚格利巴，他遣刽子手去行刑时，亚格利巴气得将衣服袒开，露出肚皮，悲惨的喊道：

"你们用刀向我这里戳罢！因为正是从这里我才养出了我的这个劣子！"

罗马王地倍利奥斯捉到了一个叛臣，要将他满门抄斩，但是这叛臣有一个未嫁的女儿，按照罗马法律，处女不能判处死刑，于是地倍利奥斯便命令刽子手在刑场上将这少女当众奸淫，以便大众可以证明这女子已非处女，然后再加杀戮［戮］，一面赦了刽子手的强奸罪。

这少女的被污，可说是"匹夫无罪，怀璧其罪"。

在纪元前五百年堪贝西斯王朝，有一个名叫科隆的人犯了罪，被判监禁，断绝水食，预备活活的将他饿死，科隆有一个女儿请求当局允许每日进监探望她的父亲，以免他死前的寂寞。当局允许了，但是防备她夹带食物，只许她裸体进去。这样过了几天，犯人并不衰弱，狱卒疑虑，便暗中加以监视，发现这女儿每日进监之后，竟用她的乳喂她的父亲，打听之下，才知道这女儿正是一个奶妈。于是当局以这女儿"愚孝"可嘉，便赦免了她父亲的罪。

可见女人也有好的。

僵 尸 种 种

　　关于僵尸的传说和故事，中国读者是再熟悉不过的，但欧洲人也相信僵尸，他们所传说的僵尸是一种吸血鬼（Vampire），也是死人所变，夜间出来飞行，不仅吃人心肝，而且还吸人精液。

　　据北欧斯拉夫族农人传说，僵尸有两种，一种是人狼（Werewolf），这是有妖术的人，能将自己化为狼，在路上攫食活人或者到坟墓间掘吃死尸，他们事后又可以化为人，这种人的眉毛特别长，可以覆到鼻上，鉴别是很容易的，所以万一有一个长眉的人被发现，这人一定要活活的被烧死。

　　至于僵尸，则和中国的僵尸一样，是风干的尸首所变，夜间出来吃人心肝，吸人精血，一切瘵症如肺痨等据说都是由于僵尸吸干了精血所致。

　　男子的精液素来被视为生命的泉源，是极可宝贵而又神圣的。今日的许多宗教中的仪式，教徒吻接牧师或神像的手额角等，就可以消灾降福，但有些地方却直接抚摩或吮接教士生殖器，尤其是不孕的妇女，和教士的生殖器接吻一次，就可以生育，这种仪式都是十分庄严的，双方都不存猥亵意念。这种对于男子精液的崇拜，再加之夜间的梦魇和衰弱的遗精症，便造成对于僵尸的恐怖。

　　一具死尸如果日久不烂，容颜如生，就有成为僵尸的可能。挽救的方法是，立刻将坟墓掘开，用一根木棍从尸首的胸前戳在地上，这样就可以破除它将来作怪，或者更稳妥一点将头砍下来烧了。一个新死的人如果眉毛太长，棺殓时便要作种种预防。据说巴尔干的牧师们在举行葬仪时有特权处置这种僵尸的预防方法。

　　僵尸和尸奸是有关联的。有些萨地主义者，藉了发掘僵尸为名，常将新葬的女尸加以奸污，有的虐待狂者更好在奸后将尸首加以脔割，或者挖去心肝腑脏。于是这种血肉狼藉失去心肝的尸身，时常又被人误会为人狼或僵尸所吃，因此僵尸的传说更令人毛戴。霭理斯等人都这样解说，所以尸奸有时又名为Vampirism。

更有一种风流淫荡，性欲异常的妇人，一个男子不能餍〔餍〕其所欲，于是广置面首，这种妇人也被人呼为Vampire，因为她与吸血鬼一样，吸取男子的精液。布耳在《妇人论》中就将旧俄凯撒琳女皇列为这类女吸血鬼之一。

关于欧洲的僵尸传说，撒玛斯教授（Montague Summers）曾写过一部《僵尸及其附属》，共分五章，研究僵尸的起源及其在欧洲的流传，更提到东方人如中国印度等对于僵尸的传说，颇为渊博。撒玛斯教授是这方面的专家，曾写过《巫术史》和《巫术地志》。

僵尸的传说用作文学题材的很多，《僵尸及其附属》的末一章便是专论僵尸在文学作品中的地位的。现代捷克小说家利罗达（Jan Neruda）曾有一个短篇名《吸血鬼》，写一个专门偷画人家肖像的希腊人，谁给他画了，这人准定在几天之内便要死去，这短篇曾经好几次译成中文，可说是文学作品中反映出的另一种僵尸。

阉割和宫刑

宫刑为中国旧日的五刑之一，就是将男子的生殖器割去，绝其"人道"。这刑法倒不一定是对付风流犯的，目的却在使其绝后，不能传种接代。这刑法从优生学的观点上看来，有些地方倒很合乎科学。美国就有人主张，对于有遗传性的犯人或疯颠，就主张加以阉割，免得生出子女来遗害社会。

阉割（Castration）的性质有几种。不仅人类，许多家畜都有加以阉割使其壮健的。自动的阉割，在古代是一种宗教仪式，意思是断绝肉欲以献身于神。在现代却是由于有遗传病或子女过多，但也有为了专心学问而发愤阉割的。至于因了神经病发作而突然自阉，这是例外。

被动的阉割，是施于奴隶的一种残酷。在中国就是御用的太监，在外国则称为 Eunuchs 也是太监性质，希腊罗马时代就有，近东的土耳其波斯阿剌伯等地也有。这种奴隶都是服役于多妻制度之下的帝王或贵族的。经过阉割，即使整日在后宫或卧室和嫔妃们混在一起，也可以不致有意外。希腊罗马时代的太监，则除用作服役以外，还兼充娈童或男妓使用。据说墨西多利亚的腓力浦王远征时，带了八百个太监同行，以供他自己和幕僚之用。

阉割也有几种程度，据罗马人的记载，可分四种。一种是 Castrati，就是将整个的阴茎和罜［睾］丸割去。一种是 Spadones，仅将罜［睾］丸除去，据说这是最普通的一种。一种是 Thlibiae，就是并不将罜［睾］丸从身上除去，而用重力将它压碎。一种是 Thlasiae，只是将输精管割去。

据现代的研究，罗马人的第二种阉割法，即是仅将罜［睾］丸割去，这种手术若行之于尚未发育的童子，或可完全断绝性欲，但施之于已发育的男子，则性欲依然存在，至少可维持十年始见衰退。所以在罗马时代，这种男子最为贵妇人所宝贵，因为经过这样阉割的男子，耐力可以延长，而又没有受孕的危险。

关于中国历朝太监的产生和生活，我们找不到详细的文献，这是可惜的事，但许多太监依然有性欲存在却是事实。现在如有人就仅存在北平的老太监加以研究，记述他们的阉割手术，生活情形，生理状态，以及在宫中的服役情况和传说故事等，我想该是一件极有趣味和意义的工作。

我不知道中国的太监用怎样方法阉割，但关于埃及 Coptic 僧徒阉割奴隶的方法却有详细的记载。据说这些奴隶都是在六岁到十岁之间，由僧人买下。阉割时先将阴茎和肾囊用力向外扯，然后用快刀突然割下，止血的方法是用木棍缚一方海绵，在沸油里蘸一下掩住创口，然后再用涂有油膏的布包上。于是在地上掘一个土坑，将这孩子双手捆缚放进土坑，用沙土埋到肩头，几天不许动弹。据说用这样的方法阉割，四个之中只有一个能活命，为了抵偿这种损失，因此这种太监都卖得很贵。

妇人与幽闭

　　中国的宫刑，是专用于男子的刑法，女子当然无"势"可"宫"，据说另有一种相类的刑法对待女子，其名为椓窍，将其阴户幽闭。这刑法不仅听来很生疏，而且有点神秘，兹将关于这刑法的记载抄录如下：

　　　　《碣石剩谈》载妇女椓窍，椓字出《吕刑》，似与《舜典》官刑相同，男子去势，妇人幽闭是也。昔遇刑部员外许公，因言官刑，许曰，五刑除大辟外，其四皆侵损其身，而身犹得以自便亲属相聚也。况妇人课罪，每轻宥于男子，若以幽闭禁其终身，则反苦毒于男子矣。椓窍之法，用木槌

击妇人胸腹，即有一物堕而掩闭其牝户，止能便溺而人道
永绝矣。是幽闭之说也。今妇人有患阴颓症者，亦有物闭
之，甚则露出于外，谓之颓葫芦，终身与夫异榻，似得于
许说。

这一段是录自清人的笔记《坚瓠集》，实是闻所未闻，妇
人腹中竟有一块瓶塞子一样的东西存在，敲一下便会落下来将
瓶口塞住，这真是太古怪的事，恐怕是臆说居多，即使真有这
幽闭的刑法，事实也决不会如是。至于那伸出户外的颓葫芦，
则恐怕是发育特别的阴核，这妇人不外是一个半阴阳而已。

但从生理上讲，妇人的阉割是存在的，而且在现代外科手
术上是一件简单的事，这名叫卵巢割除（Oophorectomy）。不
过这并不是刑法，可说是一种健康术。

据霭理斯说，阉割在东方大都施于男子，作为刑法之一，
在西方则女子受阉割的比男子多，而且都是自动的居多。为了
不愿生育或健康之故。美国女子截除卵巢的很多，已打破认阉
割为一种刑法的传统观念。而且近年手术进步，男子受阉割者
已无须除去罜〔睾〕丸，只须将分泌管截去已成，女子不愿生
育者也只须将喇叭管割断，不必除去卵巢。这种手术在练熟的
外科医师手中只须数分钟即能。

除了为享乐之故而受阉割的男女外，在其他情形之下的阉割，只要经过受割者的同意，实是有益无害的事。这不仅不致影响一个国家的人口或社会道德，而且反能提高健康率，使受割者能安心为社会服务。欧洲有许多医师和优生学家已在努力使这运动成为合法的，取得法律的允许。

经过这样手术免除生育的女子，在性生活方面并不受到影响，有的反而亢进。据法国 Jayle 医师的报告，检验三十三个经过卵巢割除的妇人，其中十八个性欲状态如前，三个减低，八个消灭，三个亢增。在性交方面的快感，十七个依旧，一个减低，四个消灭，五个增高，六个感到痛苦，这种比例与受术者的年龄有关，大约超过三十五岁的妇人，都有逐渐减消的倾向。

但这还是几年以前的报告，目前进步了的简单的手术当可使妇人的性生活丝毫不蒙受影响。又据霭理斯记载，受 X 光照射过多，不论男女，人类或畜类，都有消除生殖力的可能，不过这是暂时的，隔了数年又可以恢复。

断　袖　癖

我曾说过，发源于东方的男色，在中国古代就特别盛行，史书上的幸臣传，所记的大都是这类人物，这些幸臣有的是士吏驺卒，徼倖获宠，有的竟是近水楼台的宦官，可见太监在后宫也别有用处。关于男色在中国古代的发展，《五杂俎》上有一条说得很仔细！

男色之兴，自《伊训》有比顽童之戒，则知上古已然矣。安陵龙阳，见于传册，佞幸之篇，史不绝书，至晋而大盛，《世说》之所称述，强半以容貌举止定衡监矣。史谓咸宁太康之后，男宠大兴，甚于女色，士大夫莫不尚之，海内仿效，至于夫妇离绝，动生怨旷。沈约忏悔文，谓淇水上宫，诚云无几，分桃断袖，亦足称多，吁可怪也。宋人道学，此风似少衰止，今复稍雄张矣。大率东南人较西北人为甚也。

《五杂俎》的作者是明末时人，所记如是，到了清代中叶的太平盛世，声色犬马，男风似乎更盛，反而西北较东南更甚了。

《汉书》上的佞幸传，所列举的汉代幸臣，计有邓通、韩嫣、淳于长、董贤以及宦官李延年等十余人，其中最著的是邓通和董贤。两人都是富埒王侯，出入宫禁，甚至"虽赐洗沐不欲出"。看相的说邓通日后要饿死，文帝便赐给他一座铜山，可以自由铸钱。文帝患痈，邓通便为皇帝舐吮，宠幸卑鄙到这样。至于董贤，则更甚了：

> 贤传漏在殿下，为人美丽自喜，哀帝望见，悦其仪貌，识而问之，曰，是舍人董贤耶，因引上，拜为黄门郎，由是始幸……常与上卧起。尝昼寝，偏藉上袖，上欲起，贤未觉，不欲动贤，乃断袖而起，其恩爱至此……

一个臣子竟白昼和皇帝睡在一床，枕着皇帝的衣袖，皇帝要起床，不敢惊动他，竟叫人拿刀将自己的衣袖割断了。读者试想，其中情形当然不堪过问。所以后世谈男色者总要推董贤为最，男色雅称作"断袖"，便也是由此而起。但在袁子才的《子不语》上，有一条"董贤为神"，董贤给人托梦，为自己辩护说：

> 汝毋为班固所欺也。固作《哀皇帝本纪》，既言帝病痿不能生子，又安能幸我耶？此自相矛盾语也。我当日君臣相得，与帝同卧起，事实有之，武帝时霍卫两将军亦有此宠，不得以安陵龙阳见比。幸臣一星，原应天象，我亦何辞，但二千年冤案，须卿为我湔雪也。

这当然是袁子才的鬼话。所谓安陵，是楚共王的幸臣安陵君。龙阳，是魏王的幸臣龙阳君，这两个皇帝都是历史上著名好男色的，所以现今大都将男色又称作"龙阳"。但据有些考据家说，龙阳君是个姬人，并非男子，那却谁也不能决定了。

翰林风月

袁子才的《子不语》上说，清初有一个御史，年少科第，巡按福建，闽广一带原是中国男色最流行的地方，有一个胡天保者，酷好男色，看见这御史大人少年美貌，不觉心动，单恋起来，每逢御史升舆坐堂，总在一旁偷看，御史心疑，但是又不便制止，后来御史转巡他处，胡天保竟跟了去，御史如厕，他竟伏在那里偷看御史的臀部，这一下当然不能放松，捉了来严刑讯问之下，胡天保供道：

"实见大人美貌，心不能忘；明知天上桂，岂为凡鸟所集，然神魂飘荡，不觉无礼至此！"

巡按当然大怒，就把他毙于杖下。但胡天保死后却给人托梦，说上帝怜他痴恋，死后封他做兔儿神，专司人间男悦男之事，要地方上人给他塑像立庙，供奉香火。

袁子才的记载，当然是根据一种传说，据说福州现在还有胡天保祠存在，神像是两个男子，互相拥抱，一个中年，一个少年，表情极为秽亵。凡男子为了同性恋而来祷求者，带一把香灰回去撒在对方身上。据说就可以成其好事。事谐后买些猪油和糖涂在神像嘴上，以作酬谢，因此胡天保的嘴上油腻光滑，时常有老鼠光临。

我不曾到过福建，不知是否有这样的淫祠存在，但若将这神像和袁子才的记载对照起来，大约中年者是胡天保，少年人竟是那位漂亮的御史大人了。

闽广一带的口头骂人话"契弟"，其性质就等于北方人的"兔儿爷"。不过前者有同性恋意味，互相爱慕；北方的"兔子"和"相公"之类，则近于职业的，已经是嫖客与妓女的恩爱关系。

男色特别于清代在北方流行的原因，不外那时的权门富豪，纵情声色，又加之各部衙门的官僚，大都没有眷属，再加上各地云集的青年士子，风流自赏，最初不过诗酒征逐，养一班歌童清唱，后来便进一步的沉溺起来。中央研究院李家瑞君的《兔子考》，说北平呼男妓为兔子，实由于"顿子房"的转变。"顿子房"是一种幼童歌舞班，供人侑酒，暗中也供人狎亵，便是后来的"兔子""相公"变像，这考证该是正确的。

男色在中国，有很多雅致的别名，如"断袖"，"分桃"，"龙阳"，"后庭"等，这些典故都出在历代风流帝王与幸臣的故事中。至于民间各地口语上的称呼，则有许多粗俗得不便形诸笔墨。明人天然痴叟的《石点头》，末一卷《潘文子契合鸳鸯冢》的楔子里曾提到当时各处关于男色的土语：不知这些名词到现在还在沿用否：

> 那男色一道，从来原有这事：读书人的总题，叫做翰林风月。若各处乡语，又是不同。北方人叫炒茹茹，南方人叫打蓬蓬，徽州人叫塌豆腐，江西人叫铸火盆，宁波人叫善善，龙游人叫弄苦葱，慈溪人叫戏虾蟆，苏州人叫竭先生……

男 女 之 事

我想先讲两个西洋故事，这都是载在瓦尔（O. A. Wall）所著《性与性崇拜》一书中的：

有一群女学生，看见许多已嫁的同学神气活现，探问她们的新婚生活怎样，总是卖关子，秘而不宣，于是大家便约定，谁先嫁了，一定要将结婚的秘密报告给大家。后来其中有一位由订婚而结婚了，便践约写信给大家，信上是这样简单的一句："请读《圣经·约伯记》第四十章四十一章的十六十七各节。"

这两节的经文是：

他的气力在腰间，能力在肚腹的筋上，他摇动尾巴如香柏树，他大腿的筋互相连络。他的骨头好像铜管，他的肢体仿佛铁棍。

——相连，甚至气不得透入其间。都是互相联络，胶结不能分离。

又有一座男女同学的医科大学，一位外科教授考试一个女生，问她如何解剖男子的生殖器。她说，用刀先划一下，割开软肉，就可看见其中的骨头。但是教授立刻纠正说：男子生殖器并没有骨头的，她却回答说："我每次总感到是有骨头的！"

这当然是故事。在性知识解放的今日，当然不致再有这样的笑话。但文明人还固执着一点，即对于男女之事，夫妇之道，宁愿处在黑暗中，不愿在光明之下加以讨论。

据霭理斯说，因了这种偏见，所以文明人的性生活，正当夫妇之道，大都在疲劳的一日工作之后，酒醉饭饱之下，在闷塞的初夜寝室中举行，实是太不卫生的事。据他说，许多野蛮人便聪明得多，他以知道利用日光，利用森林，白昼在户外举行。但这种办法因了气候和环境关系，都市的文明人是根本不可能的。但无论如何，夜间是不对的，因此许多现代专家都提倡在清晨举行。如密讫勒（Michelet）说：子女的受孕必须在白昼。黑夜的性交，对方只是一个女性；但是在白昼，她却是一位美丽可爱的人。卢保（Roubaud）说：也许欲念在夜晚强盛，但是早间的快乐更大，菲勒地（Venette）说：一位美丽的妇人，在日光之下比在烛光之下更美。

对于正当的夫妇之道限度的规定，这是许多宗教和立法者的大难题。有革命精神的宗教家马丁路德，他以为每星期二次是适宜的限度，谟罕默德在《可兰经》中规定每星期一次。一位古代印度名医却劝人每月六次，夏季则只能一月一次。至于现代医生和专家的意见，则大都和马丁路德差不多，对于一般人，以为每星期至多不宜过两次，有一位医师则主张一年的总数须在五十至一百次之间。孟地加沙（Mantegazza）在《爱的卫生》一书中主张，二十至三十之间不妨一星期二三次，三十至四十五则每星期至多二次。

霭理斯以为一切严格的规定都可不必，当看各人的健康和生活状态而定。他说，这不是一种义务，一对心身健康有相当性知识的男女，都知道怎样适宜处置大自然所赐给他们的这种幸福的。

中国过去对于男女之事大都讳而不言，有之，则都是驻颜益寿的采补谬论，我手边就抄有一条失去出处的记载，可说是最典型的：

女子十五至二十五，补阳和血，美颜色悦精神，节而行之能成地仙。二十五至三十五，我施彼受，虽无裨亦无大损。四十以上能致疾。若天癸已绝，如枯枝吸水，不异鬼交，杀身而已。男子精血，少如膏雨，壮如露零，枯嫩含滋春牙吐润，老大如霜雪，使红颜萎黄凋谢耳。

爱　经

　　罗马奥维德的《爱经》（Ars Amandi），曾经由戴望舒先生译成过中文，是西洋谈论男女恋爱的一部古典名著，不过他所贡献的不是使女人安居家中的艺术，而是教她们如何私奔的艺术，这与其说是丈夫的经典，不如说是情人的经典。在西洋，有两个典型不同的代表情人，一个是 Casanova，一个是 Don Juan，这好比我国的贾宝玉和西门庆，一个是情种，一个是淫棍。前者但愿花常好，月常圆，生生世世混在脂粉队里，欲仙欲死，不娶不嫁。后者则见了有三分姿色的就要占为己有，好的时候抱在膝上，不好的时候一顿皮鞭。但世上女人并不一定都爱温柔的贾宝玉，竟也有宁愿捱西门庆大官人的皮鞭的。这就证明男女相爱并不仅是感情上的问题，固然有精神上的爱，但也有官能的爱。

在西洋，除了迦撒诺伐和唐璜之外，还有一个典型的情人，这人便是《少年维特之烦恼》一书中的主人公维特，他是处在灵与肉的斗争中的一个热情青年的代表，他的结局常是"殉情"的悲剧，这与西门庆一类人物的"恶贯满盈"的大快心人〔人心〕恰是相反。

将这些"爱的天才"所采取的手法和人生观，综合起来作一研究的是斯密兹博士（Dr. Oscar A. H. Schmitz），他的著作的题名是《唐璜，迦撒诺伐，及其他风流人物》（Don Juan，Casanova，and other Erotic Characters），这书在一九零六年出版，是一部极有趣味的读物。

据他研究，唐璜和迦撒诺伐两人不同之点，是在于前者是现实的，而后者的行动则多少带有点诗意。唐璜是一个奸诉〔诈〕善变的浪子，他对于女子的追求，是要实现自己的占有欲，他从这一切意志的活动以及危险中感到快乐，但他自己并不是个风流人物。迦撒诺伐虽然也机警多变，但他却是个风流透顶的人物。他的恋爱，不是要实现他的欲望和野心，而是要享受其中的滋味。唐璜只知道"女人"，迦撒诺伐却将每个女人当作"情人"。唐璜是恶魔式的，他使和他有来往的女人陷于不幸，使她们堕落。但迦撒诺伐却是人道的，他关心他所爱的女人的一切，为她们的幸福留意。唐璜轻视女性，他实是一个厌恶女性，蹂躏女性者，迦撒诺伐却是个典型的女性崇拜者，他理解女人的灵魂，从女人方面却获得自己的快乐。唐璜用他自己坚强的意志，粗暴的性格去征服女性，迦撒诺伐却用他的风度和温柔去征服女性。

斯密兹的这种比较，可说是恋爱心理的一种极好的观察。但他的议论也是有所本的，他所根据的是法国名小说家斯汤达尔（Stendhal）的《恋爱论》，他将维特和唐璜加以比较。他说，唐璜将女人当作仇敌，从蹂躏她们的行为上得服快感，维特将女人当作"尤物"到不忍亏待她们。唐璜是征者，维特却是崇拜家。

爱 的 技 术

巴尔扎克曾说，妇人是一张精致的提琴，你必须了解她的颤动的琴弦，胆小的琴键，反覆变化的指法，一般的男子对待女人，大都是猩猩弄提琴，完全不了解对方的个性。

据奈琪巴尔（Neugebauer）统计，有一百五十件因新婚而受伤的妇人医案，大都由于丈夫用强暴所致。布尔和佛洛伊德都曾经指出，新婚之夜大都是一幕强奸的悲剧，结果往往促成对方的歇斯底里症，这病症一直要到自然的性生活开始以后才能痊愈。更有许多新婚伤害医案证明丈夫强迫的性交竟是在尿道中举行的。

对于性爱的一字箴言，据说是"细心"和"忍耐"，要像猫捉老鼠一样耐心观察，等候时机的成熟。因此，在这方面，一般的兽类和野蛮人，都比较文明人来得高明，都知道如何等待或挑逗对方的兴致。一个文明的丈夫时常漠视了妻子的要求，实是最可羞耻的事。

关于男女之间爱的技术，东方人是较西方人有研究的。尤其是印度，有许多古典名著一直流传到今天还存在。其中最著名的是代兹耶耶拉（Vatsyayana）的著作。他主张丈夫该尽力使得妻子满足，不能任她冷淡。"即是用花殴打妇人也是不该的"，这是印度善视女人的一句格言，可惜这样的著作对于一般读者都是禁果，我不能在这里细说。

英国在十九世纪末年，曾有人组织一个奥奈达社（Oneida Community），是一种秘密组织，从事改良夫妇间的性生活，提倡一种男子自制法（Male Continence），即所谓"含蓄的性交"（Coitus Reservatus），据说颇有成效，这个社经过了三十年的存在，终因环境的压迫和外界的抗议取消了，因为他们同时还在实验"科学受孕法"，社员间都有一种类似公妻的制度存在。

霭理斯在《性心理研究》第六卷关于"爱的技术"一章

中，曾提到文明人的性交方式。他说，除了通常的面对面的姿势外，其他有几种姿势，从生理和优生学的立场来讲，对于有一些夫妇是必需的。如夫或妻畸形残废，以及身材的长短肥瘦相差过甚者，都不能认为是淫乐或罪行。据他说，在纪元前一千三百年，埃及人所残留的草纸绘卷上，已经描写着十四种不同姿势。印度人的著作中曾说有四十八种；阿拉伯的名著《香园》（*The Perfume Garden*）载有四十种，另有六种不同的动作方式。阿利弟罗（Aretino）的著作中曾说有二十六种，每种还附有文艺复兴大师拉飞尔的高足罗马洛（Giulio Romano）所作的素描。关于这方面的近代权威法褒格（Forberg），曾举列了九十种不同的姿势，不过据说只有四十八种是在一般的可能范围之内。

古希腊关于这方面的著作，可惜大部份已经失传。但有一点特殊的倾向是值得提起的，就是这些著作大都出自女子之笔，据说阿斯亚拿沙，海伦皇后的侍女，就是其中之一。

月经的迷信

　　对于女子的月经，以及行经期中的女子，认为是不洁和污秽，差不多是世界一致的倾向，由迷信而成为习惯。不仅男子认为不洁，即女子本身也以不洁自居，几千年来牢不可破，妇女在社会上所处的附属于男子的地位，可说大部份受了月经的影响。

　　我不想反对认月经为不洁的习惯，但想说明其中多少有一点迷信和愚昧存在。许多雌动物都有月经，而且有类似月经的春情发动期，但这时期是雌雄活动最甚的时期。在人类中，许多人已证明女子在月经期中性欲特别强盛，而月经期中的性交，纵然无益，但从未有人证明对于双方有害。一切仅是传统的迷信而已。

基督教的《圣经》上明白的写着：

> 女人行经，必污秽七天。凡摸她的，必不洁净到晚上。女人在污秽之中，凡她所躺的物件，都为不洁净。所坐的物件，也都不洁净。……男人若与那女人同房，染了她的污秽，就要七天不洁净。所躺的床，也为不洁净。

回教的《可兰经》上也说，你要与行经期中的女子分开，在她们未洁净之前不可接近。

为什么行经的女人是这样不洁呢？这是因为在许多民间的传说中，认为女子的月经，是恶魔在作祟，有些地方更相信是魔鬼化成了蛇或蜥蜴钻入女子的阴户，使得生殖器出血，所以这样的女子认为不洁，不许进圣殿，不许参与祭事，男子接触了这女人的也同样认为不洁。

有许多未开化民族，时于行经的女子都用隔离法，指定一个地方，到了月经来潮之时便住到那里，饮食起居，与一切的人隔绝，直到"清洁"之后才可以回来。Suriname 的女子，在月经期中，独居一处，看见有人走近了她，便喊道："Mi Kay! Mi Kay!"（我是不洁的!）

行经的女子既然这样的不洁，于是月经便产生了副作用。巴伐利亚人相信，染有处女月经的下衣，可以抵御刀伤或刺伤，更可以灭火。据说直到今天，德国女子相信，滴一点月经血在咖啡杯中，可以使喝这咖啡的情人不变心。意大利人相信使有月经的妇人在果园中走一遭，可以辟除毛虫，一切天灾异变，如风暴闪电等，只要一个有月经的妇人裸体立在旷野，就可以将这一切压息。

法国北部制糖区域，在熬糖的时候不许行经的妇人经过，否则糖便要变黑了。西贡人煮鸦片烟时，有了月经的妇人来过，鸦片便要变味。印度烧石灰窑的人，如发觉石灰烧坏了，相信所雇的女工之中必有行经的。

英国医药协会的机关志《医药月刊》上，曾有人写信去请教，有月经的女人腌火腿，总要使火腿不好，屡试屡验，请问是何原故。再有，外科女医师，如果在月经期中向病人行手术，对于病人是否有碍。这位先生大约怕病人遭遇腌火腿的结果。可惜答案如何，我们不得而知。

性的周期律

植物的每年开花结实有一定时期，一般的动物交尾期每年也有一定，人类也逃不了这限定，但文明使人类将这定律紊乱了，只有女子一月一度的月经来潮，依然表示着到这时期是生殖的成熟期。

许多高等动物每年只生育一二次，分娩的季节必是食物最丰富的季节。不到交尾期，雌的不能生育，也没有性欲。雄的方面也是这样，到了交尾期才是有生殖力的时期。但许多家畜却不同，野生的动物经过几代豢养之后也会增加交尾期，而且没有一定的季节，这完全是环境使然，不用顾虑到食物的有无了。

无论一般的动物或人类，性的活动有一个一定的现象，就是春季是最高潮，秋季次之，夏冬二季是性欲锐减，生殖力最弱的时期，这现象就名为"性的周期律"（Sexual Periodicity）。

一直到今天，世界各处的民间风俗，还有在春花灿烂时期或秋收之后，举行郊外篝火庆祝（Bonfire Festivals）的，这时期当是打破男女界限和礼教的时期，也是青年男女觅取伴侣的时期。这仪式正是沿着性的周期律而来。人类虽不一定像一般动物一样的需要充分食物为生育的准备，但夏季和冬季，因了气候关系不能充分操作和活动，于是生殖能力也不能不锐减了。

霭理斯为了证实这问题，曾搜集了欧洲各地婴孩生产登记表，推算受孕的时期，证明大都是在春季，其次是秋季。数字在夏天和冬天就降到最低数；证明这都是受性的周期律的支配。他曾列了几张表格，用数字表明，如从九月算起，逐渐增高，至圣诞节开始下降，直至正二月最低，接着开始春季的上涨，到五月为顶点，过了六月又逐渐低下。

更有一件值得注意的事，他曾调查一年中三千个婴孩夭亡的统计：其中二月和九月出世的，这就是说，在五月和十二月受孕的，死亡率最小。其次是六月出世的，即九月间受孕的。据他说，欧洲人受孕最多的时期是五月和十二月，其次是九月，如果这统计的结果不是属于偶然的现象，那么，可以断定，生殖力最活动的时期受孕的孩子最健康，活动力递减期内受孕的孩子体格也渐弱。

还有，社会上犯罪事件的发生（包括性的犯罪），也受着性的周期律的支配，大都六月是顶点，二月最低。拉加沙奈氏（Lacassagne）曾根据法国四十年罪案发生的统计，证明一切罪犯在六月发生最多，十一月最少。性的犯罪更不用说，法国的强奸及风化案件发生最多的是五六七月，十二月锐减。德国的统计也证明风化案件在三月四月逐渐增加，到六七月最顶点，然后向冬季逐渐下降。意大利的风化犯罪统计也是五月最多，其次是八月到九月。不仅这样，监狱中犯人的行为也表示着这倾向，夏季和冬季最守法，一到春季或秋季便频频犯过了。

据说，伦敦的流通图书馆统计，一到春天，借恋爱小说的读者特别增多，夏季锐减，也帮着说明了这性的周期律的现象。

角先生之流

铅笔，火漆条，棉花锭，发针，簪，绒线针，钩针，针盒，指南针，玻璃塞，蜡烛，软木塞，叉，牙签，牙刷，生发油瓶，小爬虫……

我并不是在开流水账。这是根据布洛讫和霭理斯的记载，许多外科医生用手术从妇人阴道或膀胱中取出的物件，其中特别常见的是发针，一位德国医师竟发明了一种专门钳取这类发针的钳子。有一次一位英国医生更取出一个鸡蛋。

这些受手术的妇女大都从十七岁到三十岁。但也有不到十四岁；偶然也有四五十岁的。较大的物件大都发现于年长已婚妇人的阴道中。

但是没有一个病人肯说明这种物件为何在阴道或膀胱中发现而致需用手术。不过这也不须说明，物件的本身已经说明了它们进到那里去的使命。

城市的妇人是这样，据说乡村妇人则以黄瓜，萝卜，胡萝卜，甜菜根，为救急之用。而香蕉则是一般热带妇女的恩物。

上述的发针等物件仅就不幸为医生所发现者而言，此外一切日常物件几无不可以供不时之需。据霭理斯说，近代的缝衣机器，脚踏车，木马，时常因其有节奏的动作为女性所利用。俄罗斯的乡下村妇，据葛特赛（Guttceit）记载，将下衣角打一个大结，利用这个结去磨擦。

然而这一切不过是一位良善妇人少女或寡妇，在远离男子而无法排遣其性欲时所用；至于另有一种妇人，为了满足其过盛的情欲，或者取媚于男子，如职业卖淫妇，以及作猥亵表演的女人等等，这种女子所采用的特制工具，则直接模仿着男性生殖器的形状。

这种物件，西洋人一般的名称是 Goderniches，英国人大都称作 Dildo，我国人则称作"角先生"。

在西洋，这种物件的流传，据说是古已有之的。有人曾经写过一篇考证，说明古代巴比伦人遗下的雕刻上，已经有这种物件；同性恋女诗人沙孚时代的妇人也曾用这物件；据说是用象牙或金属所雕制。大英博物院收藏着一只古瓶，其上便绘着一个妇人手持着这物件。意大利的奈勃斯博物馆，从彭拜城地下掘出的古董，其中也有当时妓院所用的这类物件。在中世纪时代，关于这东西的记载更精确，这是当时许多贵妇人和女尼的恩物，制作的原料已经改用玻璃，其中可以注入热水。十八世纪，法国的戈尔丹夫人（Madame Gourdan），当时著名的老鸨，竟公然经营这东西的批发事业，名为"安慰者"（Consolateurs）。在她死后，从她家中发现无数当时尼庵院长以及女尼的来信，都是购买这"安慰者"的。现代化的"角先生"据说是用硬橡皮所制，表面凸凹不平；其中可以注入热牛乳或类似液体，有机钮一揿，液体即可射出。据说这机械在十八世纪，已经发明了。

法国十八世纪著名的政治家，花花公子米拉波（Mirabeau），在他所著的一部小说中，曾详细的提到这物件的制作；据说全体作波浪状，是纹银所制，中空，另有一根细管，外面注入热水，细管中注入鱼胶，经过热水的蒸发，鱼胶开始溶解，用手将机钮一压，便有粘性的液体射出。

"阿配郎格"

在一部关于婆罗洲的游记上，有这样的一段记载：

　　这里有一种可以使你感到有兴趣的风俗。有些老妇人，以卖银制或铜制的小铃度日，这些铃小得像小榛子一样制作十分精巧。男子到了成年之后预备找女人时，便要用这铃儿系在龟头后的包皮中，否则便没有女人肯嫁你。男子按照自己的身份，采用金制或银制的铃儿，卖铃的老妇人给你将铃儿系在包皮内，然后用线缝上，创口几日即可痊愈。铃儿愈多愈神气，愈为妇人所追求。有的挂上十几只，走在路上可以听见铃声，这是男子最大的光荣。

米兰的"安布罗西亚图书馆",所收藏的旅行家皮格费塔的手稿中,也有这样的记载:

> 所有的男子,都要在龟头上穿一个洞,将一根鹅毛管大小的铜管穿过去。铜管两端有星状的小粒,或者月牙形的突出。铜管并不妨害尿道。这东西太古怪,使我不肯置信,必欲亲眼目睹。据说他们的女人坚持要这东西。但是虽然有这装置,这里的女人却爱上了我们甚于她们本族的男子。

莱台尔氏(Riedel)也说:东印度西里伯岛的土人,将山羊的睫毛粘在龟头上,使它蓬松若刺。爪哇的土人则将小块的羊皮包在龟头的四周,有时整个的生殖器都蒙在毛中,只有龟头突现外面,用以博取女子的欢喜。

野蛮人最野蛮的助兴装置,该算婆罗洲代克岛土人的"阿配郎格"(Ampalang)了。据孟地加沙氏在他的 *Gli Amori Degli Uomini* 中说:

> 因为不满于一般的性交的快感,男子时时应用各种工具以增加快乐。在他们所采取的各种方法中,我们发现最流行的一种是"阿配郎格"。这种爱的工具最为妇人所欢

迎，也正是她们强迫着男子使用。她的作用是变换生殖器的外形，使得女性器官可以增加磨擦的快感。

"阿配郎格"的装置是这样的：将生殖器的包皮褪后，用两根竹片夹住，用湿布浸上八九天；然后用一根尖锐的竹器将龟头穿一个洞，将一根在油里浸透的鸽毛从创口穿过。这样继续穿过数日，直到创口痊愈，洞内结了创疤，鸽毛可以自由出入为止。代克岛土人平素总在生殖器上带着这鸽毛，一旦"有事"之时，便将鸽毛抽下，换入"阿配郎格"。这是一根有一英寸半长，一分粗的棍子，以金银或其他金属所制，一端另有一个小球或刺状的突出物，这突出物有的是玛瑙所制。棍子穿入龟头洞中之后，另一端有一粒同样的小球或突出物塞上，以免滑落。全部一共大约有二英寸长。

代克岛妇人有种种方法暗示她们所需要的"阿配郎格"的长短。她们用槟榔叶卷一只香烟放在盆子中给她的情人，或者用右手手指放在口中表示长短。代克岛的妇人有权利可以向丈夫要求这"阿配郎格"，否则可以离婚。据她们说，性交好像白饭，没有"阿配郎格"的装置便像是没有咸菜吃白饭。

这种野蛮的装置，当然使文明人听了认为是残忍和可笑；但是孟地加沙氏说：一直到今天，欧洲也有了"阿配郎格"的存在，不过不需要经过这样痛苦的手术，是制就的鹅毛带或突起的橡皮圈而已。

产 科 医 学

柏林的皇家博物院所收藏的一卷埃及草纸文字中，这已经是纪元前三千年之物了，曾说及试验妇女有孕与否的方法，说是将两袋麦子，一袋大麦一袋小麦，放在妇人的尿中浸一昼夜。若是发芽了，便是已经有孕；若不发芽，便是没有孕。若是小麦先发芽，将来养下来的是男孩子；若是大麦先发芽，便是女孩子。

英国著名的日记家佩泼氏（Pepys）在他的日记中曾说起，据说有一位赫吉尔伯爵夫人，一胎养了三百六十五个孩子，其中一百八十二个是男的，一百八十二个是女的，另一个却是

"雌孵雄"。佩泼氏还说他曾见过这些孩子受洗礼的水盆。

这当然是齐东野语。但是对于生产和对于孕妇的态度，可以判决文明程度的高下。现代最文明的国家已经可以利用进步的产科医学使得孕妇无痛分娩，但在未开化民族中却认孕妇是魔鬼所凭藉，是在最污秽的状态中，使她和一切的人远离。

产科医学的成立是从十六世纪才开始。在这以前，妇人的生产是在和死神搏战，而且这搏战得不到男子的同情和赞助。一切都认为是女性应受的痛苦。因为怀孕是罪恶，生产是刑罚，《圣经》上明白的纪［记］载着：

> 我必多多增加你怀胎的苦楚，你生产儿女，必多受苦楚。
>
> ——《创世纪［记］》第三章十六节

从上帝口中说出来的这样咒诅，不仅使男子认为女子分娩的苦痛是应该的，就是女子本身也认为这是命运上注定的痛苦，而且更相信这痛苦可以增加母子的爱情。所以近代产科医学开始用麻醉剂减少妇人生育的痛苦时，还遭受许多人士的反对，说是违反天意，一来使妇人的罪孽加重，二来将减少母亲对于子女的爱情。这抗议一直到一八五三年四月，英国的维多利亚皇后竟采用了"哥罗方"养了她的第七位王子；这才噤住了英美人士的口。

在产科医学未成立时代，"接生婆"同时就是巫婆，她的光临完全只是增加产妇的危险。遇有难产必需请教男医生时，这就发现奇观了。为了顾全产妇的羞耻，便用一大方白布，一面系在产妇的颈上，一面系在医生的颈上，这样隔了一层布桥，医生上面和产妇面面相对，两手却隔了一层布在下面摸索。

在许多未开化民族中，对待产妇还是沿用着最野蛮的方法，使她隔离，听其自生自灭。或者像古代的文明人一样，用种种催生的方法，将产妇幽禁，断绝食物，或者由女伴分执手足在床上颠弄，吊在禾杆上，捆在路旁使牛马驰过受骤然的惊吓，据说这一切都可以使胎儿在母腹中不得安居，魔鬼也可以早日放手，使它早点出世。

寡 妇 殉 葬

在现代文明社会中，寡妇这名词将逐渐被淘汰，不复存在；但在文化落后的民族中，对于妇人，这还是一个极为不幸的名称：丈夫死后，不仅半世的幸福从此葬送，有的连生命也难保。

在印度，有一种叫作 Sattee 的著名的风俗，就是丈夫去世后，举行火葬时，妻子也要随之殉葬，不论情愿不情愿。如果不这样做，便认为使死者不安，对生者的家属也不吉，而且要引起疫疬，所以有时竟强迫着执行。这是世界上著名的对待寡妇的惨酷风俗。"苏地"（火烧寡妇）举行时，大都采用公开仪式，吸引着无数的观众。寡妇须盛妆打扮，穿上新娘的吉服，由亲属搀扶着，在婆罗门教徒簇拥之中，向预先搭好的火葬台走去。从家中到火葬台的路上，都铺上花朵，槟榔叶和棕榈。寡妇沿路要向观众施钱，但大多数已在昏迷状态中，因为事先已使她饮了大麻叶等类的麻醉剂。在肃静之中，观众围了火葬台站住，寡妇要绕台走三周，然后由婆罗门教徒扶着，走上火葬台。丈夫的尸身已经放在台上，她这时便在他的脚前躺下，或者将丈夫的头枕在膝上。一根绳子将她缚在一排木头上，四面浇上油类，然后就用火把开始点火。为了要坚定殉葬者的意志，教徒和亲属们便开始祈祷唱歌，一面大声举哀，吹喇叭打鼓。其实，这一切声音都是用来掩过殉葬者的哀号的。无论一个人心志怎样坚定，即使饮了蒙药，但是当火焰渐渐舐上了衣服死神走近了时，是无论如何忍受不住的，于是便开始挣扎喊叫，一面咒诅她的亲属。据说这时的咒诅最灵验，于是便用乐声将她的咒骂掩盖。有时殉葬者忍受不住，挣断了绳索，不顾一切的从高台上跳了下来，但是众人追上去将她擒住，重行抛入火中。有一次有个英国人曾目睹一个寡妇从火葬台上跳下了三次，跳入附近的一个水池，但是众人重复三次将她投入火中。

殉葬者这样逃避，是最不吉的事，据说将使死者的魂魄不安，而且还要引起瘟疫，所以婆罗门教徒都事先预备好长竹杆，一见寡妇开始挣扎时便将她压住。

英国人统治了印度以后，认为这种火烧寡妇的风俗太残酷，便严订法律禁止，凡火烧寡妇者均以谋杀论罪。这法律于一八二九年颁布，但是效力很小。直到一八七五年，将一次参加"苏地"的三十几个人，都按照谋杀罪判处死刑，这才将这风俗革除。但在英国势力所不及的地带，这风俗依然存在。

据说火烧寡妇殉葬的风俗，在印度古代并不存在，据吠陀经典的记载，丈夫火葬时，妻子走上火葬台躺下，预备殉葬，这时有一位亲戚手执弓箭走上来预备将她射死，另一个亲戚又走来阻拦着说："起来罢，妇人啊！你是躺在一个已经失去了生命的人的一旁，起来到活人的世界来罢。"于是寡妇便走了下来，举火燃柴，仪式便告完毕。

活烧寡妇的起源，是由于回教徒占据印度以后，虐待印度士卒的遗族，使得寡妇们宁愿殉葬，于是婆罗门教徒便将吠陀经文曲解了。

谈　毒　药

　　人类对于毒药的认识，比认识一般的药物为早，古代的所谓医生，实不过巫师性质，为人解救毒药，同时也为人制造毒药。那时毒药更和魔术有关系。一根毒草可以用咒语来解救，一朵寻常的花也可以用咒语使它成为毒药。

　　古代所用的毒药大概有三类，一种取自植物的根或果实花叶，一种取自动物的毒液，一种取自矿物，加以炼制。前者是最原始的毒药原料。取材便利，毒性猛烈，可是发觉也容易。近代的毒药案，则已采取化学或有机物体，不仅无色无臭，而且大都也无伤痕，慢性的使身体组织中毒，实在不易发现。

古代克莱奥巴达女王（Cleopatra）用毒蛇自杀的遗闻，是最动人的一件哀艳故事，她所用的蛇据传说是 asp，形体很小，但是毒性猛烈，而且无痛苦不致改变容貌。她先用这毒蛇向婢女加以试验，然后才放到自己的胸上。这正是那时的惯例。许多人都用奴隶或囚犯来试验毒药，同时也试验它的解药。

除了蛇毒之外，其他的小动物，如蝦蟆，蜥蜴，毛虫，蝙蝠等的血液或毒液，也为古代人所常用。植物方面，最常用的是 Hemlock（一种芹科植物），希腊人将它认为法定的毒药，专供人自杀之用。大哲苏格拉底的自尽，当局所颁的毒药杯便是这种。据伯〔柏〕拉图记载，这毒药服下之后，四肢渐渐麻木，从脚底冷上心头。

许多野蛮民族所用的毒箭，药料各地不同，大都采取各地特产的植物，加以炼制，成为膏状的物体，将箭簇在药内蘸一下或同煮便成。非洲某一部落的土人用一种小毛虫作箭毒。射中之后便发狂而死，解救的方法是吃一只这种活的毛虫，据说是唯一的解药。

马来人有一种下毒的方法，所用的毒药名为 Potas，是氰化钾性质。他们先将一柄餐用的尖刀，将刀的后半截在毒药里浸一下，然后请仇人来吃饭，饭后照例要吃西瓜，他们便用这尖刀来剖瓜，自己吃前半片，而将后半片敬客。

在十六世纪十七世纪左右，意大利盛行用毒药杀人。新的毒药层出不穷，毒杀案也层出不穷。最著名的是一个名叫陀伐诺（Torfano）的女子，以贩卖毒药为业，从她手中曾毒死过六百多人。当时的权贵之家，为了怕人暗算，曾雇用人专门尝试酒食的有毒与否，又专用威尼斯产的玻璃杯和犀角杯饮酒，据说前者的质地遇毒即裂，后者则能吸收一切的毒质。

《洗冤录》第三卷中，曾说到中国历来惯用的许多毒药。鸩鸟只有其名，用者不多，最普遍的是砒霜和鸦片。前者用以杀人，后者用以自杀。更有许多性质相反的食物，如苋菜与鳖，蟹与柿等，说是吃了都可以致命。对于这等毒食，我们没有古代的奴隶可供试验，所以很难断定。但有一条原理是该信奉的，即一切食物，服之过甚或不当都可以中毒。所以人参也可以吃死人，而叫化子在冬天用烧酒和些微砒霜，吃了反可以御寒。

色情的犯罪

世界文明国家，为维持社会道德和风化问题，对于一切违法的性行为和猥亵行为，法律上均有专律裁制。这其中因了风俗习惯和民情关系，各国的注意点各有不同，所处的刑罚也有轻重之分；如犯鸡奸罪者，英美等国均处绞刑，奥国则仅处五年以下的有期徒刑，我国也仅处三四等徒刑或罚金，这其中上下是很大的。

一切的色情犯罪，当与社会文明的程度成正比例，即文明愈发达的社会，色情的犯罪也愈多，这实是一个特异的现象，然而这现象是不难解释的。物质文明发达的国家，生活大都紧张而枯燥，人与社会的机构密切，经济的压迫也愈甚，在这状态之下的人们大都早熟，在在需要刺激和发泄，社会上又有种种以刺激色情为目的之娱乐在引诱，于是色情的犯罪便无可避免的增加了。

著名的犯罪学专家郎勃罗索氏，主张防范色情犯罪的最好方法，是提倡合理的结婚和离婚，盖一切色情的犯罪，不外已达结婚年龄而尚无配偶，或不良的结婚生活所生的影响而已。若能打破以经济条件为中心的婚姻观念，男女双方能在合理的条件下获得结婚离婚的自由，不受恐慌，也不受牵制，则一切色情的犯罪可大大的减少。因为所谓色情的犯罪，由于性欲无正当途径发泄者占多数，而一切度［变］态性欲者的犯罪究占少数也。

色情的犯罪最常见的是强奸罪，即以强暴手段威胁或以药剂使对方失却抵抗或自由，乘机加以奸污。这罪名向来是属于男子的，但现代法律也有对女子加以强奸罪的了。诱奸未成年的女子，无论对方态度如何，均以强奸论罪，不过各国对于成年的年龄限制大有上下，如德国为十六岁，奥国为十四岁，日本为十三岁，中国以前为十二岁，后来改为十六岁，现在又像是退到十四岁了。

与有夫之妇或有妇之夫通奸的是和奸罪。这与强奸罪的异点，是在强奸罪仅处罚强奸者，此则双方都有罪了。

原始社会中无所谓和奸罪，更无所谓强奸罪，只有鸡奸，兽奸，血族相奸，则被认为不祥事件而由大众加以处罚；这动机与其说是为了风化问题，倒不如说是为了宗教问题。

在文明社会中，强奸幼女的案件一年比一年增加，差不多是各国的通例，这实是现代文明的一个畸形现象。其他属于鸡奸的男色案件也有增加的趋势，至于女子的同性相奸和血族通奸，则因了犯者双方为廉耻之故，大家讳莫如深，所以很少有牵涉到法律范围的。从其他的色情犯罪看来，这种行为在现代文明社会中也未必会减少吧？

火　　葬

　　一八二二年七月的一天，英国十九世纪浪漫派三大诗人之一雪莱的遗骸，早几天在海口遭遇了风暴淹死的，在意大利的海岸沙滩上举行了火葬。仪式很简单，从附近森林中砍来的松树，堆成了一座小台，尸身便在上面焚化。怒涛汹涌，白鸥上下，一缕黑烟直上云霄，当时立在一旁照料葬事的同伴诗人拜轮，因为奈不住这凄凉的情景，便退到一旁去休息。

　　雪莱死得浪漫，葬仪也来得浪漫，许多人以为这是拜轮的主意，其实是意大利海岸管理当局的规则，凡从海里捞上来的尸身，一律要就地火化，为了免除传染疫疠。

这一条规则正代表了当时人对于火葬的态度，只认作是一种消毒防疫的方法，而不认作是一种葬仪。不仅从海里捞起来的尸身，凡是患天花瘟疫等传染病死的，一律要火葬。所谓火葬，那时还没有火葬场，实不过架起火来烧了完事。

火葬是很古的一种葬仪，许多未开化民族都采用火葬为最敬的葬仪，希腊罗马人也间用火葬，东方印度更是火葬的流行地。只有埃及人不用火葬，他们用香料去保存尸身。

在有一时期，基督教和天主教都反对火葬。他们的理由很简单。一，耶稣的葬仪是土葬，并未采用火葬。二，将来天地末日，死人都要从坟墓里复活升天，这是经上明白记载着的，如果烧得骸骨无存，将来用什么去复活呢？

火葬和土葬确实有过一个争辩的时期，这争辩直到今天还未决定。主张火葬者，说这种葬法最简便卫生，又经济又爽快，不占土地，免除传染，免除对于"死"的晦暗感觉。反对者却说这是杀风景的葬法。古今来许多伟人的坟墓，不仅可供人凭吊，而且还发人深省，如果古人一律采用了火葬，今日世上将无一座坟墓可见，这是人类文化上的一大损失。况且土葬并无不卫生处。曾有专家发表意见，尸身埋到六尺深的地下，决无透发气味或病菌的可能。

今日比较文明的国家，大都已有火葬场的设备。火葬土葬，任人自便。法国更规定葬仪由死者在遗嘱中规定，后人不得妄为改动。但因犯，因公伤亡，传染病，或客死异域，今日已规定必需用火葬了。

古代的火葬，是真正的用火焚烧尸身。但现代的科学方法火葬，火焰并不与尸身接触，只是用极高的热度使尸身化为灰烬，严格的说乃是〔烤葬〕，所以英国人俗称火葬场为〔烧烤室〕（Grill Room），这真是一个〔虐谑〕。

尸首经过火葬后，尸灰大都盛在一个罐中，由亲属领回或藏到指定的地方。若是"名人"，大都更预先将心脏取出，埋到他的故乡或逝去地点，脑髓挖出来交给医生去剖验。

除了佛门的火化以外，对于重视遗骸的东方民族，这种葬仪的通行，大约还有些时日等待。

沙孚的同性恋

　　有人说世上有九位女神，可是说这话的人太疏忽了，
你看！这里还有立斯波的沙孚，她正是第十位。

　　这是大哲学家柏拉图给希腊女诗人沙孚写的墓志铭。从他
这样的推崇上，可见女诗人当时所占的地位了。

　　对于这位女诗人，除了她的作品以外，世间还有一种传
说，说她是女性同性恋的倡始者，而且是实行家，所谓"沙孚
式的恋爱"，正与"柏拉图式的恋爱"相等，成了一种专门名
词。她招集了许多女弟子，群居一处，终日研究各种艺术，据
说她们这时都陷于一种官能上的享乐，发生了不便告人的关

系。在女弟子之中各有各的同性爱人，因此有嫉妒也有失恋，这一切都从沙孚的作品中流露出来。为了这个原故，沙孚的作品便被目为不道德，遭了教堂的焚毁。今日流传下来的沙孚的作品，已是从他人作品的引证中零星搜集而成。吉光片羽，与传说中的一万二千行的遗作已相差很远了。

沙孚最得意的女弟子，也可说是她的爱人，名叫阿地斯（Atthis）。她的行为和她的作品之所以遭人非议，可说大半为了这位女弟子。沙孚会见阿地斯时，她的年纪还很小，曾为她写下这样的诗句：

> 我爱你，阿地斯。好久以前就爱上你了，当我还在少女花开的时节，而你在我眼中还是个羞涩的小孩子的时候。

但阿地斯不久就长成了一个绝世美丽的少女，两人就从师生之谊变成了爱人。沙孚带她住在乡下，不愿进城市，为了怕有旁人从她手中夺去这个爱人。但阿地斯却开始对沙孚倦厌起来，同时她的家属也反对她和沙孚的关系，于是不久阿地斯就走到旁的男子怀中去了。这当然使沙孚很伤心，我们可以从她自己的记载上看出：

> 她和我分别时在哭泣，她说，天啦，我们所受的是怎

样的痛苦哟！沙孚，我向你发誓，我是被逼而离开你的。我回答她说，你去走你自己的幸福之道罢，但是请记住我，因为你知道我是怎样的爱你，如果你不记得，率性让我来提醒你罢——我们在一起的生活是多么美丽的；因为总是在我的身旁，你用那许多紫兰和玫瑰的花环装饰你的长发，而你优雅的项上戴着百朵花圈；你向来躺在我的胸上，用那各种华贵的香料熏染你年青的肉体；你躺在一张华丽的榻上，从我女奴手中接受一切心爱的东西。没有一座山，一丛树林，一道河，不是我们二人携手同游；而当夜莺的歌唱使得每座树林中充满着春声的时候，总有你我的踪迹……

这是沙孚的回忆，此外她还有一句绝唱：

我将不能再见阿地斯，我也等于死了！

沙孚的死，是投海自杀，但是却不是为了同性恋，而是因了对于她的晚年的情人费翁（Phaon）的失恋。

动物的房术

伐贝格（Forberg）在他的《房术图解》（*Figurae Veneris*）中曾举例了四十八种性交姿势，印度典籍中所列的花样更多；这一些即使在人类的生理构造上是可能的，但在性交的真义上（传接种子），大都是无益的。一般的动物，在这方面，它们的智力与人类相差很远，但它们却知道采用着最有效的姿势。虽然动物之中也有知道手淫和鸡奸的，但它们却一例的鄙视着人类最普遍的面对面的姿势。

人类的亲属——人猿，虽然可以双足站起来行走，但它们的性交姿势正和一切动物昆虫一例，是从后面的，因为猿类的站立，正和袋鼠与松鼠一样，即使在站立的姿势中，你也感觉它们是四只脚的。

动物的性交，牛最快，几乎是一瞬间就完事。犬类则因了它们的手续延缓，成为人类最常见的嘲弄对象。这因为雄犬的生殖器中，有一根包围尿道的软骨，四周的细胞在兴奋中会特别扩大起来，以致事后需要很久的时间才可以恢复常态，于是只好在欲罢不能的窘迫状态中，任凭人们的嘲弄了。

有一种传说，说象类最知羞耻，性交必须在深林密箐中举行，不让他人窥见，人类撞见了便要被置诸死地，这可说仅是传说。虽然一切动物都喜爱在大自然的怀抱中度它们的性生活，但在人类的豢养下，它们并不就此放弃了性生活。动物园的管理人，可以证明象类的性交并不避人，雌象的翕张着的生殖器并不比在森林中减少兴奋。她的生殖器直伸到腹下，为了这个原故，她将前脚跪地，以等待她的爱人。

更庞大的鲸鱼，雄性的生殖器官即在寻常的状态中也有七八尺长，为了适于它们的特殊生活状态，它们在性交时能像两只巨舶一样，倾侧的浮着，彼此的腹部相对。

海狗和一般鱼类的性交，都是雌的反身向上，腹部对腹部而行。鳄鱼据说在水中是采取相叠的姿势，到了岸上就改用面对面式，事前由雄鳄鱼帮助雌鱼使她翻身向上，事后再使她翻过来。一翻一覆完全由雄鱼代劳，与人类比较起来，似乎是更有礼貌了。

猫的生殖器确是有刺，所以不仅开始时要喊叫，就是事后也要呻吟。但这苦痛的程度和田鼠比较起来就相差很远了。处女田鼠的生殖器，几乎完全为一层薄膜所掩蔽，第一次性交，可说等于行外科手术。在春情发动时机，田雄［雄田］鼠放弃了掘土的工作，开始追求雌田鼠。雌的因了先天遗传下来的印象，开始本能的逃避，向地下掘洞，但雄的更聪明，他在雌的四周掘一道圆形的地道，雌田鼠正以为可以突围而出的时候，她的新郎已经从背后扑上来为她施行外科手术了。

接 吻 种 种

阿拉伯人的关于爱的技术的名著《香园》，其中曾有歌颂接吻的诗词：

> 当爱情的火焰在心中燃烧的时候
>
> 无处可以治疗；
>
> 没有一位巫师的魔术
>
> 能给与心儿所渴望的东西；
>
> 任你符咒
>
> 也不能实现希望中的神迹；
>
> 而最亲密的拥抱

仍使心儿冰冷而不满足——

如果缺少接吻的狂乐。

对于接吻，东方人是比西方人更了解的。接吻在东方人的心目中完全是一种享受，丝毫没有"礼貌"的意味。法国曾有一部《欧洲人和中国人的接吻》（Le Baiser en Europe et en Chine）将东西的接吻观念加以比较，说西方的接吻风俗，完全是吃人肉的习惯残留而已。

霭理斯曾写过《接吻考》，说原始的接吻与触觉和嗅觉有关，是吮吸和口咬的进步，这完全是从低级动物遗传来的；许多动物在交尾时都互相口咬，而人类的接吻也确实有一点"萨地主义"的意味。狂热的接吻之下，总要引起"我恨不得咬你一口"的表示，便是这种感觉的流露。据密兹格氏（Metzger）记载，有一个人在新婚之夜，向新娘狂吻之下，竟将新娘咬死吃了起来。这人虽然证实是疯狂，但接吻和食欲有关却是显明的。

也许因为嘴唇的形状和色泽都与生殖器相似，因此嘴唇的接触不仅是爱的表现，而且更是"性"的满足。接吻实在是介乎性与爱之间的。德国人相信一个女子肯让你接吻，她不久就可以允许你更进一步的动作。法国女子更将接吻当作性交一般重要。至于东方人，是最能了解接吻艺术的，当然更不用说了。

接吻的对象不限于嘴唇。额角和面颊的接吻，大都是亲爱和礼貌的表示，吻手是尊敬或祝福。非洲某一部落的妇人，在庄严的宗教仪式之中向教士的生殖器接吻，说是可以医治不孕。

变态性欲者的接吻，所谓 Cunnilinctus 或 Felation，都是以嘴唇与男女生殖器接触，希腊的"沙孚式恋爱"，中国人的所谓"品箫"，都是属于变态接吻之列。

花　　痴

性欲平淡和性欲过盛都是一种病症，前者是阳痿或不育，后者则成为花颠。这种性欲过旺的患者，因了无法满足其无止境的性欲之故，便成为一种疯狂，无论男女，见了异性，便毫不知羞耻像禽兽一样的扑上去纠缠，更甚的则无论是人是物，只要合乎其变态的想像，见了便去搂抱作猥亵行为，常常酿成兽奸鸡奸或强奸幼女的罪行。这种病症，在男子方面名为Satyriasis，女子方面名为Nymphomania，都是一种性欲的神经过敏症，普通都称作"花邪风""花颠"或"花痴"。这种病症是有间歇性的，常因了个人的种族，年岁，习惯和环境而异，大都有相当的神经病伴随着。好的时候彬彬有礼，与常人无异，一旦发作，则无法统制自己的情欲和行为，浑身脱得精光，无论是人是物，见了便要搂抱了。

在老年的男子方面，另有一种局部的性欲过盛症；这种人在白昼并不感到苦痛，一到夜晚则阴茎勃起，强倔不休，痛苦万〔分〕，直到白昼才萎弱。这是性神经中枢失去统制能力的反射，有时一直要延长好几年才痊愈。

花痴症患者男子多于女子，而女子的症候则常比男子猛烈。过度的手淫常常是惹起性欲过盛的主因，有些女子为了寻找刺激之故，常常去请求妇科医生诊察，而暗中从医生使用子宫扩张镜或他种器械上获得性的满足，其结果便往往使自己的性欲无法满足而流为性欲过旺症。

鸠费奈耳氏（Juvanal）所描写的米塞尼娜女王，可说是女性花痴的典型。她为了满足自己无法满足的性欲，投身到妓院中。无限制的接待男子，但是仍不能得到满足。法国大文豪龚果尔兄弟的日记中，也曾提到一位房东太太，每晚在一张陌生的床上所获得的奇遇。

巴黎的医药杂志，曾有载特莱拉医生的报告，说有一位请求诊治的女性，年已六十岁，她从小就追逐男子，性欲异常猛烈，但这种行为常常背了人举行；在两个以上的男子面前，她羞涩如处女，但一旦与一单身男子独在一处时，无论对方是老人，是青年，是儿童，她立时变成了雌老虎，不顾一切的干出种种猥亵行为。她的家庭绝望了，为了万一的希冀，设法将她嫁到远方，但是无济于事，她常常将毫不认识的路人引诱到家中来。但在众人面前她又是温雅有礼，使人绝不相信她私下的丑行。

老年并不妨碍她的性欲的活动，一直到做了祖母，她仍是见了男子便引，后来终于因为引诱一个十二岁的小学生被发觉，送入救济院。在救济院中她的和善的态度和守规则的行为，使她不久便获到释放。但一出院门，见了第一个单身男子，她又故态复萌了。

她的儿孙为了免除玷辱家门，将她寄居到远方，每月给她一点津贴，她这时已七十岁，但是仍用这一点津贴养活她的汉子们，不足则自己作种种手工以补助，直活到七十四岁才死。死后的解剖并不曾从生理上获得关于她的这种性欲异常的解释。

酒与性机能

一千八百九十年，德国柏林招待国际医药会议的盛宴，那天晚上，四千位来宾，一共饮了一万五千三百八十二瓶酒，四百八十四加仑啤酒，三百瓶白兰地，几乎全体酩酊大醉，结果会场外面充满了醉汉的丑态。好像一群青蝇赶集一块腐肉一样，这天晚上，柏林的娼妓守候在会场的门口，各有各的主顾，大家做了一笔好生意。这样，花柳病的预防和遏止，在下次会议中当可获得更热烈的讨论了。

布洛讫博士引用这一段插话，说明男子在酒醉之后最容易失足，走在街头上最易成为娼妓的捕获物，丧财失身之外，还有玷污花柳病的可能，因为饮酒最为刺激性欲，而至某一程度的醉酒，因了神经麻醉的关系，可以延长性交的时间，因此不啻增加了花柳病传染的机会。

根据许多医生的报告，两个男子和同一有花柳病的娼妓继续性交，结果常常其中一个染上花柳病，一个则否。而进一步仔细加以研究，则在多次的试验之中，总证明受传染者常系在醉酒的状态下。

饮酒对于女子的性欲的影响，正与男子相仿。许多妓院的管理人，常使新来的娼妓染上饮酒的习惯，为了可以容易适应她的职业和环境。妓院中多备有猛烈的酒类，这不仅可以笼络客人，而且还是一笔巨大的收入，因为在醉酒之后的客人常是一个最慷慨的主顾。

少量的饮酒虽然可以刺激性欲，但饮酒成了习惯之后，则起初只有在微醉的状态之下才可以兴奋，过久则完全失去性机能，成为萎弱。莎士比亚在他的名剧《麦克贝斯》第二幕中说得好：

> 饮酒可说是一个荒淫的拨弄家。它引起意念，但是带
> 走了行动；它挑动淫乱，但是又阻止他，使他着迷，又使

他不能到手；一面催促，一面又使他失望；使他能抵抗，又使他无法抵抗……

有饮酒习惯的父母所生的孩子大都不易长大，即使长成后也多是衰弱，缺少抵抗力。据说饮酒的父母所生的孩子，八分之一染有梅毒，而白痴小儿有二分之一以上是出自有饮酒习惯的父母。

这里当然不想讨论禁酒问题，而且中国日常的酒类都比欧洲人的和缓，但是酒能乱性，这是古已有之的明训；贪杯误事和酒醉失身的男女更不可胜计。广东人的"三鞭酒"虽说夸说它的妙用，但它的反作用也许更大罢！有人说，人类有三大敌人，一是梅毒，二是肺痨，其三便是饮酒，这三者都互有关联，是人类寿命和文明的劲敌。

德国霍甫特曼的名著《日出之前》，其中主人公罗斯发现他的爱人海妮是出自饮酒的家庭，便立即和她绝交，正是这种理论的反应。

乱　伦

在只有性生活没有结婚生活的原始时代，家庭关系不存在，因此无所谓乱伦或对于性交的禁例；只要是异性，便是性的对象。等到种族观念发达，血族通婚在有一时期反而受到拥护，因为在那时期，孩子属于母系，男子为了自己一族的蕃盛关系，都不愿女子嫁给他人。乱伦的性行为列入塔布（原始人对于性的禁律）的开始，还是为了发现血族结婚的结果，使得子女不蕃殖或者不健康，为了整个种族的卫生，便对于男女二人的血统设下种种限制，其实其中并不含有道德观念存在。

原始的神话和传说中，神的私生活大都有乱伦的成份，父女恋爱，兄妹相通，以及母子相奸的故事很多。为了这个原故，后世的宗教家曾费了极大的努力扑灭此种故事，或给以种种可原谅的解释。道德的裁制也许比法律裁制的效力更大，今日文明人对于乱伦事件的非议，说是为了健康关系不如说是为了道德关系。

目前所有的乱伦事件，可说都属于偶然的遭遇。譬如说，房屋狭小，成年的子女杂居一处，过了结婚年龄尚未嫁娶，久旷或新寡，以及在醉后或狂欢的状态之下所酿成。上流社会所发生的乱伦行为可说由于耽淫昏聩的结果，下流社会则因了缺乏教养和道德关系，中产阶级的乱伦事件是极少见的。

专制时代的宫闱，是最容易发生乱伦关系的场合，中国便有不少成例，法国的第二帝制时期，也盛行乱伦，许多贵族家族都有骇人的不可告人的秽闻。

德国于一九零七年八月，曾将一个四十七岁的手工工人叛处三年徒刑，为了他和他的二十七岁女儿有暧昧关系，据说这女儿和父亲发生关系已有十五年之久，其间父亲曾经续娶过，继续和女儿发生关系，并禁止她与任何男子往来。

Eugen Sue 在他的《巴黎之秘密》中，曾说及巴黎郊外的贫民窟中，父亲大都和女儿有关系。美洲的印第安人，在有一时期，大女儿总要陪了父亲到山上制面饼，须数日始返，这时候大都像《圣经》上所说的罗得两个女儿一样，和父亲有了关系。

母女或父子同恋一人，可说是乱伦关系中的变例。哀斯托克（Estoc）在他的 *Paris-Eros* 中，曾说及有一个少年人和一个中年妇人恋爱，随后又爱上了她的两个女儿，后来更鸡奸了这妇人的丈夫。克斯丹博士（Dr. Kersten）曾报告，有一个六十五岁的摩耳人，和他的养女相通，生了一个女儿，待这女儿到十三岁时，他自己又将她奸了。布洛讫也说他曾见过一部小说原稿，主人公将某一对夫妻二人都当作了爱人，和妻子姘识，一面又和这丈夫发生同性爱。

避孕与堕胎（上）

　　英国马尔萨斯的人口论，说人类的生殖率超过自然的给养率，以致影响社会安宁，主张节欲以及晚婚以限制人口，可说是近代避孕术提倡的始祖。其实，人类采用种种方法以避免受孕，其历史是颇悠久的。一般动物虽然从不知道避孕，但原始人，如澳洲的土人，通行一种名为"米加"（Mica）的避孕手术，将男子生殖器尿道的下边割开，以便射精时精液恰从肾囊前面流出，可以不致射入女子的腔内，关于这种种原始的避孕术，巴台耳斯（Max Bartels）的《野蛮人的医药》一书中曾说得很详细。不过他们的所谓"避孕"，并不是为了人口过剩或健康关系，实是为了享乐，正如希腊当日的史家所记：

> 在我的时代，整个的希腊都感受儿童的缺少——这就是说，缺乏男子；因为男子过于耽溺逸乐，贪财好色，以致他们不愿结婚，至少是，不愿多养小孩。灭此古国者并非敌人的剑，乃是缺少子女。

但从健康卫生以及经济关系上讲，夫妇之间在某一时期，为了妻子的健康，为了家庭的经济，必须实行节育或避孕。德国的格鲁贝医生（Max Gruber）曾再三说明，一对夫妇生了四个孩子以后，孩子的先天营养便渐渐不如从前，父亲体内潜伏的疾病也逐渐暴露，有遗传的可能，这时最好即实施节育，这是极合道德的举动，不仅保护家庭的健康，而且保护种族的健康。

避孕的方法很多，有的间或有效，有的有效而有害。绝对有效而又绝对无害的方法似乎还不曾发现，而且每一个专家各有各的意见，我们且随便谈谈。

有人根据月经和性的周期律，说在妻子的月经来潮前三四日，潮后十四日内，停止性交，可以避免受孕，因为根据研究，受孕最易是在月经前后数日内。但这并不一定。又有说五月六月受孕最多，此时最宜禁欲，但一年之中其他各月仍有受孕的可能。

比较有效的，是延长婴儿哺乳的时期。因为在哺乳期内，月经大都不能准时来潮，因而减少受孕的可能。但这里该提出警告的，是褒坦斯特底氏（Karl Buttenstedt）的"人工造乳避孕法"的荒谬！他说女子们随时均有分泌乳汁的可能，如果男子能按时向女子的乳部吮吸，可以诱发乳汁，即使男子的乳部经女子的吮吸也有这样的可能，人乳是最滋养的，这样，男女互相吮吸，既健康又可以避孕。——这理论当然是空想的，不值科学家的一顾。

更有一种，是关于性交的姿势和态度的。许多人相信，受孕的条件，必须女子方面热烈动情，和男子一样处于主动的地位。如果女子冷淡而毫不动情，便不会受孕，这也是不值一顾之谈，只要举出在强奸的暴行中，女子有时也有受孕的可能，便知道这方法的不可靠，至于采用各种奇异或变态的性交姿势以求避孕，健康方面受影响不必说，其结果也同样的不可靠。

避孕与堕胎（下）

"性交中止法"（Coitus interruptus）也是避孕术的一种。所谓"性交中止"，就是在男子要射精的时候，随即缩了出来，使精液射在女子的腔外。这方法在避孕方面虽有效，但许多医生都反对，说容易引起男子的神经衰弱或神经过敏症，而且从宗教家看来，这是浪费精液，无异手淫，可说是一种罪恶。据说意大利人惯用与此相类的方法，极力延长性交的时间，在其间吸烟谈话，辍而复作，作而复辍，藉以避孕。

据《妇人的性生活》著者克斯讫（Heinrich Kisch）说，罗马尼亚和法国妇人，通行一种简易的避孕法，就是感到男子要射精的时候，女子用手指紧压男子生殖器的摄护脉（Prostate Gland），使精液流入膀胱这方法，不用说，对于健康当然是有害的。意大利和新基尼的妇人则在性交完毕之后，立刻作局部肌肉运动，使会阴部份猛烈伸缩，藉以将精液排泄。这方法虽无妨健康，然而收效极小。

到目前为止，比较可靠而又无害的避孕法，是采用子宫帽和避毒套。不过前者使用不易，有时因动作滑开原有地位，尚有漏网的可能，且有种种不愉快的感觉。至于男子使用的避毒橡皮套，可说是在避孕方面最有效而又安全的一种，只要保存得宜，一套可用数次，十分经济合算。许多医师和妇女问题专家对此均无异议。不过要注意的是，勿购有突起的点粒或畸形者，这是刺激女子感觉的工具，并非正当的避孕套也。

另有一种冲洗阴道或用药物塞入阴道杀死精虫的避孕法，但因所采用的化学物或药品，偶一不慎便有意外的危险，实非一般妇女所能应用自如的方法。至于割除喇叭管，卵巢或子宫的外科手术避孕法，虽然有效可靠，然而这是万不得已的方法，更非一般人所能采用的了。

因了避孕的方法不能十分有效，于是便有堕胎事件的发生，这是一个更重大的社会问题和妇女问题。各国的刑法和宗教，都肯定堕胎为不道德的罪行，无论堕胎者本人或帮助堕胎唆使堕胎者，都一律课罪，中古时代更处以谋杀或杀人罪的死刑。其实这正是一个极复杂的社会问题，并不能仅以不道德而科以刑罚了事。斯特莱脱堡氏（Gisela von Streitberg）说得好：社会对于不合法的性交既然认为是可耻或犯罪，但对于因这样关系而受孕的胎儿却又加以保护，但这种胎儿一旦分娩之后即成为私生子又受社会所唾弃，实在是一种矛盾可笑的现象，因此有不少进步的立法者及妇女问题专家，都以为凡是堕胎案件，只要出于妇女本人的自愿，应该加以原谅，如因强奸而受的胎，的何法理或道德都不能任制这妇人保留这暴行强结果也［疑正常语序应为"任何法理或道德都不能强制这妇人保留这暴行的结果也"——编者注］。况且未分娩即婴儿，在母腹中是否享有法律保障的权利，也是法学上不能立即决定的一复杂问题。

堕胎是文明的产物。愈是物质文明发达的国家，堕胎的事件愈濒［频］见，都市比乡村为多。大多是在暗中进行，能成为罪案者不过其中千分之一而已。在这方面，欧美人的比数是比东方人更大的。巴黎有一位托马斯夫人，在八年之中曾经为人施行堕胎一万次，她的手术费最低者只要两法郎而已。

堕胎的方法有服药及手术两种，两者都有相当的危险。到目前为止，十分安全的堕胎法似乎还不曾有，这是万不宜轻试的一种生命的冒险。

花 柳 病 考

　　法尔奈耳（Alfred Fournier），花柳病研究权威，曾说过一句沉痛的话：

　　"在醉酒与肺痨的合作之下，梅毒在今日世界所占的地位，正与黑死病在中世纪所占的一样。"

　　花柳病的三骑士，梅毒（Syphilis），白浊（Gonorrhoea），下疳（Chancre），蹂躏人世的历史已经有几世纪，其中白浊和下疳的历史最久，古代已有发现，梅毒则是比较的在近世才猖獗，虽然在一千九百年，巴黎皇家医学院的展览会出品，从埃及所摄取的纪元二千四百年前的人骨照片中，已经有梅毒伤害的痕迹，但不能证明这骨伤确是由于梅毒。有人说梅毒发源于中国，但据日本人考证的结果，中国在十六世纪以前绝无梅毒发现，就是其他各国的医生和历史著述，在十五世纪以前亦从无提及梅毒者，虽然有不少类似的病症。

布洛讫曾写过一部《梅毒的源流》，将各种不同的推测一一驳斥，根据可靠的资料作一结论，证明梅毒是发源于南美洲的印第安土人，最初欧洲并无这病症存在，直到一四九三年到一四九四年之间，哥伦布的水手们才从中美一带将这病症带入西班牙，他们是传染自亥帝岛（Hayti）的土人。从这以后，梅毒才跨上欧洲大陆，接着查理士八世的军队将这从西班牙带到意大利，开始成为一种流行的传染病。军队解散以后，这病症便由兵士散播到欧洲各地，后来更由葡萄牙人带到远东，传入印度，日本和中国。

梅毒虽然发源于南美洲的土人，但北美洲受到这恶魔的蹂躏比欧洲还要迟缓。直到今天，梅毒已征服了整个的文明，反而只有几个极闭塞的野蛮部落，如非洲中部和布鲁塞尔中部，还不曾被侵入。有人曾将美洲的土人加以调查，三十几个部落之中，有十八个部落几乎没有花柳病的痕迹，十三个部落则否。没有花柳病的部落，有禁止女子与外人发生关系的禁例，其他则并无这种禁例。更根据调查，那些有花柳病的部落，大都由白种人传染而来。所以梅毒虽然发源于野蛮人，但到今日已成为文明人的财产了。

据说梅毒在中世纪开始传播时，病状极猛烈，是不治的死症，到现代毒性已减退了，有退化的倾向。花柳病在今日尚不能完全肃清的原因，娼妓问题固然大有关系，然而一般人对于花柳病的错误的观念实为一大障碍。

社会和道德均向来视花柳病为一种罪恶，为恶行的果报，为可耻的疾病，以致患者讳莫如深，多方隐蔽，延长病根，增加传染的机会，实为花柳病不能肃清的一大障碍。要完全消灭这个人类的大敌，这种观念必须矫正。须知花柳病不过是一种"疾病"是一种不幸，是完全可医治的疾病，与道德问题丝毫无关，娼妓更只是花柳病的集中地，并非其根源也。

婚姻的百面观（一）

一位奥国人，格罗斯荷芬格博士（Dr. Anton J. Gross-Hoffinger），曾在莱比锡出版过一部书名极冗长，但是内容颇有兴趣的书：《妇人的命运以及娼妓与天主教终身婚姻制度的关系，尤其与奥国法律以及当世哲学观念之关系》（*Die Schicksale der Frauen und die Prostitution im Zusammenhange mit dem Prinzip der Unauflosbarkeit der katholischen Eheunb besonbers der osterreicheischen Gesetzgebung und der Philosophie des Zeitalters*）。内容讨论现世法律宗教以及社会对于结婚制度的意见，以为目前的结婚法和离婚法都不能使两性的同居生活成为幸福的结合，他曾向上中下三种家庭，随意调查夫妇生活状态，积满一百对即作一统计，据说调查过数百对夫妇，总是不幸者居多，而所谓幸福的结婚生活大都又属于特殊意味者；实际上，真正理想和完美夫妇生活实百不得一，荷氏因此断论目前的结婚制度距完善尚远，实有改良之必要也。

兹将其所调查一百对夫妇生活情形转述如下：

资产阶级夫妇十七对

（一）结婚生活情形尚佳，妻神经不良，疑有梅毒；丈夫在遭遇此疾以前的性生活可疑。儿童病态。

（二）丈夫不受家庭拘束以后，双方晚年的生活情形很好。

（三）双方年老，情形很好，无子女。

（四）丈夫阳萎，妻子不乐。

（五）丈夫年迈，妻子不贞。

（六）夫妻表面颇幸福，孩子患瘰疬症。

（七）丈夫因环境关系出外，妻子不贞。

（八）双方不幸，男子是浪子。

（九）双方因年老似颇满足一切。

（十）丈夫为一老白相，妻子不幸，但已放弃一切，无子女。

（十一）情形与第十对相同。

（十二）一对出身贫富悬殊的幸福夫妇。

（十三）丈夫愚钝乐观，妻子淫荡，孩子衰弱，母亲多病。

（十四）丈夫放浪。妻子不管一切。夫妇之间成立一种谅解。

（十五）妻淫夫浪，双方有梅毒，孩子病。

（十六）双方衰弱可怜。丈夫放浪粗暴，妻子日渐衰弱。

（十七）丈夫是一个粗暴的浪子，妻子已分离，不幸。（本节未完）

婚姻的百面观（二）

中上阶级夫妇二十八对

（十八）双方不幸。丈夫阳萎。妻年老而淫。无子女，时常吵闹。

（十九）双方因性情良善，隐忍一切。丈夫不忠，妻子忠实而多病。

（二十）双方不幸，家中争闹不息。

（二一）多资而愚钝的丈夫，贫苦多病的妻子。无子女，似乎幸福。

（二二）双方已臻老年，似颇幸福。早年生活不详，子女有瘰疬症。

（二三）一个高等私倡与浪子的结合，无子女。

（二四）一对老妻少夫，表面似乎快乐。丈夫暗中有情妇。

（二五）不幸的婚姻。双方不满。丈夫放浪，妻子消极。

（二六）幸福的婚姻。

（二七）可疑的幸福婚姻。

（二八）十分不幸的婚姻。丈夫放浪无行。妻子半疯。孩子有梅毒。

（二九）不幸的婚姻。丈夫以前行为不端，妻子不肯原谅。

（三十）美满的夫妇生活！双方淫荡无耻；妻子获得丈夫的允许，秘密卖淫，丈夫有姘妇多人。一对夫妇似乎都很达观。

（三一）丈夫是一个职业的浪子，妻已分离。

（三二）快乐的婚姻。丈夫风流，但未全然放荡。妻子温柔忍耐，忠于丈夫。

（三三）丈夫因酒色而病，妻子庸碌。一对无关心的夫妇。

（三四）丈夫用妻子的财产享福，但是将妻子丢在脑后。她病得很厉害，日见衰弱。没有子女。

（三五）丈夫阳萎。妻子，获得丈夫的默许，与一位朋友有密切关系。因此双方颇安谧。

（三六）放荡的丈夫。放荡的妻子，双方无耻荒唐——在各不相犯的状态中，双方都似乎很快乐。

（三七）丈夫老而病，是一个过去的浪子。妻子和家中一友人有亲密关系。快乐的婚姻。

（三八）不幸的婚姻。丈夫愚钝，妻子十分热情活动。

（三九）不幸的婚姻。一个卑鄙的投机家，引诱一位富人的妻子，随即又将她丢弃。无子女。

（四十）丈夫因女色而萎弱，妻子不贞。幸福的婚姻！

（四一）丈夫因女色而萎弱，妻子忍耐。幸福的婚姻！

（四二）与上列情形相同。

（四三）幸福的婚姻，双方都很年轻，俱未经世故。

（四四）快乐的婚姻。丈夫愚钝，妻子忠实。

（四五）丈夫因酒色萎弱，妻子富有。目前颇幸福。

薪给阶级夫妇三十九对

（四六）快乐的婚姻。丈夫愚钝，偶尔不忠。妻子忍耐，良善，忠实。

（四七）快乐的婚姻。双方年轻富有。丈夫暗中嫖娼。

（四八）不幸的婚姻，强迫结婚。丈夫与姘妇同居，妻子分离。

（四九）不幸的婚姻，贫穷，嫉妒，无子女。

（五十）快乐的婚姻，因妻子对于烦闷易怒的丈夫之忍受体谅。

（五一）不幸的婚姻。丈夫快乐的与一姘妇同居。妻子不幸的恋一不可靠的朋友。

（五二）不幸的婚姻。愚钝的丈夫，不贞的妻子，始终吵闹。

（五三）不幸的婚姻。丈夫惧内萎弱。妻子凶悍善吵。

（五四）夫与妻已在分离中。

（五五）快乐的婚姻。丈夫性善，受愚弄。妻子是一个荡妇，孩子多病，妻子已病得不救了。（未完）

婚姻的百面观（三）

（五六）快乐的婚姻。丈夫是年老的浪子，妻子是年老的娼妇。双方都因过去的生活染上不治之疾。

（五七）快乐的婚姻。因窘迫与愚钝而快乐。

（五八）快乐的婚姻。丈夫是骗子，为依赖自己的人尽着一切的能力。妻子是娼妓出身，因他的善遇而快乐。

（五九）一对幸福艺术的婚姻。双方因互相让步而快乐。

（六十）同上情形。

（六一）快乐的婚姻。丈夫隐瞒自己的娱乐。妻子忠实而温柔。

（六二）不幸的婚姻。双方时有轻薄微行。

（六三）快乐的婚姻。丈夫的贞操似有可疑之处。

（六四）情形相类。

（六五）情形相类。

（六六）不幸的婚姻。丈夫用妻子的钱过活，化在妓女身上，妻子因此终日以发脾气作报复。

（六七）不幸的婚姻。年轻的丈夫以他老妻的资产营商；她吵闹不休，他以酒自溺。

（六八）因双方都贪婪爱财而快乐。

（六九）因贫困而不得不安谧。

（七十）快乐的婚姻！丈夫是酒徒，妻子贪婪，无子女。

（七一）夫与妻已分离。丈夫弃妻子于贫困卖淫而不顾。

（七二）不幸的婚姻。丈夫阳萎，妻子淫荡。

（七三）一对少年夫妇。妻子是一位犹太富翁的姘妇，由他供养这家庭。

（七四）不幸的婚姻。丈夫放荡，不顾妻子。妻子病重，孩子有梅毒。

（七五）不幸的婚姻。双方贫病交集。

（七六）一对投机者的家庭。丈夫已将妻子三次出售于富家翁作姘妇，以此为生。

（七七）不道德的婚姻。丈夫以欺诈度日。妻子以前姘夫的津贴度日，预备使子女将来卖淫。

（七八）平稳的婚姻。丈夫以前是男仆，现在营商。妻子是娼妓出身，微有积蓄，无女子〔子女〕。

（七九）快乐的婚姻，一对巧妇拙夫。

（八十）不幸的婚姻。夫不善其妻，为妻所谋杀。

（八一）淫荡之夫，淫荡之妻双方已分离。孩子有病。

（八二）萎弱的丈夫，放荡的妻子，多病的子女；时时在争吵中。（本节明日续完）

婚姻的百面观（四）

（八三）老年登徒子，青年妻子。因衣食无忧，双方尚相安无事。

（八四）艺术的婚姻。妻子是一位名人的姘妇。家庭生活安适。

下等阶级夫妇十六对

（八五）放荡的丈夫。以前因妻子的妆食而享乐，现已沦为乞丐。有时以零星工作度日。妻病，子女夭折。

（八六）快乐的婚姻，由于极度的贫困。

（八七）妻卖淫，丈夫做乌龟。

（八八）快乐的婚姻。丈夫做贼，妻子卖淫。

（八九）双方因贫穷而不幸。

（九十）不幸的婚姻。丈夫是酒徒，妻子在穷困之中工作。

（九一）不幸的婚姻。贫困，误解，嫉妒，疾病。

（九二）一个奴仆的家庭。妻女唯主人之命是从。

（九三）不幸的婚姻。时常口角。互相不信任，恨恶，轻视。

（九四）不幸的婚姻。高傲的丈夫为妻子所欺，因贫困之故，无法反抗。

（九五）不幸的婚姻。丈夫已出亡。

（九六）不道德的婚姻。夫妻子女俱以不名誉的收入自给。

（九七）可怜的结合，结果进入贫民院教济。

（九八）可怜的结合，结果被迫入贫民院。

（九九）同上，在贫民救济院度日。

（一百）一对幸福夫妇，患难相依，备历艰苦，始终不渝，是值得尊敬的圣洁的婚姻。

将这一百对夫妇的生活统计起来，其中不幸者有四十八对，互相漠不相关者三十六对，快乐者十五对，可敬者一对。在妻子方面，因丈夫之过于〔而〕患病者三十人，因他种原故而患病者三十人。妻子因本身之过错而不幸者十二人。在百对之中，只有一对因互相忠实而快乐，其他所谓快乐者，若一加仔细研究，则大都因妻子不过问丈夫在外间之行动而已。

荷芬格氏根据这调查作结论道：半数的婚姻都是不幸。半数以上不合道德标准。少数的快乐夫妇均因妻子不过问丈夫的行动。根据这调查，可知目前关于婚姻的种种法制均已失败，结婚制度实有改善的必要了。（完）

如意袋考

防毒避孕所用的一种橡皮套（Condom），中国人称作"如意袋"，英国人称作"法国帽"（French Cap），但法国人却又幽默的称它作"英国帽"（Capote Anglaise），这是一种历史悠久，而又安全可靠，更不妨害风化的一举两得的防毒避孕工具。据霭理斯说，古代中国和日本的娼妓，在接待客人时，用一团油纸塞住子宫口，作为避孕的工具，可说是如意袋的滥觞。既然知道用油纸团，则包围生殖器的更可靠的方法也许由此进步。欧洲在十六世纪中叶，意大利的著名医学家法洛辟奥斯（Gabriel Fallopius），曾推荐这工具，那时还是一个布套而已。从自［此］以后，制造方面渐有改进，先用绵羊或山羊的盲肠，其次便用胶类制成。到十七十八世纪进步更速，尤其英国方面的出品。因此这东西便被称为"英国帽儿"，著名的风流人物迦撒诺伐更俏皮的称作"英国大礼服"（Redingote Anglaise），不过他显然不赞成这东西，因为他曾说，"不愿将自己关在一张死皮之内，躲在这里面活跃"。这些帽儿，据说都是用牛的大肠薄膜制成。

法国的谢费妮夫人（Mme. de Sevigne）也曾在当时提到这东西，说是：

"防逸乐的盔甲，防罪恶的蜘蛛网。"

十八世纪时，巴却孟特（Bachaumont）在他的日记也曾提到这东西，好像是向一个沦落为娼的女优说的：

你是知道如意袋的用处的，

我的女孩子，这如意袋，就是法律，就是先知！

Condom 这字，有时也写作 Condon。有人说是由一个名康同（Conton）的医生得名，但据霭理斯考查的结果，英国历朝医生始终无"康同"其人；又有人说，法国有一小镇名"公洞"（Condom），这东西也许由此得名，但也不能证实。汉斯费尔台氏（Hans Ferdy）则以为 Condom 这字，也许由

Condus 一字变化而来，因为这字正含有"贮藏"或"保护"之义。

如意袋普通分为两类，一类用树胶或橡皮制成，一类用羊的盲肠制成。盲肠制者价较贵，质薄，因此在快感方面比树胶制者好，但经用耐久则不及树胶制，因此功效方面也较次。据说一具橡皮或树胶质的如意袋如果保存得当，放在冷水中，可以使用数次，而且功效十分可靠。这东西避孕之外，防梅毒及淋菌都有效，而且间接更可使女性免被传染，所以在各种避孕防毒的工具中，被推为最安全最有效的一种。

有人从性交的美学方面反对如意袋，说是减少快感，但法奈耳氏（Forel）却俏皮的辩解说：这些意见只是成见而已。眼镜的使用，在未普遍时，也为人所反对，说是有碍美观，但是普遍后，并无妨于人生之诗意，而且对于有些人成为不可少之工具。反对如意袋者，观此可以哑然失笑矣。

中 国 刺 猬

据魏森堡（Weissenberg）说，俄国人颇多使用一有齿的弹性小环，套在生殖器上以增加女性的快感（*Zeitschrift für Ethnologie.* p.135）。霭理斯说这东西显然是从东方流入俄罗斯的，因为堡顿氏的《天方夜谭》全译本中，堡氏在注释中曾提到这类似的东西，说是中国人所用；这东西名"中国刺猬"（Chinese Hedgehog），是一个小小的银圈，上面缚着鸟类柔软的绒毛，大小恰可紧紧的套在男子生殖器的颈上。

读过"珍本"《金瓶梅》的人，大约总记得西门大官人随身带着的"淫器包儿"，里面放着的"闺中乐，颤声娇，银托子，硫磺圈"之类；所谓"中国刺猬"，大约就是"硫磺圈"
的变像。关于这一切东西，布洛讫博士说得好：

> 野蛮民族的男子生殖器上的一切畸形装置，这一切使
> 男子麻烦多而快乐少的东西，从另一方面说，却能使女子
> 于性行为中增加逸乐；我们若加以解释，则除承认这一切
> 装置都是出于女子的主动外别无他法。

这是根据女子性欲发展状态的精辟的议论。因为在表面上
女子的性欲似乎弱于男子，但是醒觉以后，女子的性要求远盛
于男子，于是便不得不仰求于药物或一切的人工装置。以前讲
过的"阿配郎格"，这种男子的苦肉装置，完全为了取媚女子
和由女子的要求而设。在许多野蛮民族中，没有经过这种手术
的男子，往往没有女子肯与之结婚。某一个岛上的女子，为了
她们自己的享受，曾限定这岛上的男子必须割去一个罩［睾］
丸。为了增加他们性的耐久力。

就是文明国家的女子，有时也有这种要求。布洛讫博士曾
引证有一位五十岁的男子，入莱巴却医院（Laibacher
Hospital）的花柳病房求医。检验结果，他的肿胀的生殖器只
是发炎，并无毒菌，涨大的生殖器内似久充塞着杆状物件，于
是医生用手术将这人生殖器的表皮切开，发现里面有十几根发

针，有两寸长，有一根一直刺进了罜〔睾〕丸。据病人说，这是他的爱人刺进去的，为了她可以获得更大的刺激。

南美阿根庭的土人，流行用马毛制成的小刷缚在生殖器上，La Plata 博物院中就陈列着一具。这东西名叫 Geskels，是妇人所制，而且手工非常精致。有些地方更将羊的眼皮割下来应用，利用其上附着的睫毛。

据说日本妇人在过去曾流行使用一种自己享乐的工具，名叫 Rin-no-tama，是两枚鸽蛋大小的圆球，用薄铜制成，一个中空，一个其中有一颗小铅球或一点水银，附着颤动灵敏的弹簧，因此这两个球放在一处，只要微微触动一下，便可颤动不停。用时先将空球塞入腔内，再将有弹簧的球抵紧，只须肢体或肌肉微微一动，便可获得无上的快感，是寂寞妇人的最好的慰藉。

裸 体 种 种

迦撒诺伐的回忆录中曾说起过，在瑞士的百伦城，有一次他去入浴，照了那地方的风俗，在浴室的许多女侍之中，挑选了一个陪他入浴。她先给他脱去衣服，然后自己也脱了，和他一同入浴，给他擦背，全部的工作经过很严肃，两人不曾开过一次口。但是洗浴完毕之后，这女侍好像期待他有所企图，但他已索然无兴，据他自己说：

  虽然不曾注视这女郎的身上，但是我已经看出，她备有着一个男子对于妇人所期望的一切；一张美丽的脸，一对灵活的眼睛，一张美丽的嘴，整齐的牙齿，健康的容颜，丰满的乳房，一切都十分和谐。虽然我觉得她的手还应该更润滑一些，但我知道这是由于工作之故；况且，我的这位瑞士女郎只有十八岁，但我依然无动于衷。这是甚么原故？这正是我要向自己质问的。

但性心理研究专家霭理斯却在他的著作中给这问题解释，说女性的害羞心理和性的吸引力有关系，一个不害羞的女子，会减少男子对于她的兴趣。迦撒诺伐对那瑞士女郎引不起兴趣，就是因为她太坦然自若，太无女性的羞涩之故。

但霭理斯赶紧接着说，女性的羞涩与她的道德并无关联，而道德更与穿衣服与否无关系。娼妓也有害羞的，但娼妓同时更是女性中最注重服装的人，一面娼妓却又被人目为最无道德。

今日欧洲妇女所穿的衬裤，直到十九世纪末尾才流行，这还是从东方由威尼斯传入的。最初也是由娼妓所采用，因此遂为一般妇女所鄙视，据说直到今天，你如果询问一位法国乡下姑娘是否穿衬裤，她会动怒的回答道："我穿衬裤吗，太太？一个规规矩矩的女孩子！"

今日妇女的夜礼服，裸露着整个的背心，在陌生男子饥渴的眼光中走动，毫不为异，但试想家中的女仆万一裸露了背心在主人的面前走过，将要受到主妇怎样的呵责！

　　新希布利地的男子，浑身精赤，但是却用一条长布将生殖器缠起来，缠成二尺多长，然后反上来缚在腰间，一面却将肾囊裸露在外面。

　　许多裸体民族，男子不穿衣服，只有女子才用一片树叶或贝壳遮住阴部，这与其说是羞耻不如说是习惯，因为据他们传说，天神当初创造人类时，男神造男子，女神造女子，二人正在创造人类生殖器的时候，男神忽然要参观女神的工作情形如何，女神不允，始终用手遮掩着，于是从这以后，男子永远裸体，女子则不得不遮掩她们的私处。

醇酒妇人之神

戴奥奈索斯（Dionysos）乃是醇酒妇人与歌唱之神。他希望他的信徒喝酒寻乐。他鼓舞他们去恋爱。戴奥奈索斯为了他的信徒们的爱而死，又因了他们的爱而复活。他死去的忧郁，正增加了他苏醒时的欢乐。复活以后，一切的烦恼忧愁一扫而空，生命正是一巨觥的醇酒，人们从这里面欢闹终宵，歌舞以去。

要参观戴奥奈索斯的神秘，你必须在下午就出发，这样你才可以捷足先登，当游行在日落中开始的时候。仪仗的先头，你可以看见坐着祭司的马车，他正是戴奥奈索斯的神替身。他的后面跟着执火炬的人，沿途照耀。在这些人之后就是扛酒的人，男男女女，扛着整桶金红的酒，上面盖着葡萄叶。酒乃是戴奥奈索斯最大的恩赐，再停一刻到了目的地之后，也是群众对于他的最大的顶礼。扛酒的一群之后便是肩着大筐果子的姑娘们；葡萄，椰子，石榴，因为戴奥奈索斯正是蕃殖之神，春之先驱，人类一切果实的赐与者。在这之后就是乐师，吹着芦笛，鼓着铙钹。

这时群众已拥挤不堪。男女老少，年幼贵贱都有。几乎所有的人都套着假面具，扮着山鬼水仙，真真假假的一切东西。每个人的衣服都穿得很少；向来有衣服遮盖的地方，这时都裸露着；向来裸露着的地方，这时都反而遮盖起来，他们的头发都披散着，眼中射着蒙眬的醉意，他们沿路推挤倾轧，此起彼仆。有时唱着情歌，大胆热烈的词句。有时互相咒骂，露出在平素怎么也不肯露出的一种面目。

在他们背后来了欢喜神像，正是他们歌唱的象征。这里还有人类生殖器官的模型，在这游行之中，与其说是受人崇拜，不如说是受人的椰揄〔揶揄〕。一个男子会将一具人造的阳物用带子缚在腰间。一个女子会将她的生殖器的肖像高举过头，此外还有象征两性结合的一切东西。

仪仗在形式上已算完结，但沿途自僻街小巷闯入的群众，这时将游行的行列弄得更为噪杂。这一群人尾随着行列，直到树林中预先定好的目的地。他们便男女杂沓，混入信徒之中。一切都是平等的；谁也不知道是朋友或是仇敌；也不管是母亲还是女儿。人们已经回到了社会将他缚束之前的形状。

当行列达到了目的地——树林中沿海的一块旷地，他们打开一只大柜，戴奥奈索斯的神像，热情而兴奋，便被请了出来。这神像坐到一对象征妇人乳房的座位上。杀了一只猪献祭之后，他们便开始吃喝起来。酒不停的倾着。男人女人开始抛开了身上的衣服。裸体的女人用着暗示的姿势，兴奋的动作，逗引着男人，追逐着男人。男人不顾一切的将她们抱到怀里，不管她究竟是谁，也不管有人当前。疯狂的妇人手执磷火的火炬跃入池中，见了火炬不熄，自以为发生神迹。男子像兽一样的在水中追逐着她们。同时，所有的孩子们，也被男人女人强迫着尝试这醇酒妇人的滋味。

黎明之后，神像重行回到柜内。男子们，为酒色所困，也开始向回家的路上走去，半睡半醒，跟着疲倦了的被玷污了的妻女和孩子们。

书淫艳异录

增补本

【乙编】

叶灵凤 著 张伟 编

海峡出版发行集团 福建教育出版社

图书在版编目（CIP）数据

书淫艳异录/叶灵凤著；张伟编．—2版．—福州：
福建教育出版社，2017.6（2025.9重印）

ISBN 978-7-5334-7199-6

Ⅰ.①书… Ⅱ.①叶…②张… Ⅲ.①性－风俗习惯
－世界－文集②世界文学－文学研究－文集 Ⅳ.
①K891.29-53②I106-53

中国版本图书馆CIP数据核字（2016）第098552号

书淫艳异录（增补本）

著 作 者：叶灵凤 著

张 伟 编

策划编辑：林冠珍

责任编辑：黄哲斌 陈玉龙

美术编辑：季凯闻

封面设计：苏碧铨

出版发行：福建教育出版社（福州市梦山路27号）

邮编：350025 电话：0591-83779650 传真：83726980

网址：www.fep.com.cn

出版人：江金辉

发行热线：0591-83721876 87115073 010-62024258

印刷：福州万达印刷有限公司（福州市闽侯县荆溪镇徐家村166-1号 邮编：350101）

开本：890毫米×1240毫米 1/32

印张：20.625 插页：7

字数：337千字

版次：2017年6月第2版 2025年9月第11次印刷

书号：ISBN 978-7-5334-7199-6

定价：78.00元（全二册）

如发现本书印装质量问题，影响阅读，请向本社出版科（电话：0591-83726019）调换。

乙编目录

以上载香港《大众周报》1943～1945 年 1 卷 1 期～4 卷 17 期

小

引

十年前，在上海曾用这题目为某报写过一些短文，每天一篇，杂谈男女饮食，乃至荒诞不经之事，有的录自故纸堆中，有的却摘自西洋专门著述，一时嗜痂的读者颇多，许为别有风味之作；好事之徒，更互相抄剪，打听这赅博的作者是谁。其实我不过是爱书有癖，读书成性，见有这类材料，随手摘录，杂凑成章而已，不仅不足道，而且是不足为训的。不料十余年来，时时还有人以这类文章有否存稿见询，最近《大众周报》的编者，更异想天开，要求我重整故业，为他们新办的周报再写一点"书淫艳异录"之类的东西撑场面。我对于文章一道，虽然洗手颇久，可是朋友终是朋友，盛情难却，而且年来侧身"大东亚共荣圈之一环"的香港，"六两四"之余，有时闲得难受，有时饿得几乎不能安贫，便只有拼命的买旧书，读旧书，正如宋人某氏所谓："饥以当食，寒以当衣，孤寂以当友朋，幽忧以当金石琴瑟。"如果一定要献丑，则读书之余，随手摘录几句，虽不能歌功颂德，骗骗读者倒是绰然有余的，这样既可以敷衍朋友情面，又可以换几单军票买"黑市米"，何乐不为呢？思之再三，遂决意再作"书淫艳异录"。

不过，十年飘泊，书剑无成，"南渡衣冠几人在，西山薇蕨此生休"，到头来还是写文章骗稿费买米，思想起来叫人好不凄凉煞也！正是：

"五十无闻，河清难俟，书种文种，存此萌芽；当今天翻地覆之时，实有秦火胡灰之厄；语同梦呓，痴类书魔；贤者悯其癖好而纠其缪误，不亦可乎。"

（原载 1943 年 4 月 3 日香港《大众周报》第 1 卷第 1 期）

真 腊 异 俗

　　元周达观所著《真腊风土记》，其中有关性风俗者颇多。按真腊即今越南柬埔寨，古称扶南，又称占婆。近年曾因发现佛教艺术遗迹为世人所注意。元朝元贞初年，曾遣使招降，周达观随行，在那里住了三年，这《真腊风土记》便是旅居的见闻录。所记自然是"耳食"居多，当然不甚可靠，有时武断，有时又过甚其词。今摘录有关性风俗者数则列下，好事者若将这种资料与该地现今的习惯比较一下，以见风俗变迁的经过，倒也是一种学问也。

　　关于洗澡的情形，周达观记云：

真腊地苦炎热，每日非数次洗澡，则不可过，入夜亦不免一二次。初无浴室盂桶之类，但每家须有一池，否则两三家合一池，不分男女，皆裸形入池，惟父母尊年在池，则子女卑幼不敢入，或卑幼先在池，则尊长亦回避之，如平辈则无拘也，但以左手遮其牝门，入水而已。或三四日，或五六日，城中妇女三三五五，咸至城外河中漾洗，至河边脱去所缠之布而入水。会聚于河者，动以千计，虽府第妇女亦预焉，略不以为耻，自顶至踵，皆得而见之。唐人暇日，颇以此为游观之乐。闻亦有就水中偷期者，水常温如汤，惟五更则微凉，至日出则复温矣。

关于奴婢者：

人家奴婢，皆买野人以充其役，多者百余，少者亦有一二十枚，除至贫之家则无之。盖野人者，山野中之人也，自有种类，俗呼为撞贼，到城中亦不敢出入人之家。城间人相骂者，一呼之为撞，则恨入骨髓，其见轻于人如此。少壮者一枚值百布，老弱者止三四十布可得。只许于楼下坐卧，若执役方许登楼，亦必跪膝合掌顶礼而后敢进。呼主人为巴驼，主妇为米。巴驼者父也，米者母也。若有过挞之，则俯首受杖，略不敢动。其牝牡自相配偶，主人终无与之交接之理。或唐人到彼久旷者不择，一与之接，主人闻之，次日不肯与同坐，以其曾与野人接故也。或与外人交，至于有妊养子，主人亦不诘问其所从来，盖以其所不齿，且利其得子，仍可为异日奴婢也。

关于"初夜权"，所记尤详，周达观说，这种由僧人执行初夜的仪式名为"阵毯"，这二字涵义不详，也许是当时真腊的方言吧。

人家养女，其父母必祝之曰，愿汝成人，将来嫁千百个丈夫。富室之女，自七岁至九岁，至贫之家，则止于十一岁，必命僧道去其童身，名曰阵毯。盖官司每岁于中国四月内，择一日颁行本国，应有养女当阵毯之家，先行申报官司，官司先给巨烛一条，烛间刻划一处，约是夜，遇昏点烛，至刻划处则为阵毯时候矣。先期一月或半月，或十日，父母必择一僧或一道，随其何处寺观，往往亦自有主顾。向上好僧皆为官户富室所先，贫者亦不暇择也。官富之家，馈以酒米布帛槟榔银器之类，至有一百担者，值中国白金二三百两之物，少者或三四十担，或一二十担，随家丰俭。所以贫人家至十一岁而始行事者，为难办此物耳。亦有舍钱与贫女阵毯者谓之做好事，盖一岁中一僧止可御一女。僧既允受，更不他许。是夜大设饮食鼓乐会亲邻，门外缚高棚装塑泥人泥兽之属于其上，或十余，或止三四枚，贫家则无之，各按故事，凡七日而始撤。既昏以轿伞鼓乐迎此僧而归，以采帛结二亭子，一则坐女于其中，一则坐僧其中，不晓其口说何语，鼓乐之声喧阗，是夜不禁犯夜。闻至期，与女俱入房，亲以手去其童纳之酒中，或谓父母亲邻各点于额上，或谓俱尝以口，或谓僧与女交媾之事，或谓无此，但不容唐人见之，所以莫知其的。至天将明时，则又以轿伞鼓乐送僧去。后当以布帛之类与僧赎身，否则此女终身为僧所有，不可得而他适也。余所见者，大德丁酉之四月初六夜也。前此父母必与女同寝。此后则斥于房外，任其所之，无复拘束提防之矣。至若嫁娶，则虽有纳币之礼不过苟简从事，多有先奸而后娶者，其风俗竟不以为耻，亦不以为怪也。阵毯之夜，一巷中或至十余家，城中迎僧道者交错于途路间，鼓乐之声，无处无之。

达观又记有一条关于真腊女性产后的怪风俗，显然又是过甚其词了。

番妇产后，即作热饭抹之，以盐纳于阴户，凡一昼夜而除之，以此产中无病，且收敛常如室女。余初闻而诧之，深疑其不然，既而所泊之家，有女育子，备知其事，且次日即抱婴儿，同往河内澡洗，尤所怪见。又每见人言番妇多淫，产后一两日即与夫合，若丈夫不中所欲，即有买臣见弃之事。若丈夫适有远役，只可数夜，过十数夜，其妇必曰：我非是鬼，如何孤眠，淫荡之心尤切，然亦闻有守志者。妇女最易老，盖其婚嫁产育既早，二三十岁人，已如中国四五十人矣。

又有一则"异事"，则更显然是耳食之谈："东门之里，有蛮人淫其妹者，皮肉相粘不开，历三日不食而俱死。余乡人薛氏旅番三十五年矣，渠谓两见此事，盖用其圣佛之灵，所以如此。"

可靠的，倒是关于真腊宫庭［廷］妇女一般生活及衣饰的记载，如下列一则：

> 人但知蛮俗人物粗丑而甚黑，殊不知居于海岛村僻，寻常闾巷间者，则信然矣，至如宫人及南棚（原注：南棚乃府第也）妇女，多有莹白如玉者，盖以不见天日之光故也。大抵一布经腰之外，不论男女，皆露出酥胸，椎髻跣足，虽国王之妻，亦只如此。国王凡有五妻，正室一人，

四方四人，其下嫔婢之属，闻有三五千，亦自分等级，未
尝轻出户，余每一入内，见番主必与正妻同出，乃坐正室
金窗中，诸官人皆次第列于两廊窗下，徙倚窥视，余备获
一见。凡人家有女美貌者，必召入内，其下供内中出入之
役者，呼为"陈家兰"，亦不下二三千，却皆有丈夫，与
民间杂处，只于脑门之前削去其发，如北人开水道之状，
涂以银朱及涂于两鬓之旁，以此为陈家兰别耳，惟此妇可
以入内，其下余人不可得而入也。内宫之前后，有络绎于
道途间。寻常妇女椎髻之外，别无钗梳头面之饰，但臂中
带金镯，指甲带金指，甚且陈家兰及内中诸官人皆用之。
男女身上常涂香药，以檀麝等香合成。家家皆修佛事，国
中多有二形人，每日以十数成群行于墟场间，常有招来唐
人之意，反有厚馈，可丑可恶。

　　不用说，最后几句又是作者的"武断"，而且颇有自作多
情之感。据我推测，周达观的所谓"二形人"，也许是妓女在
性器官所作的种种畸形装饰而已。

　　英国著名的民俗学者弗列采，在他的大著《金枝》中，也
曾提到柬埔寨的性风俗。据他说，柬埔寨的少女，到了春情发
动期，第一次月经来潮时，便要回避家人，隐居若干时，贫家

只躲在蚊帐内，富家则另造一室，隐居的时间长短不定，有的数日，有的一百日，有的甚至数年。在这期内，不吃肉食，不见生人，只有在遇到日蚀的时候才可以出外。据弗氏的解释，这种少女在月信初来时的回避风俗，近东和南洋一带许多民族都流行，这因为原始人对于月经最忌讳，尤其是少女第一次的月经，又因了深信女人可以从太阳光线的照射而受孕，所以必须回避若干日，只有在日蚀的时候才可以出来。按希腊神话中曾记载达娜伊女神被预言将为她的儿子所杀，她父亲便将她幽闭在铜塔内，不见男子，以免生育，可是大神宙斯看中了达娜伊，他便化身为日光，从窗缝中偷进去和达娜伊发生关系，使他〔她〕受了孕。可见这迷信的来源已经很古老了。

关 于 太 监

清代笔记记载纪晓岚这样一个逸话者很多：

纪晓岚最爱说笑话。他有一天入朝，路上遇见一个太监，拦着去路，要他说一个笑话才放他过去，于是纪晓岚便说：

"从前有一个人……"说了这一句便停住，许久还不接下去说。

"下面怎样呢？"太监不耐烦的追问。

"下面吗？下面没有了！"纪晓岚说了哈哈大笑，一溜烟闯过去了。

"下面没有了"这句话，可说是对于"太监"这名词最通俗最恰当的解释。太监，文雅一点称作"宦官"，更古雅些也可以称作"寺人"，"黄门"；至于"阉人"，"珰"，"竖"，旧籍上也用来称呼太监，但大都是恶意的了。

"下面没有了"的太监，便是受过宫刑的男子。宫刑为中国古代五刑之一，"墨，劓，剕，宫，大辟"是谓五刑。宫刑亦称"腐刑"，《书》上的注释是："宫，淫刑也，男子割势，妇人幽闭。"疏解更说："男女不以义交者，其刑宫。"不过这里要指明的一点，太监之受"宫"刑，被割去"那话儿"，与一般犯风化罪者不同，并不是一种处罚。从专制的立场上，这还是一种"恩典"，故太监之受这种手术，还美其名曰："净身。"

中国号称有五千年的文明历史，但据说这残酷不人道的太监制度，至少也有了三千年历史，这真是由来久矣。明张萱在所著《疑耀》上说："余阅《黄帝针经》，帝与岐伯论人不生须者，有宦不生须之语，则黄帝时已有宦者。"不过黄帝的《灵枢经》，《素问经》，据说皆是后人伪托的，所以黄帝时已有宦官这句话未免不甚可靠。又有人说，尧舜时代已有"五刑"，即使没有太监，这种被宫的"准太监"大概已经存在了。但周朝已经建立太监制度，却是确定之论。《周礼·秋官》云，"宫者使守内"，郑玄注解说："以其人道绝也。"又《后汉书·宦者列传》序上说："周礼，阍者守中门之禁，寺人掌女宫之戒。"这都是太监已经存在的证据。

不过，这一份光荣的遗产也许不应由中国承受。因为除了东方以外，西方国家在古代也有太监。最文明的希腊就是其一。希腊人提到太监，还推誉这是从古代巴比伦传下来的聪明方法。近东的波斯后宫，粉黛三千，都是由身强力大的太监服侍。凡是读过《一千零一夜故事》的人，该都知道太监在近东古代宫庭［廷］生活中所占的地位。至于一般原始宗教仪式，有些男子在宗教的狂热之下割去生殖器献给神作牺牲，终身作祭司，执行神权，这虽近似太监，但事实上又当别论了。

太监最显著的生理变化，就是经过阉割手术后，不再生须，声带也变了，而且据说性情也变得阴戾残忍。虽然没有"传家接代"的希望，但是"干儿子"是有的，笔记小说上还说有些太监在宫外居然讨老婆，过着变态的夫妇生活。但太监最普遍的罪恶还是作威作福，欺上凌下，贪赃误国。过去的历史家甚至将亡国的原因都归罪到太监身上。

太监在中国历史上虽然占着这样重要的地位，可是关于太监的有系统的记载简直没有，更谈不到研究了。有的，只是零星记载他们如何作恶把持，或是记述他们宫内所担任的职务而已。至于关于这具有三千年历史的怪物如何形成，他们的生活，归宿，以及出身和由常人变成"太监"的经过等等，都没有可靠的研究资料，也许这话题谈起来要涉及宫闱，过去的好事家都避而不敢谈了。

"太监"在过去中国已形成一种专门职业（因犯罪处宫刑而被罚充太监者是另一回事），大都自幼便"净身"，历来太监的出产地和籍贯不大知道，只知道明朝的太监都是出自福建某地，清朝则从直隶的河间选用。太监的制造方法不大清晰，但想来必定是十分残酷而无人道的。徐珂的《清稗类钞》，关于"阉寺类"有这样的记载：

> 历朝宫中使令，任用阉宦，此举最贼人道，为我国数千年来相传之秕政。阉宦类多河间人，既选为内侍，则被宫。惟阉割之后，须居密室，避风百日，露风即死，无药可疗。又须选取未成童者为之。壮者受宫，多危险。宫后，即声雌颔秃，髭须不生，宛然女子矣。

又说：

> 律例杂犯门，新进太监，由内务府验明，年在十六岁以下，并未娶有家室者，交地方熟火两处首领太监管教。其已有家室者，则给与各王公。

　　至于怎样"阉割",则不见记载,宋长白《柳亭诗话》有
一则谈到这事,但也指施行手术后的反应:

　　　　明制,小阉服药后过堂,令诵二月二十二一句,验其
　　口吃与否。此五字见李义山诗:二月二十二,木兰开折
　　初。服药者,初为椓人也。

　　太监的来源,除了志愿者,罪犯以外,还有以俘虏充用,
《峤南琐记》载:

　　　　汪直,藤峡猺人也,藤峡平后以俘人。初正统间尝令
　　南方征剿诸峒,幼童十岁以下者毋杀,割去其势,不死则
　　养之,以备净身之用,此真所谓刑余也。

　　中国古代以"宫刑"处罚罪人,除因了风化关系,或如上
述的将俘虏改造"太监"以外,还施之于读书人以及朝中大
臣,最著名的案件是著《史记》的太史公。这种刑罚又名曰
"下蚕室"。所谓"蚕室",据《汉书》上说的是:

　　　　诏死罪系囚,皆一切募下蚕室。蚕室,宫刑狱名,被
　　刑者畏风,须暖,作窨室蓄火如蚕室,因以名焉。

　　司马迁下蚕室的原因是因了他"直言被忤",李陵降了匈
奴,司马迁为他辩解,因此触了帝怒被下蚕室,有人还说他的
《史记》是在狱中写的。

明朝还有一位御史因了一首诗泄露"宫闱心事"被下蚕室，据蒋一葵的《尧山堂外纪》上说：

> 洪武间，金华张尚礼为监察御史，一日作宫怨诗云，庭院沉沉昼漏清，闭门春草共愁生，梦中正得君王宠，却被黄鹂叫一声。高帝以其能摹写宫闱心事，下蚕室死。

因了一首诗而被割去"那话儿"，未免太不值得了，而明代帝王的猜忌和残酷，也由此可见。

再谈太监

德国自国社党秉政后，厉行种族政策，凡足以妨碍民族繁殖或种族健全者，不论男女，都要处罚，为了贪图逸乐的堕胎和生育节制固然禁止，一九三三年十一月更公布法律，凡犯有不正当之性行为者，都一律处以宫刑。所谓不正当的性行为，除了一般违反风化的奸淫外，还包括了当时正流行于德国秘密社会阶层的"同性恋爱"。记得上述法律公布后不久，国社党的冲锋队曾突然搜查各秘密结社的俱乐部，捕去大批"同性恋爱者"，其中甚至包括若干国社党重要干部在内。据后来柏林所发表的情报："因犯有不正当之性行为而照去年十一月二十四日颁行之律处以宫刑者，共一百十一人。所有各犯均将在茅比特医院中施用手术，约每人八分钟即可竣事，纯以科学方法行之，受刑者于施用手术后将由医生看护数月，在此期内将摄影以志其生理上之发展，并将灌音以察其喉音之变迁。"（据当时路透社电译文）

读者不要误会，以为德国自颁布这条法律后，国内将突然出现了许多太监，其实并不是这样一件事。中国古代的宫刑究竟怎么样执行，虽然没有可靠的资料可供参考，但关于太监的"净身"期间，据记载既然要"须居密室，避风百日，露风即死，无药可疗"，又说"须选未成童者为之，壮者受宫，多危险"，看情形，这"净身"的手术大约是极残酷的一刀将那话儿连根割去，涂卤些药包扎起来，听其自生自灭，能够捱过的是运气，不能捱过的是活该。但这也只是我的揣测之辞。北平一带还有不少太监残存着，也许将来有机会去作一次"实物"的考察吧。

至于上面所说的德国处分不正当性行为罪犯的宫刑，决不是像中国过去制造太监所用的这样野蛮方法。据我的观察，这种处分，大约只是用手术停止其生殖机能而已。一个国家为了维持民族健康和血统的纯粹，对于违反风化贪图逸乐的性行为罪犯，褫夺其生殖机能，实是极合理极科学的处置。德国是科学先进国，所采取的或者就是这方法。这种现代科学的阉割手术，在男子方面只是摘去睪〔睾〕丸，缚束输精管，在女性方面是割去卵巢。现代设备稍佳的外科医院大都能执行。许多身体健康状况不良或是不适宜生育的人，都花了巨大的手术费请医生开割，因此这种现代的"宫刑"并不一定是惩罚罪犯才施用的。

不过，经过阉割手术，割去生殖腺的人，虽不一定成了"太监"，但类似太监的生理上的变化，却是难免的。前面所说的德国对于施行宫刑的罪犯，"将由医生看护数月，在此期内将摄影以志其生理上之发展，并将灌音以察其喉音之变迁"。就是说明受刑者生理上必然要发生变化，于是利用这种处罚罪犯的机会，同时作学术上的研究。

关于阉割后生理上的变化，成人不及儿童显著。美国的费尔丁氏在他的《恋爱与性机能》中曾有浅近的说明：

> 由于卵巢对于不同原因的疾病有着更易的感受性，是以女子接受生殖腺摘除手术者比男子更多。这种手术不时都在医院或妇科病床上施行。为了方便，外科医生有时允许将两个卵巢之一或全部剩余少许，以便身体内仍有生殖

腺贺尔蒙的供给，这样，病人能在可能的限度内继续保存她女性的特质。卵巢全部摘除者便要发生性特征萎缩的现象，可是因了受术者大都是已成熟的妇人，因此构成这种机能的组织退化过程便很缓慢，于是它的结果便没有像施于未届青春期或青春期少女者显著。对于后者，便要在性格上发生本质的变化，成为男性型的女性。（原书第二章）

在这同一书内，费氏对于从早年便被全部摘除生殖腺贺尔蒙的太监的生理上的变化，也有所说明：

从早年并且永远被剥夺生殖腺贺尔蒙分泌的影响，可以从太监身上看到，据专家研究的结果，他们一般的特征是：心力迟钝，畏缩，缺乏进取心，自私，嫉妒，幻想，倾向神秘性——一种孩气与中间性的混合。当然，也有例外，有些太监在军事或政治上占到有权威的重要职位。这种例外的解释是，这可能是由于阉割手术的不周到——举例说，如一枚幸免刀圭的缩进体内的睪〔睾〕丸——使别种腺发生了补充作用，结果便产生了完善的机能。

从上面的解释，我们可以恍然于历来关于太监的描写，为什么多是贪婪奸恶的原因，而且也可以明白传说有些太监虽不能"人道"，也居然"娶妻"，收干儿子，都是残留在身体内的生殖腺复活了作怪。

中国历史上太监作祸最烈的大约是明朝，魏忠贤之流，不仅蒙蔽宫闱，把持朝政，欺辱大臣，甚至还收买读书人，在南北各地建立生祠四十座，私通皇帝的乳母容氏，东林党的大狱便是魏忠贤一手作成的。

清代著名的太监有安得海，李莲英，小德张等。被慈禧太后所宠爱的李莲英，更是中外驰名，不仅不把朝中大臣放在眼里，就是退位的光绪皇帝，也不时暗中吃他的大亏。

清朝的太监，官职不得过四品，有顶戴的称老爷，无顶戴的称师父，但一般都称公公。太监夏天的服饰是葛布箭衣，腰紧白玉钩黑带，另有总管太监。清代也许鉴于明末的阉祸，最初约束太监很严厉，在宫内交泰殿立下铁牌，不许内官干预政事，官阶不得过四品，稍不遵旨，立时廷杖或磔死，但后来渐渐的放纵了，红极一时的李莲英，甚至蒙赏"二品顶戴"。

清高宗（乾隆）待太监最严，凡参预宫中奏事之太监，一律改姓王，以免外间有人从中贿赂。

兹选录几则清代太监骄横作恶的逸事于下：

　　戴文节公在南书房时，不善事太监，一日，题画，误一字，道光令内监持令改之，内监至，但令别书，而不告以故，戴遂别写一幅，而误字如故，上以为有意怫忤，遂撤差。

李莲英雅善音律，工演山门伏虎别母惨睹等剧，演京剧亦佳，能串须生老旦黑头，而黑头戏尤擅胜场，沪上名净刘寿峰，即其徒也。一日，李在宫中串演黄金台之田单，光绪亦在座，当查夜猝见太子时，飞足踢灯笼，用力过猛，致灯笼飞落前庭，中光绪额，帝大怒，命笞四十，李跪而哭，孝钦后为之缓颊曰，此误伤也，当曲恕之，命叩头求主子开恩，光绪挥手命去，遂不欢而散。

李文忠公鸿章由直督入相，自负勋劳，遇同辈，恒兀傲视之，人多慑其名位，弗与较也。尝失礼于李莲英，莲英衔之，一日语文忠曰，老佛爷欲修颐和园，但国帑支绌，不欲拨款兴修，公为国家重臣，何不报效为诸臣倡。文忠欣然诺之。莲英复曰，吾先导公入颐和园，验其应修之处，庶入告时较有把握。文忠信之，莲英乃使人导入，而乘间奏其擅入禁地，不知何意。德宗大怒，下诏申斥，交部议处。

光绪中叶，李莲英恃宠滋甚。仪鸾殿侧有斗室，为大臣内直憩息之所。一日，李在此室，于玻璃窗中，见大学士福锟将至，故含余茶于口，俟福至，甫及帘，李骤揭帘，对福喷茶，若吐漱然，淋漓满面，亟笑谢曰，不知中堂到此，殊冒昧，福无可如何，徐徐拭干而已。

一得宠的太监可以这样将大臣作弄，其他的事可想而知。据传庚子拳匪之乱，慈禧太后西幸，陕西抚台办理行宫差事，为李莲英备行馆，器具一切，均极精洁。前站某亲王见之曰，此岂可居李总管耶，命速更易，须与办老佛爷（指太后）者一律，但黄缎铺垫，改用红缎可耳。

民国成立后，旧时的太监依旧住在故宫里，直到民国二十三年才给冯玉祥撵了出来。不用说，他们的生活一定很清苦。回想前朝的繁华，也许还在做着过去黄金时代的梦。可惜不大有人注意这一批被时代所淘汰的渣滓，因此他们"失业"后的生活情形究竟如何，也就没有人知道。我只从英国作家席特威尔所写的北京游记（一九四零年出版）中，读到他曾对北京的太监们加以访问，知道他们都住在北京郊外某处的太监祠堂里，苟延残喘，度着无聊的日子而已。而作者笔下所描写的这一批老太监们唠叨好奇的情状，恰好证实了那些性科学家研究所得的结论。

十三与礼拜五

数目也有性别。一般的说来，单数是男性，双数是女性。世界各种不同民族的歌谣风俗和迷信，对于这分类差不多是一致的。中国的八卦，也以单数代表"乾"，双数代表"坤"。

过去的社会大都以男性为中心，因此在数目上，象征男性的单数便被认为是吉祥的，幸运的；代表女性的双数则认为比较的不吉利。直到今天，医生给病人吃药，大都注明"每天三次"。这数字的运用，并非因为我们恰巧一天吃三顿饭，而是信仰单数是吉利的这迷信心理的残留。

在这迷信上，同样是单数的"十三"却被西洋人认为特别不吉利，并不是例外，却自有其来源和根据。

据一般的研究，初民的智慧，发展到知道计数的阶段时，是以一到五为开始的。这就是说，用右手去数左手的手指，发明了一到五的计算法。因为必须用一只手去算另一只手的手指，人虽然具有十个手指，但六到十的计算，却是隔了相当时候才再发明的，这已是智能进一步的表示了。再进一步，计算十一与十二，虽然可以移动左右脚来确定这数目，但必须运用"心算"。这已经到了智能的顶点，再进一步，计算十二以上的数目，智慧有限的初民便不能不感到惶惑了。这就是"十三"这数目最初成为问题，被认为是一道难关的开始。

最初，"十三"被认为是十二以上的一切未知数的代表，未知的东西大都是神秘的，而且包含着危险性，因此这数目就成了不吉的数字。

不吉的仅是"十三"这数目本身，并不是"十三"所代表的任何物件。举例说，第十三号的房屋，事实上分明是第十三座，但因为门牌的号数被编为"十二乙"或"十四甲"，住客便毫不在乎了。

著名的历史家韦尔斯□□□□□□□□□□□□□数学的，因为人类□□□□□□□□□□□□□□，如二六十二，三四十二□□□□□□□□□□□□□□此对这数目便开始没有好感。可是□□□□为这□□过于"近代的",头脑简单的初民没有这精细的憎爱。

许多人都认为"十三"的忌讳与《圣经》上的"最后晚餐"有关。不错,耶稣被钉上十字架之前的最后一次聚餐,十二个门徒和一位先生,数目上虽恰是十三个人,但要知道耶稣和十二个门徒在一起聚餐,这一次并不是唯一的一次。在这最后的晚餐之前,他们十三个人必然早已在一起吃过许多次了,还有,在耶稣所生活的时代以前,人们对于"十三"这数目已经加以忌讳。

和十三相同的,在日期上被认为最不吉利的数字是"礼拜五"。迷信最多的爱尔兰人甚至不肯在这一天随便的开门,因为万一开门第一个见到的是陌生人,便等于见到了"鬼",因为魔鬼据说会在礼拜五这一天变人形的。匈牙利人计算自己的生辰,如果这一年的生辰恰巧在礼拜五,他们便要撕一块自己的衣裳,蘸一滴自己的指血,一同加以焚化,便可以毁灭了这一年的恶运。

如果要想知道人们怎样忌讳礼拜五,请看下面这有趣的现象:据从法院罪犯供词上所得的统计,在礼拜五这天犯偷窃者绝无仅有，因为窃贼迷信礼拜五行窃最容易被破获的原故。

《圣经》上的一切不吉事件，如耶稣被钉十字架，希律王的婴儿屠杀，该隐杀死亲兄弟亚伯，都发生在礼拜五。更有，有人考证夏娃引诱亚当吃禁果的日期也恰是礼拜五——如果确是这样，人类祖宗第一次犯罪也是在礼拜五，则"礼拜五"的被咒诅真是活该了。

十三再逢到礼拜五，不用说，这数字是不吉利中的最不吉利。但奇怪的是，对于恋爱，许多不同的民族都不约而同的迷信这两个数字是最吉利的。

伦敦的娼妓

英国的娼妓，尤其是伦敦的娼妓，正与一般英国人的气质相调和，是粗俗而且令人齿冷的。有人将伦敦的娼妓与欧洲大陆的娼妓，作一番比较，所得的结论是：

"没有一个欧洲的大都会，是像伦敦这样，其社会被紧紧的包围在罪恶与荒淫之中。伦敦所见的一切，在欧洲任何最罪恶的城市中也不曾经验过。"

俄国塔罗斯基博士在他的名著《娼妓与禁娼论》中说，在欧洲的各都会中，从没有像伦敦的娼妓这样使人齿冷的。奥国的胡格尔氏，在《娼妓的历史，统计和取缔》中也说，没有其他国家的卖淫事业，是这么卑鄙而充满兽欲的。

关于伦敦娼妓的数字，各方面所作的统计殊参差不一。这是因为要从任何一个大都会中获得这方面的正确数字，几乎根本不可能，何况伦敦更是世界一个最大的城市。此外，因了英国对于卖淫事业，不像欧洲其他国家那样采取一种严格的统制制度，因此正确的公娼数字根本没有，私娼更不用说了。

据亚钦荷尔兹氏研究，伦敦娼妓的类型，大约有如下数种：最下等者，共同住在一起，有一个老鸨管理，由她供给衣食，她们的行动是不自由的，因此时常有带了衣饰卷逃的事。逃出以后，她开始自己营业，即转入另一种类，若是生意好，她还可以维持生活。若是生意不好，她不得不借债，终于因了欠款而被控入狱。这种娼妓唯一的权利，是她可以选择自己的客人，不像在老鸨管理之下，要接受她的支配。当然，在这两种之中，本身又分为若干等级。最上等的娼妓，她们有自己独立的住宅，至少是在上等住宅区域分租若干房屋。她们的房租往往出得比一般人的高，因此有些规矩人家很乐意分租给她们，而且往往将最好的房间和家具出借。据说，如果没有这些娼妓，伦敦西区住宅区将有几千间房屋被空起来。在人口最密的玛利莱本区，据几年前的统计，共有娼妓一万二千名，其中一千七百名是有独立住宅的。

这些娼妓的来源，据莱安氏在《伦敦的娼妓》一书中所举列，不外是这些人的化身：女裁缝，草帽制造女工，女毛皮匠，缫丝女，刺绣女工，女鞋匠，一般家庭手工业的女工，各种女招待。此外，最好的生力军是初次来到这大城市谋生的乡下姑娘。她们立刻被人家所包围，最初一切似乎全然出于好意的招待与帮助，可是不久就露出了真面目，将她们诱上卖淫的途径。

此外，还有更惨痛的补充者：贫穷人家的女儿。据莱安氏报告，有一个名叫戴维斯的人，有十三个女儿，为生活所迫，他使她们全部做了娼妓。

伦敦娼妓的活动情形，亚钦荷尔兹氏的报告写得颇有趣：

天一黑了之后，这些女子就不分寒暑的充满了各大街和广场。大部份穿的都是租来的衣服，那些鸨妇为了预防损失起见，时常雇了用人跟在这些女子后面。如果单身回来，一无所获，她们便要受虐待而且挨饿。因此她们不得不实行拉人。上等一些的则要等候旁人先向她们开口，有许多住在冷落区域的家庭妇女，因了无人识破她们，也来到这些热闹区域兜揽生意，有的为了金钱，有的为了享乐。最使人惊叹的是，有些八九岁的小女孩也居然置身其间，更使人惊叹的是：居然也有毫无心肝的男子招呼她们。午夜过后，年轻姑娘不见了，六十岁以上的乞丐婆开始在街头出现，她们所守候的是烂醉如泥的醉汉。为了要解决被酒精所煽动的肉欲，这些人一切都不暇选择。

新来的娼妓，如果没有恶势力的庇护，很难在热闹地段获得她的立脚地。为了地盘的攘夺，两个娼妓吵闹时常需要警察来干涉。

盐的风俗和迷信

人类以盐作为调味品，其动机和起源是怎样，人类学者还没有充份的资料可作结论，可能的解释不外是这样：

当人类为了生存竞争，为野兽从森林中所驱逐，开始另觅新居的时候，人类便选择河流水道的附近作家。这样的选择，并不仅是为了饮料关系，而且因为河流是辨别方向的最好的标识。河流从远方的高处便可以看见，一旦见到之后，只要沿岸而行，便可以到达目的地。

这些河流都是近海的沼泽地带，因此饮料和食料不可避免的都搀杂了咸味，于是养成了习惯。这习惯几乎成了本能的嗜好。没有"咸"，便等于没有"味"。

对于生命，盐是必需品。可是近代人所吃的盐的份量似乎过多了一点。吃盐过多的流弊之一便是风湿。

许多人要在食物里面调和多量的盐，然后才可以下咽。没有盐，他们便以为"淡而无味"。他们忘记了他们所习惯的味，只是一种年代悠久的嗜好而已。

在古代意大利，如果将盐给朋友的妻子，便等于是一种侮辱，因为这表示你心想和她发生非常的关系。

罗马天主教所用的圣水，其中有盐的成份。教士先将盐和净水分别加以祝福，然后将盐溶入水中，再将这盐水加以祝福，有些地方直接以海水作圣水。

在十三世纪，盐砖曾被当作货币。半磅重的盐砖约值十分钱。

古埃及人相信盐有挑动热情的功效。摩洛哥人相信，如果有什么重要的任务在身，最好放一撮盐在你的口袋里。如果要在黑暗中穿过几间房间，应该握一把盐在手里。这都是相信盐有驱邪的功效。

将盐落在地上，许多人都认为是恶兆。挪威人相信，你一定将因此流泪，直到这些盐足够被你的眼泪溶解才止。盐也认为是友谊和持久的象征。在食桌上，盐瓶要第一个被放在桌上。动手给旁人的菜里加盐，对于自己是不吉利的。盐被认为是友好持久象征的原因，是因为以盐腌过的食物可以经久不坏。

近东一带也以盐为友好的表示。波斯有一个传说，有一个大盗偷了某王子的许多珍宝，临行时无意踢翻了一缸盐，他的嘴唇尝到了咸味，立刻抛下偷到手的东西走了。

匈牙利人新屋落成之后，一定要在门口洒盐。这样，邪恶便不敢入门。威尔斯人搬家，第一件搬进去的东西是盐。

古印度的迷信很古怪，他们认为盐代表的是善，甜代表的是恶。他们在儿童的糖果中一定要加入一点盐。

在一切游牧流浪民族中，他们都习惯用盐发誓。吉卜赛人是这样，犹太人是这样，亚剌伯人也是这样，这原因是在他们的流浪生活中，最难获得的是盐，因此便以这东西作发誓的见证。

许多地方，在禁食和斋戒期间，不近女色，同时也不许吃盐。某一些未开化民族的少女，在第一次月经来潮时，要独居一屋，只许淡食，禁止吃盐。

盐掉在地下是不吉利的。为了破除这不吉，你该将它们拾起来从左肩向后抛去。为什么要从左肩向后抛呢，这是因为西洋人相信天使站在我们的右边，魔鬼站在我们的左边，将盐从左肩向后抛去，便可以迷了魔鬼的眼睛。

□□□的某些地方，在婴孩初生时，要在他的四周洒一圈盐，藉以抵抗魔鬼，因为他们相传魔鬼在作恶之前，必定要将盐逐粒数一遍，而一圈盐是数不尽的。

迷信也包含幽默。一般西洋人都相信如果在鸟的尾巴上撒几粒盐，你便可以容易捉到它——一个人如果真的相信这迷信，在他的手已经可以触到鸟的尾巴的时候，并不先去捉它，而只是去撒一点盐，这人才是天下第一号的蠢才。

黑白的性纠纷

自从欧洲白种人开始侵略非洲以后，有一个严重问题时常苦恼着这一些殖民地政治家，可是他们又没有勇气敢加以正面研究，这便是白种人与当地黑种土人所发生的性关系。这不仅牵涉道德或尊严问题，而且还牵涉着健康，安全，乃至种族的血统问题。殖民地政治家没有勇气敢触到这些问题，只好装做没有这回事。

可是，事实终是事实。为了好奇心，为了性的满足，为了无可压制的诱惑，不仅白种男子追求黑种女人，甚至白种女人也追求黑种男子！

当然，在非洲的殖民地，尤其是英属殖民地，白人有一个黑姘妇是家常便饭，可是欧洲女子敢于私姘黑人的却是极少数。这里面有种种原因。其一是这里面所包含的危险性太大，黑种男仆和他的欧籍主妇双方都不敢尝试。同时，丈夫监视得又十分严密，而且被允许到非洲这类殖民地去的欧洲女人根本就不多。这是非洲殖民地的白种男子所常说的话："凡是敢同白种女子发生性关系的，一律杀无赦！"他们用这手段恐吓他们的"情敌"，同时也警告他们的太太。可是他们对于自己和黑女人的关系却略而不提。

同样，在殖民地的欧洲女子，对于当地黑种女子的嫉妒，比她们的丈夫对待黑种男子更甚。这种嫉妒和恨恶，并不是由于种族或阶级的偏见，而纯然是基于性的动机，是一种你死我活的斗争。因为欧洲女子知道这些黑种女子是她可怕的劲敌。她们最初以为只有她们能给欧洲男子，能给自己的丈夫以安慰和愉快，现在竟发现这些"污秽，臭恶，丑鄙的婆娘"也能以同样的东西给她们的丈夫，这叫她们怎么不愤怒而嫉妒呢？

据《非洲土人性生活》的著者德国白莱卡氏说，关于黑白人种的性纠纷，其结局时常酿成悲剧。他记载了许多事实为证。

一个英国人有一个黑姘妇。某日，这个英国人的妻子忽然到附近某友人家去小住，准备勾留数日。对于丈夫，这当然是一个绝好的机会，他绝想不到这是妻子故意做成的圈套。他立刻将黑姘妇带到自己的家里，同时自己放怀畅饮，喝得酩酊大醉（据白莱卡氏说，欧洲人大都在喝醉酒之后，才有勇气敢同黑种女人发生性关系）。夜间，妻子悄悄的回来了，她从窗外看见自己丈夫和那个黑种姘妇不堪入目的丑态。盛怒之下，她一枪将那个姘妇打死，随即指挥仆人将尸首抬去埋了。沉醉的丈夫竟一事不知，次日一觉醒来，床上不见了姘妇，枕畔却多了一封信，是他妻子写的，说她决意和他离婚，决无挽回余地。丈夫一声不响，问明了姘妇尸首埋葬的地点，走到墓傍用枪自杀。家中的仆人怕牵连，大家一哄而散，一切均不了了之。

白种女人私通黑种男子虽不常有，但白莱卡氏却举了一个极有趣的例：

某英籍少妇，看中了丈夫所雇的青年黑人，她以极巧妙的方法达到了自己的目的。某日，乘丈夫外出时，她借了学习土语为名，将那个年轻黑人叫到自己的房里。她先问他，土语的"头"怎样说，接着又问，眼，嘴，耳，乳怎样说，一直往下问去，问到了性器官。然后她又指着他的，问他怎样说。学得了这两个名词之后，她便向他说："我的这个要你的那个。"

后来这少妇又私通另一个黑人，为第一个年轻黑人所觉，便乘他们幽会之际，用刀将两人杀死，丈夫回来时，床上横着两个尸首，一黑一白。黑的是家中的仆人，白的是自己的妻子。

黑白的私情纠纷，结果时常都是这样的不幸。也许正因了这原因，殖民地当局更故意抹煞不提了。

哈顿多特裙

　　哈顿多特裙这名词有两种不同的解释。一种是服装上的，一种是病理学上的。

　　哈顿多特本是南非洲的一种未开化民族，他们的衣服，尤其是女子的，只是一条七八寸阔，垂在胯间的布片，这便是所谓著名的哈顿多特裙。据《人类婚姻史》的著者芬兰魏斯特玛耳克氏说，哈顿多特女人，对于这一条从腰际悬到胯间的布片，要花费极大的心机去装饰。他引用约翰巴洛氏的话："女人们似乎要用极大的苦心去吸引人们对于她们这一部份的注意。大的金属钮扣，形状古怪的贝壳，以及任何足以吸引人的东西，都被缀在这种裙上"（见巴洛氏所著《北非洲内部旅行见闻记》第一卷一五五页）。

除了这种裙子以外，哈顿多特种族的女人在生理上又有一种特异之处。这种生理上的异状，医学家便名之曰哈顿多特裙。

哈顿多特裙，有些是生理的，有些则是病理的。

据德国克希教授在他的名著《妇人性生活》中说，在一般的生理状态上，女性的生殖器官，大阴唇是隐蔽着小阴唇的，但有些时候，由于种族上的特征，后者会特别扩大而且伸出在外，这种现象以哈顿多特的女人最为普遍，伸出有相当的长度，因此便产生了医学上的所谓"哈顿多特裙"这名称。据说非洲有些种族的女人长到可怕的程度，必须要施行割除手术。

至于病理学上的"哈顿多特裙"症，据奥图氏研究，一共有三种不同的类别：一种是小阴唇肥大症，一种是大阴唇扩张症，一种则是会阴部份发生一种肉瘤，像门帘一样的垂下。除了哈顿多特种族以外，据说土耳其以及波斯的女性也很普遍的有这现象。因了这种生理上的局部肥大症足以妨碍生殖，有些种族便产生一种风俗，对于女子也要施行割礼，将这些发育异常的部份加以割除。

关于这古怪的风俗，费利安氏曾说："十六世纪，葡萄牙派遣到阿比西尼亚的耶稣会传教师，曾经努力要废除这种女子割礼风俗，这在当地认为是回教的一种遗俗；不过，未受割礼的处女，怎样也没有人肯娶，由于她们生理上某一种特异的不方便。教皇特派外科御医前往，调查这事真相，而他们考察报告的结论，竟被承认这种割除手续是必需的。"

戴卫斯氏报告，据苏尼尼氏在下埃及对于当地女子所作的考察，她们的这部份松弛下垂，是一大片平扁的肉，惊人的长而且厚，全然掩蔽了腔口。他相信流传于古代埃及的女子割礼，其目的在割除这扩大症的异物。

病理上的哈顿多特裙症能妨碍生殖，生理上的哈顿多特裙曾也影响女子的性机能发展，使她们不易获得满足，因而流入性欲变态的途径。非洲的黑种人，以游牧为生的种族是奉行女子割礼的，但班图族则否。这种悬挂着哈顿多特裙的班图族女子，她们比游牧民族放荡得多。按照非洲黑人的社会风俗，未婚的〔女〕子是一切自由的，但婚后则须受丈夫的管束。班图族妇人性生活的放诞，使得没有一个丈夫敢信任自己的妻子。对于年轻的妻子或新娘，丈夫甚至要雇用一个小孩终日跟随着她们，加以监视，将她们一切谈话作一个报告。这种放诞的原因便是由于哈顿多特裙作怪。

南地族黑种人对于女子割礼奉行最认真，《非洲土人性生活》的著者白莱卡氏，曾将这事询问当地的一个土人村长，他的回答是这样：

"我们是高贵的南地族，我们不愿我们的女人有这样的家伙在她前面挂着。"

说着，用了鄙夷的表情，他将他的小指做了一个姿势。哈顿多特裙的割除，不仅是与道德和健康有关，有时甚至是基于爱美的动机。

丈母与女婿的禁忌

野蛮社会所流行的各种古怪风俗，其中最使我们觉得有趣的，无过于丈母与女婿之间的种种禁忌。本来，野蛮社会关于婚姻方面的禁忌很多，但最普遍而最使我们不解的，乃是女婿与丈母之间的那种严厉的禁忌。

这风俗的一般现象是这样：凡是男子与某一个女子订婚或结婚之后，对于她的母亲即开始一种禁忌，彼此不能一起进食，不能同住一屋，甚至彼此不许说话，不许见面。有的待生了小孩之后，丈母与女婿之间的这种禁忌即告消灭，有些地方则要终身维持。

对于丈母，有些地方视作仇敌，有些地方又当作神圣。刚果人对于丈母大都没有好感。他们有一句成语："我的丈母向我发怒，可是我并不怕她。我们并不一同吃饭。"非洲祖鲁人则将丈母当作神，用丈母的名义赌咒。

丈母的禁忌大都于男女订婚之后即开始。这风俗最流行的地点是澳洲。据寇尔氏说，男子订婚或结婚之后，对于妻子的母亲即互相避而不见。如果丈母不得不在女婿所在的地点百码之内经过，她一定要用身上的衣服将脸遮住。非绝对必要时，他们彼此从不交谈。就是要说话，他们也用第三人称，避免直接用"你我"，甚或请一位第三者从中传话。澳洲的维多利亚区土人，丈母终身不许与女婿见面，不许谈话。他也不许提起她的名字。

有些地方，女婿不得提起，见到或与丈母同进食。丈母在路上无意撞见女婿，她不能同他说话，她要用她仅有的衣服将自己的头部和乳房遮起。如果她无法回避，而身上又无衣服，她便用一片草叶顶在头上，表示已经回避。让一个男子见到他妻子曾经吮吸过的乳房，在他们认为是最亵渎的事。

在英属哥伦比亚，女婿与丈母互相见面，被认为是犯法的事。他们相信，如果女婿被丈母看见，女婿便要发狂。班雅人在丈母面前，要缩脚而坐，不许伸脚对着丈母。荷属东印度的西里伯中部，丈母不得与女婿私下说话。

班代族风俗，男女订婚之后即不能在一起进食，直到结婚的筵席上才可以共同进食，可是对于与丈母一同进食，却始终是违法的。这风俗同样的在许多种族中流行。

在荷属东印度的摩陆迦群岛，女婿不可接近丈母。彼此不得提起对方的名字。他只单纯的称她为母亲。他们互相竭力回避。必要时，也只可相隔远远的说话。

当然，在有些地方，这风俗也适用在妻子方面，妻子对于丈夫的父母，或是女婿对于丈人，有时也有种种禁忌，但决不像女婿与丈母之间的禁忌这样普遍。

丈母与女婿之间，为什么会有这种禁忌存在呢？而且这风俗为什么会这样流行于野蛮社会呢？对于这问题，民俗学家有三派不同的解释，第一种认为这禁忌正与初民社会的其他禁忌（塔布）一样，与性的问题有关。乃是为了防止不合法的性关系，换句话说，乃是为了避免乱伦事件。他们这样的重视这问题，乃是因为他们相信一切乱伦事件都要使整个种族遭遇不幸。第二种解释，认为这风俗乃是掠夺婚姻的残留物。在真正的掠夺婚姻时代，丈夫与妻子的家属是仇敌，后来婚姻方式改

变了，于是女婿与丈母这种仇视观念也就成为一种礼节。第三
种解释，则认为这风俗由于母性中心社会，对于女儿所结识的
这陌生男子，开始并不承认其为母系家属的一员，故拒绝一切
往来，直到他为女儿养了孩子才承认。

中国也有"丈母看女婿，越看越有趣"的谚语。这"有
趣"，虽是为了女儿打算，但也难免有某种野心存在其间，如
广东俗语所谓"掘芋头"者。所幸我们并不曾因此而发生了上
述的那些古怪的禁忌。

婆罗门房中书

属于达罗毗荼系统的印度文化，不愧为亚洲最古的文化泉源之一，就是关于男女养生的房中著作，梵文典籍中流传至今的，其在理论，风趣，品格方面，也差不多达到了最高点，都是第一流的作品。

迦摩天，义译为欲，是司理男女之欲的大神，婆罗门所诵读的房中书，实际上都是迦摩的经典。相传为伐塞耶耶拉所撰的《迦摩经》，就是其中最著名的一部。

《迦摩经》的著者和著作年代都不详，是韵文体，共有一千二百五十节，共分七卷，每一卷分为若干章若干节，一共有七卷，三十六章，六十四节。

　　第一卷可说是全书的概论，共分五章。第一章介绍全书。第二章论人世的三大欲望，德性，财富和色欲。第三章是关于六十四种不同的艺术研究。第四章论家庭的陈设布置，日常燕居的享受等等。第五章分析妇女的种类，论何者适合于何种职业的男子。

　　第二卷为性爱技术的研究，共分十章。第一章论身材，欲望，年龄不同的男女，应如何作适当的配偶。第二章论拥抱，第三章论接吻。第四章论以指甲掐人的种种艺术。第五章论咬人的艺术。第六章论各种不同的男女交欢方式。第七章论打情骂俏的艺术。第八章论女子执行男子职务。第九章论品箫。第十章论如何开始和如何善后。

　　第三卷是关于娶妻问题的，共分五章。第一章泛论订婚和结婚。第二章论怎样取得女性欢心。第三章论求爱术，如何用动作和姿势来表示自己的情感。第四章论男女双方应怎样去把握对方。第五章论各种性质不同的婚姻。

　　第四卷是关于妻子的，分两章。第一章论一位贤良妻子的态度，以及丈夫不在家时所应取的生活方式。第二章论大老婆对待小老婆，以及小老婆对待大老婆的态度，又讨论青年守寡的再醮问题，不为丈夫所钟爱的妻子，帝王的三宫六院，以及有一个以上妻子的丈夫等。

第五卷论对于别人妻子的态度，共分六章。第一章论男子与女子的特性，女子为何有时假装正经，又论某种最易取得女子欢心的男子，以及最易得手的女子。第二章论怎样结识女子，如何取得她们的信任。第三章论妇女心理。第四章论媒人和拉马。第五章论有权势者调戏良家妇女。第六章论宫闱妇女的私情以及怎样防守自己的妻子。

第六卷是关于妓女的，分六章。第一章论男子眷恋妓女的原因，妓女拢络男子的技术，以及妓女所欲拢络的男子的种类。第二章论妓女从良者。第三章论敲竹杠的方法，嫖客厌倦的表示，以及怎样摆脱他们。第四章论重拾旧欢。第五章论各种不同的挣钱的方法。第六章论妓女与嫖客双方的得失，以及妓女的种类。

第七卷，也就是全书的最末一卷，是关于如何吸引对方的，共分两章。第一章论个人的修饰化装等等，吸引异性注意的方法。第二章论各种强壮剂和兴奋剂，并列举了许多实验和药方。

关于这部神妙的经典作者伐塞耶耶拉，有许多不同的传说，有的说并无其人，全然是一种假托，有的说原作者是马尼拉迦，伐塞耶耶拉不过是一个笔名。至于本书的著作时代，也有种种不同的说法，根据后人引用本书文句的时代来判断，这书大约著于纪元一世纪至六世纪之间。

伐塞耶耶拉将男子分为三种，第一种兔人，第二种牛人，第三种马人，他又将女子分为三种，第一种鹿女，第二种马女，第三种象女。他说，根据这样的分类，男女共有九种可能的配偶，其中三种为旗鼓相当者，六种为不适合者。如兔与鹿为适合，兔与象偶则不适合，象女必须配以马男，否则阳盛阴衰，或阴盛阳衰，双方都要遭致不幸。

衣服与裸体

人类发明衣服的动机，其说虽然不一，但有一点却是确定的：决不是为了羞耻心和礼貌，尤其不是为了要遮掩性器官。

人类发明衣服，一小部份是为了实用，保护身体；一大部份全然为了装饰。

自从穿衣服深深的成为社会习惯之后，公然不穿衣服便开始被认为是最野蛮，违反风俗，甚至是最不道德的举动了。在这方面，仅有的例外便是运用于某一种宗教仪式中的裸体，如求雨或禁压之类。除这以外，艺术上的裸体以及健康运动的裸体，都不时要引起与社会道德习俗，甚至法律的冲突。

求雨之类的迷信风俗中杂入裸体的原因，乃是因为人类相信自然界的某一种突然的变动，可以用人类的某一种突然变动来加以感应。穿衣服是正常的，脱光了衣服当然是反常的，因此，当天旱不雨的时候，人们如果脱光了衣服立在太阳下，天气就可以发生变化了——这就是中国求雨要用裸体男女的原因。这风俗，在世界其他各地也同样流行。

罗马尼亚某地风俗，天旱不雨，便用一群少女脱光了衣服祈祷。在印度，这风俗也是一样的。为了求雨，男子在夜间都赤裸了身体坐到屋顶上，同时口中还要尽量的说些猥亵话。非洲也是这样。

除了裸体以外，口中还要说猥亵话的原因，乃是因为猥亵言语和不穿衣服一样，都是违反正当生活习惯的表示。

在穿衣服已经成为风俗的社会中，不穿衣服不仅违反风俗，而且甚至犯罪。许多国家的法律都禁止公然裸体，尤其是性器官的暴露。罗马天主教的严厉的教律，甚至禁止一个人看到自己的裸体。

和这一切相反的成了有趣对照的，乃是野蛮人对于衣服和裸体的观念。约翰斯顿在《东赤道非洲的民族》中说：

男女两性绝少礼教观念，男子更以为光着身体毫不足怪。他们有时要穿衣服的原因，若不是为了装饰，便是为了早晚之间的气候的变化。

他又说：

> 他们从不知道什么是不雅观，因为他们根本不知道什么是雅观。他们裸着身体往来，只有在感到寒冷，或是需要修饰的时候，才将兽皮披到肩上。

若说他们没有羞耻观念，这是错误的，只是他们认为羞耻观念无须以性器官为中心而已。据一位非洲的旅行家说，他曾在路上遇见一对一丝不挂的夫妇，只是女的鼻孔上有一个装饰的鼻塞。他们对他毫不避让，可是当这位旅行家要求女的将那鼻塞除下来给他看看，她却立时害羞得满脸通红了。和这成为有趣的对照的，是英国维多利亚时代某一位贵族太太的自述，她自矜她的贞洁，她说，她虽然和她的丈夫养了八个孩子，可是她从不曾让他见过她的乳房！

衣服与裸体，文明与野蛮，分析起来，所包含的便是这些有趣的矛盾。更有趣的是，以遮盖为目的的现代文明人的衣服，尤其在女性方面，一切设计中心显然不在遮盖，而恰在怎样暴露或暗示所遮盖的部份而已。

千 古 奇 闻

　　相传在古代法国某处教堂的墓地里，有这样一块古怪墓碑，碑上的文字是：

　　　　这里埋的是女儿，这里埋的是父亲；

　　　　这里埋的是妹妹，这里埋的是哥哥；

　　　　这里埋的是妻子与丈夫，

　　　　可是这里一共只有两人。

　　父女，兄妹，夫妻，这三种关系是无法同时存在的，可是这两个墓中人竟同时保持了这三种不同的关系。关于这一段奇闻，相传是事实，在中世纪的欧洲流传颇广，许多作家都曾经采用这故事作为小说戏剧诗歌的题材。著名的娜伐里皇后的《七日谈》里就曾述及，作为第三天的末一个故事，这奇闻的情节是这样：

路易十二时代，法国郎格多克省某地，有一位富家少妇，青年守寡，膝下只有一子。少妇秉性贞洁，立志守节抚孤，决不再嫁。为了避免城市尘嚣，特地迁居到乡间，请了一位年高德重的博学之士教诲她的孩子，自己则除了到教堂祈祷之外，足不出门一步，并且避免与任何人往来。

时间过得快，孩子已经十四五岁，长大成人，情窦初开，忽然爱上了服侍母亲的婢女。这是母亲唯一的陪伴，十分美貌，青年终日向她兜搭，婢女不堪其扰，便暗中告诉主母，主母不相信，反责婢女引诱她的孩子，婢女否认，并说青年曾屡次向她求欢，为了证实婢女是否说谎起见，主母命婢女某晚姑允青年的要求，约时幽会，然后暗中避开，由她自己来观察青年是否真的如此。

是晚，青年如约来婢女处幽会，守寡多年的母亲假扮婢女睡在床上，于梦寐中一时糊涂，忘其所以，青年也绝不知道李代桃僵。事后，母亲见已铸成大错，痛悔万分，于次日清晨即藉口孩子已经长大，命教师带了他往外省游学，学未成不许返家。

　　错中更有大错者，母亲竟因此受孕，十月瓜熟蒂落，生一女孩，她暗中将她寄养在远房堂兄处。这其间，儿子屡次请求返家省母，母亲始终不允。最后，隔了多年，母亲吩咐儿子，如欲返家，必须在外间结婚成家后始可回来。得了这命令的儿子，立时托人四出作媒。这时，寄养在堂兄家的女孩已十三岁，而且作了某贵族的义女。由于偶然的机会，青年见了女孩，互相倾爱，男才女貌，不久便结了婚。

　　结了婚的儿子，高兴的带了新妇回家来省亲。母亲询问新妇的家世，才知道儿子竟又铸了更大的错。她不堪内心痛苦，便将先后经过情形向主教忏悔（她从不曾向任何人说过），请求挽救。主教说，两个孩子是天真的，他们的行为可说并没有犯罪。你如向他们说破，世上便又多了两个罪人。于是母亲便忍痛终身，始终不曾向他们说明彼此的关系。

动物的同性恋

动物方面，凡是家畜或是野生动物被捕获之后，一旦没有异性，便时常要发生同性恋的倾向。这现象，古代著作中已经有人提及。埃及人就将两只雄鹧鸪作为同性恋的象征。亚里斯多德也曾提及，两只雌鸽在一处，如果没有雄鸽在场，她们就要发生同性恋爱的把戏。

动物的同性恋，在鸟类中特别显著。凡是鹧鸪，鸽子，以及其他家禽等，不论雌雄，凡是一群关在一起而没有异性时，同性的很快就彼此发生性关系，雄性比雌性更容易。

最近，有一位动物研究家报告，凡是犬类，公羊，公牛等，没有雌性而独处一起时，它们时常先是咆哮不安，野性勃发，接着便违反春情发动的季节限制，发生性欲亢进的现象，然后互相发生同性恋。可是一有雌性出现，它们这些反常的现象便立刻丧失。里斯本的动物研究家彭巴尔达氏也报告，在葡萄牙，差不多谁都知道，在一群公牛之中，至少有一条公牛惯于被同群的公牛当作母牛。同时，一群母牛在春情发动期，也很容易引诱其他的母牛来试行公牛的职务。这情形，据拉加沙里氏说，在家禽以及乳犬之间也时常可以见到。尤其是初长成的小犬，在还没有获得实际的性生活经验之前，它便会先天的在同性小犬的身上试着这把戏。

这类动物的同性恋倾向，有一点不可误会者，即是他们这倾向决不是性欲倒错症，而只是偶然的反常。一旦有了异性作对手，它们的同性恋倾向便消失了。

白鼠（中国惯称作洋老鼠）是一种性欲很强的小动物，据德国史坦拉哈氏研究的结果，这小动物一旦没有异性作对手时，雄鼠便立刻和它相熟的雄鼠相配，而被当作异性的总是那比较懦弱的一个。

有些高等动物，如猿猴之类，它们同性之间时常有过于亲昵的举动，尤其是雌猴。有些人说这类举动只是游戏或模仿的，但其动机是否全然出于游戏或模仿，则很难确定。德国弗郎克福动物园的主持者塞兹博士，曾对于园中豢养的各种动物的同性恋关系，作过详细的研究。他的结论是：这些倾向，都是由于正常对手之缺乏，于是发生了暂时的变态倾向。动物的同性恋现象虽然很普通，可是很少是属于真正性欲倒错症的。

动物有真正变态性欲倾向者，据诸家研究的结果，似乎只有鸽子一种，莫西奥里氏说，比利时种的传书鸽，有异性在场时，两只同性的鸽子也会交尾，一位著名的养鸽家玛特里也说，鸽子从幼小时就要同性恋，雌鸽比雄鸽更甚。有时，一对由同性所组成的鸽子，双飞同栖在一起，经过数月的时间不变。为了繁殖起见，有时甚至不得不强迫的将它们拆开，将它们分别的和一只异性的关在一起。

民 族 神 话

　　神话与传说，不仅与地理环境及宗教信仰生活习惯有关，有时更与民族起源的史迹有关。每一个民族差不多都有关于自己民族起源的神话和传说，尤其是关于创始者的历史，那种半人半神，或全然具有神性的创始者，他的诞生，时常本身就是神话。若不是从天而降，便是从某一种动物的关系感应而生，关于各民族的始祖神话，差不多照例都是这样。这类传说，与其用科学知识来加以驳斥或证明，不如用欣赏文艺作品的眼光去加以接受。现代人类学派的民俗学家，对于这类神话已开始作一种很科学的比较归纳工作。中国上代这类古怪的传说也很多，这里随手抄录几则示例：

关于以天象动物等感应而受孕者：太昊母华胥，履巨人迹，意有所动，青虹绕之，遂因而孕。黄帝母附宝，见大电光绕北斗枢星，照于郊里，感之而孕。少昊母女节，见大星如虹，下流华渚，感之而孕。颛顼母女枢，见瑶光贯月，感之而孕。帝喾次妃庆都，威［感］赤龙之精，孕尧。帝喾元妃姜原，出野见巨人迹，心欣然悦而践之，身动如孕，期而生稷。帝喾三妃简狄，祈于高谋，见玄鸟坠卵，吞之孕契。瞽叟妻握登，感大虹而孕舜，一说感枢星之精而孕。禹母修己，一曰女狄，山行见流星贯昴，意感栗然，又于石纽山下泉中得月精如鸡子，爱而吞之遂孕。汤母扶都，感白气贯月而生。老聃母婴敷，见日精下落如流星，飞入口中而孕。周昭王夫人观白虹而有娠，生子两手握拳不开，昭王噀之即开，左手有文曰公，右手有文曰羽，遂赐姓翁氏，食采翁山。

从上面所抄录的看来，中国三代以上的圣人，其出生都{沾}染了神话色彩。再其次，除了这类"感应而孕"之外，分娩日期也成了神话，如伏羲母孕十二年生，黄帝母孕二十四月生，尧契禹及汉昭帝之母皆孕十四月生。关于老子的出生，有的说他母亲怀孕十年乃生，又说八十一年而生。

在中国古代史书上，汉族以外的异族，也有这类传说被记载着：

《魏书》：鲜卑兵投鹿侯，从匈奴三年，其妻在家有子，怪而杀之，妻言尝行仰天视雨雹，入口吞之而生子，号檀石槐，后遂为鲜卑大人。

《宋书》：百济国出自索离国，其王出行，其侍儿于后妊娠，王还欲杀之，侍儿曰，前见天上有气，如大鸡子来降，感故有孕王舍之，后生男，王置之豕牢，豕以口气嘘之，不死，后徙〔徙〕于马阑，亦如之，王以为神，命养之，名曰东明，及长善射，王恶而欲杀之，东明乃奔走，南至淹滞水，以弓击水，鱼鳖皆为桥，乘之得渡，至扶余而生焉。

这是极典型的民族开国神话。所谓百济扶余，都是今日朝鲜一带的地方。

《隋书》：突厥之先，国于西海之上，为邻国所灭，只留一小儿，与狼牝交，有孕，儿复被杀，狼逃至高昌之西北，后生十男，其一姓阿史那氏，最贤，遂为君长。

关于国内各小民族的，如《琼州志》载，建安县南四百里五指山，一名黎母生，一云婺女星见此山，因名黎，旧传雷摄一卵在山中，生一女，岁久有交趾蛮过海采香者，因与成婚，子孙甚众，是为黎母，乃黎人之祖也。又相传中国古代商［高］辛氏之世，募人伐犬戎，有犬名槃瓠者，衔犬戎之头至，遂妻以女，生六男六女，这就是南蛮各民族的祖先。

满洲入主中国之时，修整国史，为了增加光荣起见，甚至杜撰天女降生的传说来装点门面，累得后人为他花费了许多时间去考证。

大脚仙及其他

　　《虫鸣漫录》二卷，清末署名采蘅子者所作，所记多关于白门里闾琐事，偶尔也夹入一些俚闻传说，读之颇足消闲，是很适合的《书淫艳异录》的资料，信手抄录一些如下。原作并没有题目，小题都是我加上去的。

大　脚　仙

　　金陵尚大足女仆，名曰大脚仙，皮色洁白，面目姣好者甚多，尤善梳掠，发光可鉴。衣服虽布素，亦颇楚楚，足不甚长而狭，履浅而尖，作鹦嘴式，俗名划船样。行态波俏，如风摆柳，大可动人。富家房中，多置此辈，中产人年老失偶，不便续娶纳妾者亦用之，昼则服役，夜则荐枕，甚便，而价亦不昂，年少貌美者，月不过三千，称为门槛里。

贼偷缎

有佣工业缎者，携缎二端，日暮不及归肆，宿于家，恐室浅被窃，夫妇各枕一端面寝。贼伏屋窃听，知其谋，夜半潜入室，夫妇皆熟寝。贼先探手己怀，俟温，纳入被中，弄其阳令举，夫以为妇也，任之。贼又抚其妇，悄语曰，尔来。妇以为夫欲欢也，起就之，贼遂取一端。欢次，妇问夫何忽欲此，夫曰，尔弄之久矣，何复云为？妇答顷实睡熟，未涉手，互相疑，同起探之，贼乘间，又窃一缎而去，夫妇遍床觅缎俱失，乃知俱为贼绐，亟呼邻，则已去矣。

采茶女

义宁州产茶，每年正二月，新芽萌生，必争先摘取，惧其久而叶大也。山各有主，雇客作采撷。近村妇女，皆脂涂粉抹，窄袖红衫，加以半臂，系犊裤，绿短裤，赤双趺，背巨篮入山，以拾茶为名，薄暮方归，则巨篮满储，鬓乱钗横矣。家中亦不问茶所由来，相喻于不言之表，殊可笑也。迨贩茶入行，各路茶商云集，又须女工检取，去其粗梗，则有城中妇女，侵晓自至茶行检择，不待唤也。及暮而归，计其佣值，有百余文，有数千文者，其所从来，又有不堪问者矣。

赌　徒

有赴博场赌博者，钱将尽，人憎之，则曰，我床下尚有七百文，无虑也，旋即转败为胜。同赌者某，闻其语，潜至其家，遽登床，妇意夫归也，问曰尔来耶，某答以唯唯，拥妇欢合，复起携钱而出，妇又曰，尔复后赌耶，某复唯唯而去。少顷，其夫赌败归，取钱不获，唤妇醒问之，妇诧曰，尔已携去。夫以未归，疑妇误认，妇且以为欢证之，方知为人所绐。然博场人众，无可物色，夫妇互相诟谇，人乃知其事。

某　大　姓

中州某大姓，有少仆，无故自辞而出，人疑以佣值薄，或主严厉，询之，仆曰，值不薄，每月三十余贯，主人性极慈，无呵责，予之出，盖以差难当耳。诘以何差，则曰，每夕有媪唤入内室，见帐垂而人横卧于中，下半体裸露于外，令伊淫之，夕二三处不定，审其体，老少俱有，亦颇有所赠，然不能见其面，夕夕如是，实难支持，不得已而辞出耳。

风　流　椅

显宦某喜淫，置一椅于园中，暗设机括，婢妇有不从者，携入椅中，则手足勾絷，任其轻薄。一日，太夫人至园中，游倦，见椅坐而小憩，不觉身仰足张，两手如絷。悟而大怒，立命毁之，呼某至深责焉。

天　生　子

新昌等邑，有谓天生子者，乃丑陋婢女，不为择配，过摽梅之年，听其桑濮求偶，得子则育之，生女或与人为养媳，或仍留为婢，名曰天生，以其无父也。

俚闻杂抄

窥人夫妇

有相约暗窥人夫妇居室者，苦窗高难及，迭立肩上而俟焉。其一人喉痒微咳，室内人闻之大怒，持刀而出，下伏者忘却肩上有人，狂奔而逃。居上者，不疑其骤去，失足跌阶上，脑裂而毙。持刀人出至窗外，一见大骇，弃刀而逃，潜往邻省。其妇候至天明，不见夫归，而逻者见尸，已报官来验矣。拘妇穷治无迹，不能成谳。迟之又久，下伏而逃者乃稍稍言之。

花　邪　疯

有人寓一客店，店主妇年将六旬，忽发狂，裸体欲出市觅男子，店中有少年伙伴三人，见之亟拥妇入室。窃窥之，则次第据而合焉。良久事毕，妇整衣而出，指挥店事，安靖如故。诧甚，后闻人言，此妇患花邪疯，每发病，必多人与合乃愈。妇微有资，三少年伙伴乃蓄已待其发病者。如无健男及时医治，则入市乱走拉人，丑态百出矣。

京　师　幼　伶

京师幼伶，每曲部俱十余人，习戏不过二三折，务求其精，杂以诙谐，故名噪甚易。至眉目姣好，皮色洁白，则别有术焉。盖幼童皆买自他方，而苏杭皖浙为最。择五官端正者，令其学语学步学视，各尽其妙，晨兴以淡肉汁洗面，饮以蛋清汤，肴馔亦极浓粹，夜则药敷遍体，惟留手足不涂，云泄火毒。三四月后，婉娈如好女。回眸一顾，百媚横生，虽柳下惠亦不免消魂矣。

缝 纫 妇

有官船泊某处，见岸上卧一裸妇人，状若死，衣裤及针线篮置于旁，不类遇盗者，疑而往观，按其腹甚坚，下有流精，知为轮奸气闭者，令船夫觅旧草鞋焚之，伏妇身，使其下部就烟熏之，返舟遥视。良久，妇自起着衣携篮而去。复往视之，地渍精斗余。后访知妇以缝纫登粮船，船人见其轻佻，挑之，妇故倚门者，乐就焉。于是合舟水手四十余人，先后与之欢，事后见其奄奄欲毙，遂委之于岸扬帆而去。此官久历仕途，有检验经验，故能以秘方救之也。

七 岁 祖

宁都曾姓，大族也，其先曾有所谓七岁祖者，其事甚怪异。先是国初时，抚建两郡大饥，曾氏遂自南丰迁宁都，家资颇富，而止一子，年七龄，由一婢照料。婢已十八九，欲念甚炽，苦无所泄，乃日弄子阴，而调以亵辞，久之，渐导以人事，子知识略开，婢抱子于怀，而教以人道，苦无所成。一夕，婢忽觉下部有热气直冲入腹，稍为畅适，则子已气脱伏死于身矣。婢大号，父母趋视，婢言子暴亡，哀痛而已。数月后，婢腹渐高，主母以家法素严，三尺童不得入中门，焉有他故，疑而诘之，泣诉其故，疑信参半。十月足举一男，貌酷肖亡子，主人乃释然，婢遂终身不嫁，抚孤成立，主人后无他子，赖此孙以延宗祀，且成望族，此七岁祖遂为人所称道。

炙　表　嫂

有依表兄嫂同居者，室三楹，虚其中，对室居焉。三人皆略知医。一夜漏将阑，嫂忽大呼表弟，弟至中室，候启门，嫂以兄危急，不能离身，离恐无救，嘱速取艾由窗入。弟悟表兄必脱阳，稔知艾炙可治，乃取艾破窗而入。然尚交股，未便启衾，仓卒间遂剪被寸许成孔，欲以艾炙兄之尾闾骨，不意在上者竟为嫂而非兄，艾炙其臀，一惊呼而火气传入兄阳道中，兄亦顿苏，嫂则羞不可仰矣。

无　赖　子

　　有无赖子约荡妇就冷落门屋野合，某乙遇之，欲呼人共执，无赖曰，无为，执则与尔无益，不如任尔一乐，乙从之，妇亦允焉。甫交股，无赖坐乙背上大呼，街邻惊集，以男女无耻有伤风化，遂缚而送官，而无赖反长扬而去。

沙 芙 主 义

沙芙主义，得名于古希腊女诗人沙芙。沙芙生于西历纪元前六百年左右，居爱琴海的利斯波岛。沙芙才貌双全，时名尤藉，几与荷马齐名，柏拉图甚至称赞她为九位女神之外的第十位女神。相传她的女弟子很多，起居在一起，行动很亲昵，因此关于她的恋爱生活有很多古怪的传说，说她拒绝男子的爱，而与女弟子们享受一种变态的恋爱生活。沙芙后来跳海自杀，作品佚散，流传至今的仅有断章零句数篇，而且还是从他人著作中转录出来的。由于好事家的附会传说，沙芙的私生活遂成了一个谜。凡是女子有同性恋倾向的，今人都称之为沙芙主义者。

因为沙芙是住在利斯波岛的，因此沙芙主义也被称为利斯波主义，一般又称之为"特利巴达主义"，都是女子同性恋的别名。

有一种女子，一面喜爱男子，一面又与同性者过着很亲昵的生活，这种女子还不能称为真正的同性恋爱者。严格的说，真正的"沙芙主义者"，是厌恶男子，尤其厌恶与男性同居，而与同性过着一种不可告人的俨然夫妇生活。这种有强烈的变态性生活倾向的女子，才是典型的沙芙主义者。

《女子性生活》的著者克希说：

> 一切这种同性恋倾向的女性，在性生活方面都具有一种反常的特征，不喜爱接近男子，宁可接近女子。在这种事件上，她们的性器官发育都是十分正常的。不过，这种女子有时也会有男子型的。

历史上有名的同性恋倾向的女子，除了沙芙以外，最著名的该是埃及皇后赫斯乞普苏。她被称为"历史上第一个伟大的女性"。个性强盛，她留在纪念碑上的雕像多是男装，有的甚至戴上假须。德国著名性学权威者赫希非尔德氏，对于她曾有详细研究。此外，俄国女王凯撒琳，瑞典女王克丽丝丁娜，以及女权提倡者布拉伐斯基夫人，都是在私生活上有同性恋嫌疑的赫赫有名的女性。至于著名的女优，以妖媚著名的娼妓，有好多也是有同性恋倾向的，而从一般医院神经病院所保存的诊察记录看来，现代女子患这种性欲变态症者也不少。

现代女学生有同性恋倾向者也很多。据专家的统计看来，这病症最流行的是美国。不过这类畸形生活大都是短时期的，即以在校时期为限，女同学一旦分散，或是彼此结婚之后，这种变态生活便告结束了。当然，也有因嫉妒而引起悲剧结果的。

霭理斯说，根据许多考察的报告，美国，法国，德国，英国，女子同性恋事件在逐年增加。现代文化有许多方面在鼓励这种倾向，尤其是女权，男女平等学说之提倡，女子获得学术机会之增多，逐渐使女子发生不依赖男子，自我独立之倾向，这种倾向遂影响到性生活方面。——这意见初听来似乎很顽固，但出诸素以提倡新精神著名的霭理斯氏之口，则使人不能不相信其中或有至理存在。霭理斯举出有力的佐证，谓现代服务社会的女学者或女权运动者，大都有同性恋嫌疑，便是由于自尊心过盛，以致在性生活方面也不愿向男子低头。

现代女子同性恋倾向的另一特征，为利用新闻纸小广告以征求对手。这类广告，大都以征友为名，德国奈克氏曾收集刊在慕尼黑市报纸上的这类广告。其内容不外如此：

"有现代思想之女伶，欲征求有同样思想倾向之富家女子为友。"

"十九岁之美貌女郎，欲征求品貌相当之少女，作散步观戏之伴侣。"

蔼理斯在他的大著《性心理研究》第二卷，《性的倒错》篇中，曾详论女子同性恋的种种现象。关于女子同性恋者的私生活实际情形，言之甚详，但这是不便公开于一般读者的，这里恕不细述了。

大同的赛脚会

有人说，自明朝以来，中国有三大害，即雅片，八股文，小脚是也。雅片使人倾家荡产，终成残废；八股文使人虽读书而不明事理，虽然识字，亦等于无用；缠小脚则将中国人口一半的女性加以桎梏，残忍不平等事小，而影响民族健康则问题甚大。所幸这三大祸害，今日已为一般人所认识，虽未完全铲除，而为害已不若旧时之烈。三害之一的小脚问题，可谓已成过去，因今日三十岁上下的女性，可说已无缠脚者。然在六十年前，中国女子所忍受的小脚苦，其情形正不亚于八股科举之于读书人，雅片之于一般人也。

　　中国女子缠足，据说自唐朝即已开始，所谓"罗窄裹春云"，所咏的就是缠脚。韩渥的名句"六寸肤圆光致致"，因唐尺远较今日的通行尺度为小，有人说这也是唐时女子缠足的证据，而风流天子南唐李后主，"行乐宫中，有宫嫔名窅娘，纤纤善舞，后主使其以帛缠足，层层紧扎，状似弓弯，故今名绣履为弓鞋，一时游戏，相习成风，始则宫中行之，继则民间效之，群传为缠足之滥觞矣"（见《劝放脚图说》）。

　　在女子通行缠足时期，中国北部较南部更为盛行，而山东山西诸省的缠足风俗，也较任何其他省份更为根深蒂固。这其中，更以山西大同女子的小脚，更为"天下驰名"，甚至有小脚赛会的风俗，在每年的某一日期，阖城女子举行小脚比赛，公开任人批评，一如今日美国的美女比赛，"五月花后"之类。

　　关于大同的赛脚会，据说系在每年八月中秋日举行。各家妇女，当门垂竹帘，人隐于帘内，双脚露于帘外，任游人品评，且以得邀赞赏为荣。闻有一班风流之士，结会品评，以最小者为"状头"，赠以彩帛花粉，其家长或丈夫非特不以为忤，且互相标榜，父钟其女，夫宠其妻。惟有一特殊规律，即品评者只许品足，不能揭帘窥探妇女颜色，否则便得饱以老拳的，并遭全城人的轻视。至于足的品评，则不仅目视，用手摸握也可以，甚至可以暗示脚的主人，抬起脚跟来细看。这实在是稀有的怪风俗。

赛脚会，除大同外，宣化永平太原等地也风行，相传起于明朝正德间，更有说这是宋朝"晒甲会"之变名。据说宋与辽金媾和，互相约定在边城举行"晒甲会"，除下胄甲，以示息兵之意，后来却讹成了"赛脚〔会〕"。

大同的"赛脚会"，又名为"晾脚会"，除在八月中秋举行以外，更有在六月六日，庙会时期举行者。据说，六月六日，举行赛脚之时，妇女自问可以当选者，则于午前先睡三四小时，然后黎明起身，对镜浓妆，薰香沐浴。对于足的收拾，自不在话下。于是前往是年应值班之庙会。大同有十二大古刹，十二年始轮值一次。是日，轮值之庙必酬神演戏。大同庙中戏台，皆在楼上，俗谓之天台，妇女环绕台下观戏，一般男子则穿插妇女丛中，观其裙下双钩，品评再四，推定优秀者若干人。落第者咸垂头丧气而归，然后再集合入选者于一处，举行决选。最后，公决第一者称王，第二者称霸，第三称后，此入选之三人，欢呼雀跃，以为莫大之荣幸。为其夫或父兄者，必屈膝表谢意，而当选之女子，则其足部一任人观摩品评，但若有人注视其面部，则群以其人为不规矩，群起而攻之，志其姓名住址，次年即不许其参加矣。

近人著述中搜集缠足史料最详的，当推《采菲录》。其中记载大同赛脚会的故事甚多。大同属山西，山西本有"模范省"之称，禁止缠脚最严厉，但至今女子缠足数字占最多数的仍是山西。而据多年前上海某小报所载，山西模范省长阎锡山，平日主张女子放脚最力，后来暗中纳一大同女子为妾，即因其金莲纤小可爱云。

古笑话抄

八钱宴客

有欲留客饮者，有酒无肴，搜囊止得八文钱，窘甚。其仆承言易办，于是取八文钱去，以六文买鸡蛋二枚，一文买韭菜，一文买豆腐渣，其制菜四色。仆曰，菜虽不成样，但颇合唐人诗意。第一样韭菜底铺蛋黄二枚，两个黄鹂鸣翠柳也；第二样韭菜面砌蛋白一条，一行白鹭上青天也；第三样豆腐渣一盂，窗含西岭千秋雪也；第四样清汤一碗，上浮蛋壳数枚，门泊东吴万里船也。主与客皆大噱。

和 尚 惧 内

有和尚与人共饮，或问座中何人最惧内，众未及答，和尚曰，惟老僧最惧内。众讶之，笑曰，惟最惧内，故不敢娶老婆也。一座粲然。

铜 炉 换 面

有无赖子向面店取面一碗，至一小铺前，铺有老媪脚踏大铜炉坐铺内取暖，无赖子诳曰，其家寿诞，央我送面与你老人，老媪大喜，起身道谢，无赖子又曰，某家客多，烦即易一碗还我，媪起身入内取碗，无赖子即乘间取大铜炉而去。老媪以大铜炉换得面一碗，闻者笑倒。

妒 妇 说

有为妒妇解嘲者曰，男子在外沾花惹草，情欲无节，体必亏损，阃中得一妒妇严束〔束〕之，亦动心忍性，延年益寿之一方也，故谚曰，到老方知妒妇功。一人笑曰，是何言也，君知人之爱六畜者乎，日则哺之，夜则栅栏防护，惟恐豺狼啖之，此真爱惜六畜之命哉，特留之以充己口腹耳。妒妇得毋似之乎。众乃大笑。

见 屈 原

唐敬宗时，高崔巍喜弄痴，帝令给使捺其头水中，久而出之，问何所苦。答曰，顷见屈原云，我逢楚怀王无道，乃沉罗泊，汝逢圣主，来此何为？帝大笑，赐以锦百段。

合 寺 狗 卒

有客书青龙寺壁曰，宪龙东去海，时日隐西斜，敬文今不在，碎石入流沙。一僧解之曰，此骂人语，盖合寺狗卒四字也。

东 坡 语 妙

东坡有诗话一则云：无肉令人瘦，无竹令人俗，若教不瘦又不俗，顿顿还他笋炒肉。

骗 帽 贼

苏州通贵桥某富家儿，头戴一珠帽，值数百金，乳媪抱立厅事，一人盛服昂然直入，谓儿曰，叫声公公，乳媪亦曰，阿官叫声公公。其人又曰，不叫公公，要取汝帽儿，遂戏揭其帽执手中曰，不叫公公，取帽儿去矣。以其帽置怀中，缓步下阶，曰真个取帽儿去矣，遂自庭中昂然竟出。复回身立于门外曰，不叫公公，取帽儿去不转来矣，乳媪又谓儿曰，阿官叫声公公，公公好还汝帽儿，意谓戚党长者与儿戏也。候久不复入，出觅之，杳然矣，乃知受骗。

三 不 要

一年老县令，贪而好色，而犹沽名钓誉，大书县治之前曰：三不要。注之曰，一不要钱，二不要官，三不要命。次早视之，有人于每行下添二字，不要钱曰嫌少，不要官曰嫌小，不要命曰嫌老。

大 腿 出 租

有人贫而无裤，作口号曰，西风吹雨声索索，一双大腿没下落，朝来出傍在街头，借与有裤人家着。

马 桶 词

姑苏人家所用马桶颇精致，描金涂朱，闺房私用者尤甚，有作黄莺儿词曰：金漆铁箍腰，贴香臀，坐阿娇，浑似仰放中军帽，红螪螪小巢，黑茸茸细毛，依稀谱出淋铃调，涤辛骚，夕阳影里，疏竹响萧萧，末句盖吴语以竹枝涤马桶曰萧也。

男女异闻抄

人兼男女

宋赵忠惠帅维扬日，幕僚赵参议，有婢慧黠，尽得侪辈之观，赵昵之，坚拒不从，疑有异，强即之，则男子也。闻于有司，盖身二形，前后奸状不一，遂置之极刑。

又有人于福州得徐氏处子，年十五六，交接一再，渐且男形。以上皆《玉芝堂谈荟》所载。又谢在杭《五杂俎》云，近闻毗陵一缙绅一夫人，每日从子至午则男，从未至亥则女，其夫亦为置妾媵数辈侍之。有妓亲承枕席，出以语人云，与男子无殊，但阳道少弱耳。或云，上半月为男，下半月为女。

又《江湖记闻》载：宋端平丙申年，广州尼董师秀有姿色，偶有欲狎之者，卒拥之，男子也。事闻于官，验之竟为女。有老稳婆以盐肉水渍其私，令犬舐之，果现男形，始知实身带二形，不男不女，所历州县，富室大家，作过不可枚举，遂处之死。

《褚氏遗书》曰，非男非女之身，精血散分。又曰，感以妇人，则男脉应诊；动以男子，则女脉顺指，皆天地不正之气也。又《玉历通政经》载：男女两体，主国淫乱。

男 扮 女 装

明代成化间，太原府石州人桑某，自少缠足，习女工，作寡妇妆，游行平阳真定顺德济南等四十五州县，凡人家好女子，即以教女工为名，密处诱致，与之奸淫，有不从者，即以迷药喷其身，念咒语，使不得动，如是数夕，辄移他处，故久而不败。闻男子声，辄奔避，如是十余年，奸室女以数百。后至晋州，有赵文举者，酷好寡妇，闻而悦之，诈以妻为其妹，延入共宿，中夜启门就之，大呼不从，赵扼其吭，褫其衣，乃一男子也，擒之吐实。且云其师谷山西，山阴人，一为此术，尚有同党任茂，张端，王大喜，任昉等十余人，捕之具狱磔于市。

又《清尊录》载，兴元民有得路遗小儿者以为子，数岁，美姿首，民夫妇计曰，使女也，教之歌舞，独不售数十万钱耶。妇曰，固可许为也。因纳深屋中，节其饮食，肤发腰步，皆饰为之，比年十二三，嫣然美女子也。携至成都，教以新声，又绝警慧，益秘焉，不使人见，曰此女当归之贵人，于是女侩及贵游好事者踵门，一觌面，辄避去，犹得钱数千，谓之看钱。久之有某通判者，来成都，一见心醉，与值至七十万钱乃售，既成券，喜甚，置酒与客饮，夜半客去，拥而致之房，男子也。大惊，使捕其父母，卒不获。

女扮男装

女扮男装，花木兰祝英台之外，俚闻传述者颇多。相传金陵黄善聪，十二失母，父以贩香为业，诡为男妆，携之庐凤间，父死，变姓名为张胜，有李英者，亦贩香自金陵来，为伙伴，与同卧起，三年不知其女也，女归而返女服，呼媪验之，犹然处子，英托人致聘，女不从，邻里交劝，遂归于英。

又，明人小说本事，宣德间，河西刘翁，夫妇业沽酒，家亦小康，年六十余无子，某日，有童子随父投宿，及明，父病，数日竟死，遂留此童为子，取名刘方，后又收一少年，取名刘奇。刘翁夫妇双亡后，此一对弟兄遂停沽酒而开布肆，家事日起。年长，有来议婚者，奇欲之，而方执意不可。一日，见梁燕营巢，奇题一词于壁云，营巢燕，双双雄，朝暮衔泥辛苦同，若不寻雌继生卵，巢成毕竟巢还空。方亦援笔和诗云：营巢燕，双双飞，天设雌雄事久期，雌者得雄愿已足，雄首将雌朝不知。奇大惊曰，吾弟殆木兰也。自同卧以来，即酷暑未尝赤体，证之题诗，可知也。固质之，方面发赤。自承幼时自母丧随父还乡，恐途中不便，故为男子装，后由镇中年长者为媒，遂成花烛，里中传为异事。

父 与 子

一

有林某，年届知命，忽然丧偶，中心悒悒，故言语日渐减少，终日沉默，一若不胜寂寞者。林有二子，皆已长大成人，且已娶媳，抱孙有日矣。媳与子皆极孝顺，膝下承欢，亲属中皆以为翁决无续弦之意，是以绝无前来作伐者。

一日，冬季天寒，林翁起身略迟，欲进早餐，则粥已不热，不觉大怒，掷碗于地而高声骂曰："粥这样冷，叫我老人在这样冷天如何吃得下呢？真是岂有此理！"

长媳闻之，自房中赶紧出来道歉曰："公公不必动怒，这是媳妇不好，今晨忘记叫王妈热粥也。"

林翁不答，惟低声自言自语曰："昨夜这样冷，被褥又这样薄，整夜冷得不能安睡，早起又这样吃冷粥，这日子真叫人难捱。"

午间，长子归来午餐，媳乘间以阿翁早间之言告之，子曰："这事容易，待我往先施公司给他老人家买上等鸭绒被一条，则一切都解决矣。"

买鸭绒被后之四五日，邻家忽鼓乐大作，林翁问其子曰："隔壁有什么喜事？"

子曰："隔壁陆家老伯娶填房，今日过门。"林翁微笑曰："这真是多事。这样大的年纪，既然死了老婆，就算了罢。如果嫌天气冷，叫他儿子给他买一条鸭绒被就是了，何必要填房呢？"

子闻言恍然，知老父有意续弦，于是经过家庭小组会议，次日晚餐时，长子即恭然进言曰："爸爸身体甚健，年亦不老，目下房中早晚乏人陪伴，不如讨一个人回来。惟不知要怎样年纪的人，始合父亲之意耳。"

林翁捻须微笑曰："我手头现钱不多，只有一千九百元。倘然每岁百元，倒还可以勉强应付。"

子连曰"是，是"……

二

理发梳头之工具，除木梳外，尚有篦，为清理发垢不可或缺之要件。篦之形状奇怪，读者试作一篦之略图。横看之，成何物之形，再直看之，又成何物之形。因此物略图形状容易使人发生误会，于是笑话来矣。

江苏常州为出产篦之名地，有王大年者，家贫亲老，故于高小毕业后，即弃学就商，先在本城某铺为学徒，后得亲戚之介，往附近某米业公司任司账。王年二十二三，性极朴实，已娶沈姓女为妻，家乡与米业公司所在地相距不远，交通便利，时常互相往还也。

某次，王自家返公司，忽发觉行装中忘记携篦，此物固王一日不能缺者，而王又俭朴成性，不欲另行购置，因作家书嘱于便中将此物带来，惟读书识字不多，篦字颇生疏，一时写不出，即草草在信上画一篦之略图，旁加圈注曰："要从速来。"

王父接信后，阅之再三，颠来倒去，均不能明白儿子之意，即谓其媳曰：

"我年老了，眼花不好，且不懂看图画，实在看不明白他的用意。不过，照我猜想，倘是横看，他叫我速去，倘若直看，则又似乎叫你速去也。你以为怎样。"

三

一父携十岁幼儿出游。路旁有大厦，朱漆门窗，均重门深锁。儿问父曰："此何种人家耶？莫非皇宫乎？"父曰："儿莫多言，此是造人之工厂，儿童不宜过问者也。"儿唯唯。

少顷，儿忽失踪，其父哑回身觅之，则儿方匆匆自后面赶来，父责其何去，儿面红耳赤，答言实去参观适才所过之造人工厂。

父问何所见，儿兴奋答曰："儿谨遵父言，不敢入内，仅从窗隙窥之。父言诚不我欺。厂内工作甚忙，已造成之人甚多，男女皆有，正在忙于装配零件，故尚未给彼等穿上衣服也。"

情　史

四　面　观　音

　　正德中，锦衣卫廖鹏以骄横得罪，有旨封其宅舍，限五日内逐去，其妾名四面观音者，请求见朱宁解说，宁一见喜甚，留之五日，则寂然不提放逐之事矣。鹏治事如初，宁自此常过鹏宿，从容语鹏曰，何不赠我？鹏曰，捐以侍父，则不获效一夕杯酒之敬，不若为父外馆，宁益爱昵之。

新　嫂

太常刘介，新娶继室美艳，冢宰张彩欲夺之，乃问介曰：我有所求，肯从我，始言之。介曰，一身之外，皆可奉公。答曰，我所求者，新嫂也，敢谢诺。少顷，舆人在门，竟劫以归。

梁 主 朱 温

梁主朱温，恣意声色，诸子在外，常征其妇入侍。子友文妇王氏色美，尤宠之，欲以友文为太子，其弟友珪心不平。梁主疾甚，命王氏召友文，欲付以后事，友珪妇张氏知之，密告友珪，友珪与统军韩勍合谋，夜斩关入，至寝殿，梁主惊起曰，我固疑此贼，恨不早杀之，汝悖逆如此，天岂容汝乎？友珪刺梁王腹，刃出于背，以败毡裹之，瘗于寝殿。

朱 温 后 身

宋宣和间，宫禁中有异物曰㹩，块然一物，无头眼手足，有毛如漆，中夜有声。禁中人皆云，时或往诸嫔妃榻中睡，以手抚之，亦温暖，晓则自榻下滚去，莫知所在。或宫妃梦中，有与朱温同寝者，相传即此物也。或云朱温之厉所化。朱温五伦俱绝，死遂为祟如此，仍不忘妇人。

登 州 人

往年登州有人家赘婿，与其妻妹私通，事颇露，二人屡自分辩。既而语家人，吾二人不能自明，当共诣泰岱顶，质诸天齐帝君，遂与俱去，告于神，吾二人果有私，乞神明加诛，祝讫下山，自以为杜悠悠之口而已，神固何知。行至山半，情不自禁，趋林薄僻处合焉。久而不归，其家登山觅之，始得于林，则皆死矣，而其两阴交接，粘连不脱，乃知神明谴之以示众也。

赤 眉 贼

范晔《后汉书》：赤眉贼发掘诸陵，取宝货，污辱吕后尸。凡葬有玉匣者，尸皆如生，故赤眉多犯之。

又《列异传》：汉夫人冯夫人病亡，灵帝时，有盗贼发冢，七十余年，颜色如故，但小冷，诸贼共污辱之，至斗争相杀。窦太后家被诛后，欲以冯夫人配食下邳，群臣以贵人虽是先帝所幸，但覆贼污，尸体秽污，不宜配至尊，仍议以窦太后配祀。

山 阴 公 主

山阴公主，宋武帝女，废帝妹也。私通何戢，戢少美丽，动止与褚渊相慕，时号为小褚。公主性淫乱，废帝爱之，时与同辇出入。公主谓上曰，妾虽不才，与陛下俱托体先帝，陛下六宫万数，而妾惟驸马一人，何太不平。帝为置面首三十人，褚渊亦与焉。公主尤爱昵之，闭一阁中，备见诱迫，渊不从。公主曰，公须眉如戢，何无丈夫意。

窦 从 一

景龙二年冬，上召王公巨臣入阁守岁，酒酣，上谓御史大夫窦从一曰，闻卿久旷，今夕为卿成礼。窦拜谢。俄而内侍引烛笼步障金缕罗扇，其后有人衣缕衣花钗，令与窦对坐，却扇易服，乃皇后老乳母王氏，本蛮婢也。上与诸臣皆大笑。诏封营国夫人，嫁为窦妻。窦欣然有自负之色。

性 的 塔 布

　　"塔布"的意义很复杂，而且包含的范围很广。弗莱采博士曾经写过一部六百多页的大著，解释塔布的意义和作用，以及原始社会执行各种塔布的情形。塔布这名词，第一个使用的是探险家科克，一七七七年在通加岛听到的。他说，这字的意义是指"不可接近的东西"。

　　一般的说来，所谓"塔布"，是一种禁律，系根据宗教，习惯，以及礼法所规定的不可作的事情与不可接触的东西。谁做了这样被规定禁止做的事情，谁接近了这样被规定禁止接近的东西，谁便是犯了"塔布"。犯了塔布的人，便要忏悔，受罚，甚或被处死。

塔布并非仅仅存在于未开化民族社会中。现代文明人的社会也有种种塔布，不过已经换上了法律，习惯法以及舆论等等新名词而已。举例说，在今日社会中，除了神经病患者，谁都不敢脱光了衣服在路上走，因为法律，习惯以及自己的体面观念都不许可这么做。"不能脱光了衣服在路上走"，这便是现代社会的"塔布"。

未开化人所要遵守的塔布范围极广。战争，饮食，耕种，渔猎，婚姻，生死，都有种种塔布，不能触犯。尤其关于性的关系方面，所应遵守的塔布极繁多，而且十分严重。有许多人以为未开化民族没有道德观念或伦理观念，实在是错误了。

这类性的塔布，包括了一般的婚姻关系，月经期中的妇女，妊娠，生产，发育期间的青年男女，血族的婚姻关系，以及寡妇的性生活等等。

未开化民族的最重要作业是战争和渔猎。因此性的塔布，在这方面特别多，而且大都是关于限制性交的。如在纽西兰，男子如有重要任务在身，则己身成为"塔布"，不能接近女子。在战争期间，男子甚至必须与妻子分居，直到战事结束。在南非洲，男子在行猎之前，绝对不能近女子。许多种族都保持了这塔布。因为一旦与女子发生关系，足以使行猎失败，战士失去勇气。

行经期间的妇女，怀孕期间的妇女，临盆期间的产妇，一切在特殊生理状况下的妇女，对于男子大都是禁忌的。这种塔布流传的区域最广，犯者双方要受严厉的处分。因为违反这种塔布所产生的后果，未开化民族认为不仅是个人的，而是牵涉全体的。如行经期中的妇女能使农作物收成不良，如果她的丈夫不和她分居，则便要影响整个部落的收获了。

未开化社会所奉行的性的塔布，最严厉者无过于血族通婚，尤其是乱伦关系。其处分的严厉远过于现代文明社会。玛洛林斯基曾将野蛮人性的塔布列成一表，分别其轻重如下：

一：最严厉被禁止者为兄妹乱伦关系。这是血族塔布的核心。犯者极少，即在传说中亦少存在。

二：母子乱伦亦为血族塔布之一，被认为不可能存在者。但其罪恶被认为稍次于兄妹。

三：父女乱伦当然亦属于塔布，但非属于最可怕的"苏瓦索瓦型"塔布（即所谓血族通奸事件）。这是因为社会和家庭的中心是母系而不是父系。父与女乱伦被认为塔布，乃是因为女儿是自己妻子的最近的血亲，其出发点在"夫妻"关系，并非在"父女"关系。这是不可忽视的特点。

四：根据上述伦理观念，凡与姨母（母亲的姊妹）通奸者则属大逆不道，与第一二两项同样重要，犯者均要被处死刑。

五：与妻子的姊妹通奸亦属触犯血族塔布之列。

未开化人关于血族通婚的塔布既以母性为中心，因此对于父亲的姊妹遂不在塔布之列。在风俗上，许多未开化民族认为姑母与侄儿的通婚是合法的，但因年龄相差的关系，除少数不合法的私通事件外，实行结婚者并不多。同时，根据这同一理论的伸延，表兄妹结婚是被人加以鼓励的。反之，姨母的女儿则因其属于母系，遂在塔布之列。

克达鲁奇岛的传说

　　新几内亚的土人，以自己所在地为中心，对于周围大海中的各岛屿，流传着种种神话和传说。"克达鲁奇"便是这种传说之一。《野蛮人的性生活》的著者玛洛林斯基氏，以这传说所反映的土人性风俗十分有趣，特从土人口中将这传说加以记录，并作种种调查。这传说的概略是这样：

　　据土人说，在海中的远方，向北直航，便可以抵达克达鲁奇岛。岛的面积很大，有不少村落，全岛居民都是女性没有一个男子。这些女性都十分美丽，而且没有穿衣服的习惯。从远处望去，她们似乎仅穿一条短裙。但这并不是短裙，而是她们发育特别盛旺的×毛。

这些女子的个性都十分凶悍，这是因为她们的性欲都无法获得满足的原故。偶然有邻岛迷途的水手飘流来到，她们便如获至宝。她们望见远处有船驶来，便聚在岸边等候。从远处望来，岸边黑压压的都是人。其数之多，可以想见。男子一上岸，她们便向前涌去。她们扑到他们的身上，撕去他们的衣服。她们向他施行强暴。更可怕的是，这些女子的欲望是无止境的，她们通宵达旦的不停止，而且走了一个又来一个。因了人数太多，所以结果往往是可怕的。她们不能从男子获得正当的满足，于是便利用男子的鼻子，耳朵，手指，脚趾，任何突出部份以满足她们的欲望。结果这男子便精疲力尽而死。

当然，克达鲁奇岛的女子也能受怀孕。但是生下来的男孩子，往往在他未成年之前，就被摧残。她们浪用孩子的身体每一部份，一如浪用外来的男子，因此男孩子没有能长大的。岛上生存的始终是女子。

这就是新几内亚土人口中传述的克达鲁奇岛的情形。据他们解释，"克达"的意义是"性交"，"鲁奇"的意义是"满足"。土人都相信这岛的实际存在。他们一提到这岛，就津津有味，举出各种证据证明这岛的存在。据说，有许多水手宁可飘流到荒岛，不敢接近克达鲁奇岛。这岛与新几内亚本土的距离，据说是一日一夜的航程。如果清早启程，向北直航，次早便可抵达该岛。

偶尔也有男子从克达鲁奇岛逃命出来。这些逃生者的故事便更增加了克达鲁奇岛浪漫的色彩。这下面便是两个这样的故事。

一：土人们每逢种植收成不佳时，往往由首领提议作一种冒险行动，藉以换转运气。有一年，马铃薯的发育不好，农夫中突然有人提议："向克达鲁奇岛挑战，到克达鲁奇去！"于是，一倡百和，大家准备粮食饮水，乘船出发。因了风色不顺，他们在第三天才到目的地。克达鲁奇岛的女人早已等候在海岸上。"有男人到我们这里来了"，她们喊道。她们一涌向前。男子也不示弱。可是提出特别条件，一对一，平均分配。住了相当时日，土人藉了捕鱼为名，修复了小艇，一齐乘机脱逃，他们从克达鲁奇岛带回了友西克拉种的香蕉。这种香蕉至今还繁植在新几内亚，成了克达鲁奇岛实际存在的证据。

另一故事，是流传在新几内亚北岸卡波拉村的，有一个捉沙鱼的渔夫，因为出海过远，来到克达鲁奇岛。他为岛上的一个女子所捕获，他要求这女子不要将他让给旁人，藉此得以保存性命。后来，他感到连这一个女子也无法应付了，便在一夜之间，将海边所有的小艇都加以破坏，仅留下一艘。他驾了这唯一的小艇逃走。岛上的女子发觉了要追赶时，可是所有的小艇都已经破坏了。她们只有望洋兴叹。

玛洛林斯基氏向土人表示对这种传说有所怀疑时，土人微笑着说：

"怀疑本是一种美德。可是对于克达鲁奇岛的怀疑，最好不必去亲身加以实验。许多白种人都怀疑克达鲁奇岛是否真的存在，可是谁也不敢去真的探险。没有一个白种人敢冒险去寻找克达鲁奇岛，这不啻就证明了克达鲁奇岛真的存在。"

四十四及其他

四　十　四

　　俗语说："四十四，养个儿子无意思"，盖谓养儿防老，宜早不宜迟，四十四岁始生子，为父母者待其长大成人，已年逾花甲，或早已作古，不及享受其福矣。又有一句俗话："四十九，养个儿子说亦丑。"此则是说女性年届四十以后，应屏绝欲念，更不应受孕。今竟不然，四十九岁尚养儿子，其为放荡者无疑，故讥之也。

中国女子四十九岁以后能生子者不多闻。这是生理机能使然，盖这时月信已停止来潮，无从受孕也。但西洋医学书籍中，女性年近五十尚能生子者，颇有记载。据德国某医师统计，丹麦女子一万人之中，其于五十岁至五十五岁之间生子者，计有四百六十三人。又瑞典女子一万人之中，在五十以后生子者，计有三百人。可知四十九岁受孕生子，虽然"说亦丑"，并非不可能也。

至于偶然的例外，则甚至六十岁也可以受胎。医学书籍上也不乏这类记录，以下数则便是好证据：

霍雷氏曾经手接生，产妇年已六十三岁。又据同业见告，曾有一产妇年已七十。

杜思氏医师曾为五十二岁之妇人接生，且为双生子。

露佐魏支医师统计，俄国妇女于五十及五十五岁之间生子者，其百分比甚高。

坚尼地医师经验，一妇人于六十一岁分娩，经过情形极佳。

潘洪医师曾获得间接的资料，有一年已七十二岁之老妇人，尚有月经，且于该年受孕，但结果流产。

老 年 恋 史

世有男子甫过三十即萎蘼［靡］不振者。亦有六旬以上尚能为人如常者。前者由于遗传疾病或少年伤斫过甚所致，后者则因善于保养或先天的特性使然。至于普通人，则五十左右渐衰，六十以后大都绝缘矣。文学史上谓文豪歌德七十四岁尚狂恋一十九岁之少女，然其杰作《浮士德》至八十岁始完成，实生命力特强之仅有例外也。

据医学专家研究，老年能恋爱者，神志必清，反言之恋爱实返老还童之表现。老而不恋，则是衰弱之确证，死亡之根源也。又据说，恋爱能使自私自利之人变为急公好义，又能使多痛多病之老年人活泼健康。据说，老年恋爱且是长寿的表现。但这多都［是］希腊人的意见，今日看来已多少使人不敢赞同了。

战 后 娼 妓

战乱之后，社会状态失常，娼妓的数字必增。据上次大战后统计，一九一八年，维也纳城因秘密卖淫而受罚者，已五五四零人，但次年即增至六六六六人，一九二零年则数字增高至七六二七人。其中患花柳病者占全数百分之二十以上。其详细的数字如下：

一九一八年，秘密卖淫者人数五五四零人，其中染病者一四八零人。

一九一九年，私娼人数六六六六人，其中染病者一七二五人。

一九二零年，私娼人数七六二七人，其中染病者一八三四人。

又据更详细的分析，在一九二零年因秘密卖淫受罚之七六二七人中，三七七人系女公务员，十四人系牙医师助手，八人系薪俸微薄的官吏之妻，二五五人系女工，四六六人系女仆，五七一人系中产阶级出身而无职业者。

维也纳的人口并不多，战后娼妓的数字已经是这样，其他如巴黎，纽约，伦敦，可以想见矣。

据平时记载，巴黎有登记之公娼约六千至七千人，不登记之暗娼大约有六万人。战时则简直无法统计。

扒灰及其他

扒灰，新台故事

《常谈丛录》："俗以淫于子妇者为扒灰，盖为污媳之隐语，膝媳音同，扒行灰上，则膝污也。"又俗传锡工铸器，欲盗锡，辄掩锡于炉灰中，事后扒取，遂取其谐声，隐其辞曰扒灰。

翁媳通奸，亦称新台故事。新台者，《诗·邶风》篇名，卫宣公为其子伋娶于齐，而闻其美，欲自娶之，乃作新台于河上而要之，国人遂作此诗以刺子。新台故址在今山东省濮县东，黄河北岸，《水经·河水注》："河水又东迳鄄城县北，河之北岸有新台。"

嫪毐〔毐〕，大阴人

嫪毐〔毐〕，秦时人，吕不韦以为舍人，太后与吕不韦私，闻其大阴，欲私得之，不韦诈腐之为宦者以进，与太后通，封长信侯。始皇九年事发，斩之，夷三族，事见《史记·吕不韦传》。

嫪毐〔毐〕亦作摎毐〔毐〕。注家以嫪非姓，应作摎，毐〔毐〕者士有淫行之谓也，故称之为摎毐〔毐〕而不名。

吕不韦事秦庄襄王，纳妓有娠，献于庄襄王，生子政，是为秦始皇，始皇尊吕为仲父，吕复与太后通，复畏罪自杀。

天　阉

男子生而不能嗣育者，俗称天阉，古称天宦，《灵枢经》谓："天宦者，未尝被伤，不脱于血，然其须不生。"

锁阴，石女

女子之不通人道者曰石女。《因明入正理论》谓："如言我母，是石女。"石女亦云石妇，《太玄廓》："廓无子，室石妇。"注云："室石妇，谓求室而得石妇也。"石女即女子患锁阴者。

"锁阴"，病名，女子生殖器之闭锁症也。患此症者，人道不通，故有石女之称，此症由发育不良或疾病而起，因闭锁部位之不同，而有处女膜闭锁，阴道闭锁，子宫闭锁及喇叭管闭锁等，轻症可施行手术切开。

椓杙阴中

《汉书·广川惠王越传》："幸姬陶望卿投井死，服信出之，椓杙其阴中。"椓杙者，削木为椿，塞诸阴中也。

幽　闭

幽闭，妇人淫刑也，《书·吕刑》："宫辟疑赦"。传："宫，淫刑也，男子割势，妇人幽闭。"疏："男女不以义交者，其刑宫，妇人幽闭于宫，使不得出也。"按《识小录》云："妇人幽闭，乃是于牝剔去其筋，如制马豕之类，使欲心消灭也。"又《名义考》云："幽闭若去牝豕子肠，使不复生。"

房　中　术

《汉书·艺文志·方伎略》著录房中八家，即《容成阴道》，《务成子阴道》，《尧舜阴道》，《汤盘庚阴道》，《天老杂子阴道》，《天一阴道》，《黄帝三王养阳方》，《三家内房有子方》是。书［。是书］早佚，各书内容虽不详，大抵皆言阴阳交合及种子之术，房中术之名盖昉于此。《论衡》曰："素女对黄帝，陈五女之法，非徒伤父母之身，乃又贼男女之性。"房中术在西汉末颇盛行。

烝

烝亦作蒸，以下淫上谓之烝。《左传》桓十六年："卫宣公烝于夷姜。"夷姜，宣公庶母也。

戚夫人永巷歌

戚夫人，汉定陶人，高祖宠姬，生赵隐王如意，及高祖崩，为吕后所囚，髡钳，衣赭衣，令舂，戚夫人歌曰："子为王，母为虏，终日舂薄暮，常与死为伍。相离三千里，当谁使告女。"吕后闻之，大怒，诛赵王，断戚夫人手足，去眼，重耳，饮以瘖药，使居鞠域中，号为人彘。永巷歌一名舂歌，见《汉书·外戚传》。

审 美 秘 诀

美人的标准各有不同，据中世纪西班牙好事家的见解，一位绝世美人必须俱备下列三十种美点：

三件白的东西：皮肤，牙齿，手。

三件黑的东西：眼睛，眉毛，睫毛。

三件红的东西：嘴唇，面颊，指甲。

三件长的东西：身体，头发，手。

三件短的东西：牙齿，耳，脚。

三件阔的东西：胸膛，额角，眉间。

三件狭的东西：嘴（这一张和那一张），腰，脚踝。

三件肥的东西：手臂，大腿，小腿。

三件精的东西：手指，头发，嘴唇。

三件小的东西：乳房，鼻，头。

一个女子能拥有这三十种美点是不可能的，但能具有一半左右，已足够称为美人了。

有一位侨居罗马的法国人，曾经爱上了一位西班牙贵妇人，这位贵妇的美丽是出名的，可是她从不肯让她的情人见到她的下肢。她在任何时候都要穿着套裤。她的情人询问她为何这样时，她的回答是极寻常而近情理的：

"我怕痒。我最怕人摸我的大腿。"

可是，有一天，这时正是夏天，他无意来到贵妇人的家里，贵妇人正在午睡。他轻轻走进她的卧室，发现裸体睡在床上的情人，确是名不虚传的美人，只是，两只大腿，一只丰腴〔腴〕圆润，一只则瘦削枯干，如一个婴儿的手臂一样。他立刻明白她的情人不许人触着她的大腿的原因，美感全消，从此一去不回。

这故事只是偶然的例外。但有许多美妇人却是出名的"瘦马"，正如某教士所说："她的骨头（指他胯下的毛驴）刺得我痛。"

相传有一位贵公子曾同时恋爱两位女子，一黑一瘦，可是同样的美丽。有一天，公子去私会了黑牡丹回来，那瘦的一个嫉妒的说道："你这样的公子身份，何必去追逐一只乌鸦呢？"公子听了不十分高兴，便反问道："请问，我同你在一起，我所追逐的是什么呢？"

那女子傲慢的回答道："凤凰！"

公子听了微笑的说道："一点也不错，你确是一只羽毛比肉体美丽的鸟儿。"

许多女性在年轻时候全是一匹羽毛美丽的鸟儿，只有到了中年才有成熟的丰满的肉体。

有两位绅士各有美丽的太太，有一次互相调笑。甲说："我很想尝尝你太太的滋味。"乙微笑着回答："一点没有问题，如果我也可以尝尝你太太的滋味的话。"甲说："我太太很瘦，恐怕不合你的口味吧？"

乙听了毫不措意的说道："不要紧，我可以给她多加点油，就可以适合我的口味了。"

美丽的面部不一定就有美丽的肉体。有许多女子因了面部的美丽，引起男子对于她们肉体的追逐，可是一旦达到了目的之后，才发现所憧憬的只是虚有其表。据说，有的骨瘦如柴，有的如大理石，遍体斑纹，更有的如拔了毛的火鸡，毛孔密布。法国中世纪有一篇小说，描写一个男子以毕生之力追求一位美丽女子，有志者事竟成，在定情之夕，女子要求男子给她做的第一件事情，却是为她揭下乳部生疮的膏药。男子大失所望，竟至抱头痛哭。

可是，据某一位贵妇人的自传所说：（当然也是中世纪的）许多男子只以女性的面部美丑为好恶准则，实是天字第一号的傻瓜，尤以年岁来定取舍，更是全然外行。她说，女性的面部容易受岁月的侵蚀，但她们最宝贵部份则在自然威胁之下，永远年青。面部和年岁绝不能代表一个女子的一切。她说，这审美秘诀是给与世间男子的贵宝［宝贵］教训，只有最聪明最幸福的人始能接受她的启示。

燕玉暖老及其他

燕 玉 暖 老

《茶余客话》载，广东江吏部一生不服药，年九十七。六十以后，与少女同卧，长则遣去，皆宛然处子。燕玉暖老，当作如是观。

女 刽 子 手

《香饮楼宾谈》载，南海黄某，为典铺司出纳，家小康，妻某氏，刽子手女也。在家时，常病心痛，父得秘方，以人胆和药饮之，良愈。然疾时作，作必呼号数昼夜。父乃于行刑时，窃人肝以饲女，病遂已。女自食人肝后，非此不旨。父爱女，蓄为常馐，嫁后仍私馈之。逾年，父殁，女思人肝不能得，家有二婢，大者十三四岁，小者十余岁，女谓大婢曰，汝发腻盍沐诸。婢汲水濯发，女复令小婢趁墟市物，乘婢俯首于盆，亟以刀斫之剖其腹而挖其肝，因思人肉味亦必佳，遂支解之以为腊。小婢归，见之无人色。女曰，若漏言，并啖汝矣。至夜，沉婢之首及手足腑脏于河。越日浮出，乡人疑两日不见黄家婢，遇害者当即是，挝其门，坚闭不启，升屋窥之，见女方据案而食，曰人肉味亦甚甘，奚必肝耶。咸大骇，奔告黄及婢之父母，将鸣诸官，黄哀恳备至，赂乡人金，并以重金贿婢之父母，其事始寝。

毒　药

《三借庐笔谈》载，陆放翁《避暑漫钞》，言宋毒药库药共七等，用以杀不廷之臣，鸩毒则在第三，其上更有手触鼻嗅而立死者，不知何药。按南墨利加诸岛，有毒木，人近其影即死，子触其枝叶亦死，见《海国图志》。

《三借庐笔谈》作者邹弢，为清末吴中名士。

某 道 士

《南皋笔记》，清岷江杨树棠作，卷四载有某道士者，峨山人，其初在俗时，与某氏妇通，妇姑表行也，同往华山进香，途中见野兽牝牡相交，情欲遂动，相与野合，竟不得解，俨然鱼之比目，鸟之比翼也。过其处者多见之，有与相识者来，乃合并升之归。两家父母，为讽诵皇经百卷，代求忏悔，始得解脱，然某则玉茎已落，阴凹如妇人，妇则阴户中生一物，挺出如茄，若医家所谓阴挺者。其后妇以羞恚死，某出家为道士，尝携鱼鼓简板，唱道情以劝世，上年来游青城，人犹识之云。

行军携妇人

《广阳杂记》载，建义侯林兴珠虽老，不能一日无妇人。清制，惟王行师可携妇人，贝勒、贝子、公，皆有定数，公以下不得有。林以女子髡其顶，诈为男子装，置帐中。兴珠不能交结诸当事，更不善事上之左右。初，上命侍卫佛宝关宝随师来，兴珠以帐有妇人，不令二人坐。来则坐之帐外烈日中，二人以此怨之。归潜之于上曰。兴珠固善战，然轻佻不持重，无大臣体，且私携妇人。上曰，彼老非妇人不适，可无问也，然以此少之。

欢 喜 佛 像

同书又载，躬庵于燕都曾见一箧，中藏乌思藏欢喜佛像二躯，作男女交媾状，非金非石非木，俨然血肉也，须发皆真，不知其为何物。

人 肉 价

清陈康祺著《燕下乡脞录》卷下载，同治三四年，皖南到处食人，人肉始卖三十文一斤，后增至一百二十文一斤。句容二溧（溧水溧阳），八十文一斤。

粤　妓

《津门杂记》载，粤妓寄居紫竹林者，衣饰簪珥，迥异北地胭脂，俗称曰广东娼，或伴洋人，或接广客。又《淞南梦影录》载，粤东蛋［疍］妓，专接泰西冠盖者，谓之咸水妹，门外悉树木栅，西人之听歌花下者，必给资而入，华人则不得问津焉。以上二书皆清末时人作。

土耳其的后宫

据说，青年土耳其实行革新运动时，他们的第一项行动，就是进袭雅尔地兹王宫，将苏丹在后宫所幽闭的一千多名宫女加以解放。

有人说，当年土耳其的革命，虽然有其政治的，经济的，乃至宗教的原因，但根据上述行动看来，新土耳其青年反抗数千年来被压迫的性生活，未始不是革命动机之一。

近东一带回教系统下的民族，他们的性生活，大都是不自然的，对于女性尤其压迫。这现象在土耳其被表现得更露骨，尤其是后宫与面幕制度，全然使土耳其女性不仅失去了性的自由，而且更漠视了她们人性的存在。

土耳其女子的面部，是被禁止给丈夫以外的任何成年男子看见的，因此出外时必须以面幕罩住。女子戴面幕的习惯，回教《可兰经》上虽没有明文规定，但习惯的权威有时胜过了法律。不仅没有一个女子敢光了脸到街上去行走，就是男子方面，若是偶然窥见一个面幕被风吹起的女子，礼貌和风俗都使他必须回头避而不见，否则女子的丈夫或尊长有权要向他提出交涉。

就是丈夫，土耳其的丈夫也只有到了新婚之夕，才第一次见到自己妻子的脸，他见到了她的脸，同时也就见到了她的裸体。旧时土耳其的婚姻制度，双方是凭了父母之命媒妁之言来决定的，因此夫妻双方要到新婚之夜才有见面的机会。

至于后宫制度的由来，据泰洛氏的《后宫生活》一书所研究，其来由与游牧民族好勇狠斗性格有关。据泰洛氏说，在回教势力未曾统治近东以前，小亚细亚及阿剌伯一带杂居无数游牧民族小部落。他们终年战争，男子逐渐减少，女子过剩，遂无可避免的形成了多妻制度。同时，为了人口关系，宗教和习惯都奖励杂交。《可兰经》禁止男子接近怀孕女子，以为不洁。这不啻就是暗示，丈夫在妻子怀孕之后，可以接近第二个，乃至第三个女子。同时，相反的，女子方面则竭力避免怀孕，因为一旦怀孕之后，她的性生活便要暂时断绝了。

旧时，土耳其的家主，有权可以和住在自己屋内的每一个妇女发生关系，同时，《可兰经》也规定每一个丈夫可以同时娶四名妻子。但实际上，土耳其贵族阶级的后宫妻妾，成百乃至成千都是常事，而且设有太监终身看守。

说来几乎使人不肯相信，对于这样终身幽闭生活，土耳其女性本身似乎并不感到苦痛。这乃是由于生活，教养，乃至人生观，使她们安于这样生活，而且从不曾想到世上除了她们命运注定的生活之外，还有其他生活。

土耳其的女性，从小就以服从丈夫，终身幽闭于后宫，供丈夫享受为教养目标。她们所受的性教育，比今日任何文明国家的自由女性所受者为多，但这一切仅以娱乐丈夫为目的。她们从小所娴习的舞艺，就不外是性的动作的韵律化，艺术化而已。

深处后宫的旧时土耳其女性，虽然接近男子的机会被隔绝，而且丈夫在事实上雨露难遍，但她们自身并不寂寞，而且从不放弃享受逸乐的机会。以性的享受为中心的教养，使她们知道当自己的丈夫不在场时，她们同伴之中如何彼此获得安慰和满足。据泰洛氏研究，土耳其后宫妇女同性恋倾向的发展，全然是生理上无可避免的现象。

《可兰经》对于有夫之妇犯奸处分极严，第二十四章规定，有夫之妇与人通奸，奸夫与淫妇双方都要受杖一百，而且对于女子可以自由处死。这严厉的教条，以及风俗习惯和环境，使得终身幽处后宫的旧时土耳其妇女，虽然表面上生活似乎很寂寞，但事实上，她们却懂得怎样彼此安慰并获得享乐。

世 态 笑 话

　　周作人曾辑有《苦茶庵笑话选》，搜集了不少明朝的笑话。这里所录，则是出自另一来源。表面上看来，虽然只是博人一笑的小东西，事实上却包含着对于社会上许多事情的讽刺。笑话笑话，实不仅是笑话而已也。

一

　　三山士人郑唐，有逸才，好讥谑。有老人画像，求他题句，他写道：

精神炯炯

老貌堂堂

乌巾白发

龟鹤呈祥

老人初不甚觉，经人指点，横读第一行［原文是竖排版式
——编者注］竟是"精老乌龟"四字。

二

饶州有女尼，嫁士人张生，乡士戴宗吉，为诗赠之云：

"短发蓬松绿未匀，袈裟脱却着红裙；于今嫁与张郎去，
省得僧敲月下门。"

女尼诵诗，为之一赧。

三

一个人肚子里饿不过，便跑到人家去讨饭吃。他走到门
前，向妇人家说，我能补破针鼻子，但要些饭吃。于是妇人一
面给他饭吃，一面寻出许多破鼻子针。那人吃完了饭，妇人

说，可以补了。他翻检一过说，把那边破掉的针鼻拿来。

这落掉的半边针鼻子从何处去寻呢？妇人才知道是受了骗。

四

一个秀才欲向路旁人家投宿。其家只有一个妇人，倚门答道："我家无人。"秀才说："有你。"妇人见他误会，再说："无男人。"秀才指着自己说："我是男人。"

五

一人向晚向寺中借宿。许愿说："借我一宿，我有个世世用不尽的东西送给你们庙里。"

和尚们大喜，盛备素斋款待了这位施主。

第二天临行时，和尚向他要宝物，他指着檐下一卷破帘子说："以此折作剔灯杆，世世用不尽也。"

六

和尚叫斋公屏息万缘，闭目静坐。

一夜，斋公坐到五更，突然想起某日某人借了一斗大麦未还。第二天，斋公向斋婆说："禅师叫我静坐果然有益，几乎被某人骗了一斗大麦去。"

七

苏郡太守杨贡，因为民间喜欢隐田，乃实行丈量之法。有好事者，见他这样办理，对于小民甚是不利，便写了一首歪诗投给他。诗曰：量尽山田与水田，只留苍海与青天，如今那有闲洲渚，寄语沙鸥莫浪眠。

太守为之动容，便把丈量法废了。

八

沈文卿为吴中老儒。某夜，读书至宵分，灯荧荧欲灭，忽见贼在室中掏物无所得，乃从容喊道："穿窬君子，虚劳下顾，某辄有小诗奉赠"，乃长吟道：

"风寒月黑夜迢迢，孤负劳心此一遭；只有古书三四束，也堪将去教儿曹。"

九

有塾师教人读"郁郁乎文哉"，讹为"都都平丈我"。诸童皆习而不悟，门庭常满。某日，有宿儒来纠正，生徒一哄而散。时人作打油诗嘲之云：

"都都平丈我，学生满堂坐；郁郁乎文哉，学生都不来。"

猎 头 民 族

非洲法属刚果有一部份未开化民族有猎头风俗，但以猎头风俗驰名世界的却是南洋婆罗洲，托利斯海峡一带的诸野蛮民族。

以人类头颅为对象的奇异风俗有两种：一种是道义的宗教的，即将祖先的或英雄的头颅加以保存，即所谓"头颅崇拜"。另一种则是爱美的世俗的，为了恋爱的动机或个人利益的动机而猎取他人的头颅，即所谓"头颅猎取"。这里所要讲的便是具有后者这种奇特风俗的南洋猎头民族。

新几内亚南方的马瓦达，当地土人便是以猎头著名的民族。他们杀了一个敌人之后，便将他的头割下，用一根竹杆插入下颚，这样高举着凯旋。割取人头，规定要用一种特制的竹刀。人头拿回家之后，放在火上烤干，拔去毛发，这时，村中的少女便团聚起来，旋绕着跳舞，一面唱歌。烤干的人头再刮净皮肉，然后便在头盖骨上塑入一块木楔，挂在门前的木杆上。

一个青年人如果要结婚，他至少要有一个这样的人头才有资格，否则没有一个女子肯嫁给他。为了这原因，青年人便不得不出外猎取人头。有时，他们藉口去探访朋友，住了一些时，回来便带着几个人头。这些人头大都是花钱买来的，可是亲友们都认为这是勇敢的表示。女子也乐意嫁给他。在马瓦达地方，一颗人头的代价大约是一只独木舟。

割头的竹刀是以特殊技巧制成。即以一根粗大毛竹削成□片，用绳缠住一端作为握手。应用时，以贝壳的薄片在握手处刻下一条痕，然后从竹片的尖端向下撕去一条竹皮。这手法是要技巧的。据说，这新剥去的竹青的竹片锋口十分锐利，足够杀人。但仅能应用一次。第二次用时，即要用贝壳另刻一痕，重新撕去一层竹青了。《南洋猎头民族》的著者赫德顿氏说，他曾购得一柄竹刀，其上有贝壳刻痕五道，表现这刀曾割过五个人头，又有一柄其上竟有刻痕九道。

更使人谈虎色变的是婆罗洲萨拉瓦克地方的猎头民族。这地方，据民俗学家的研究，他们猎取人头的最大动机，正如前面所讲的马瓦达地方一样，是以取悦于女性为目的。只有一个勇敢的青年才可以猎得人头，而一个可以猎得人头的勇敢青年，在结婚之后无疑对于自己妻子可以尽最大保护之责。因此没有猎取人头纪录的男子要想结婚几乎不可能。猎头风俗的成因虽然很复杂，但最重要最合理的解释该从这方面去认识。

除了取悦女性以外，猎取人头的动机便是为自己未来的利益打算。许多野蛮人都迷信灵魂不灭及死后阴间生活的存在。既然谁都要死，活着的时候便不妨为死后的生活打算。野蛮人相信人的灵魂是跟随着他的头颅的。取得一颗头颅，便是取得一个人的灵魂。一个人如果藏有十多颗人头，他在死后便不愁没有人服侍了，因为这十几颗头颅所属的灵魂都成为他的奴隶。

正像我们的财主时时差一个用人下乡去察看他们的田产那样，南洋猎头民族的"财主们"，也不时要杀掉一两个奴隶，以便可以有人预先给他在阴间布置保管一切。

为了这个原因，"人头"也就成了财产。当获得一个新的人头，自己的财产增加了一份时，他们便要以烤猪肉及米酒塞到骷髅的口里，以便向这些死灵魂取悦，同时更要在头骨架上挂一排木钩，以便将来可以钩取更多的人头。

土人对待猎得的人头一如对待生人一样，而且相信这些人头具有一种魔术和巫力。他们不敢在人头架前泄露任何秘密，而猎得一个人头之后，除了世袭保藏，或则郑重的赠给朋友之外，是不能随意弃置不顾的。有时，为了迁居，不愿将旧的头骨携入新住所时，他们要为人头临时另造一间小屋，预先将人头迁入这间小屋，然后全家私逃似的逃入自己的新住所，以免那些死灵魂追随不舍。

史书秽语及其他

史书秽语

《战国策》，宣太后谓尚子曰："妾事先王也，先王以其髀加妾之身，妾困不疲也；尽置其身妾之上，而妾毋重也；何也？以其少有利焉。"又《唐书》，则天朝，张薛诸人承辟阳之宠，右补阙朱敬则上书切谏，中有"陛下内宠，已有薛怀义张易之昌宗，固应足矣，近闻尚食奉御柳模自言子良洁白，美须眉，左监门卫长史侯祥，自云阳道壮伟，过于薛怀义，专欲自进，堪充宸内供奉，无礼无义，溢于朝听"云云。则天得谏，劳之曰，非卿直言，朕不知此，赐彩百段。夫闺房掩面之谈，而君臣相告，从容金殿之下，慷慨细旒之上，史官见之，亦不删削，流传至今，可谓奇事。

秘　戏　石

邵阳魏百平，为鄞县柴小梵君知友，柴所著《梵天庐丛录》载，百平在广东电白山中，得巨石卵数颗，爱其洁白光莹，命工剖之，将以作砚，工既剖开，石心有男女交合图画，赤身裸体，眉目秀丽，动人情处，尤格外分明。百平异之，命更剖其他，则皆有之，而面目姿势，石各不同。百平乃更向山中觅石，一一剖之，凡得十八石，宝爱甚，载以归。有西人见之，叹为异宝，愿购取其石，反覆论价，竟以五千四百金易以去，百平竟以小康。后复至电白觅石剖之，已无图画矣。

人　皮　鼓

四川万县东郭一小寺内，有鼓一具，击之，声不激越，然甚洞明，光映之，内如燃灯。寺僧云，是张献忠军中所用之人皮鼓，鼓板取最巨之牛骨为之。献忠每杀人，择伟大者二，剥皮作灯笼，或制鼓，齿作骰子，足胫小骨作鼓柱。后嫌其腥，俱弃之，寺得其一，宝存之。按古有衅鼓之祭，系杀人以血涂鼓为祭。若以人皮为鼓，实未之前闻也。

梭　背　裆

有旗人锡元庭者，曾有内务府服官。据其语人，咸丰末年，文宗以海内骚乱，视为无可挽回，西狩木兰，实备事急东归之计，同时又纵欲自戕，以冀速死，故近侍宫人，裤皆开裆，名梭背裆，便其随时可以幸御也。及后，虚亏已甚，犹日服方剂以振其欲，惟下体畏寒异常，及冬尤甚，乃于衣裤内特制一物以温下体，系以貂皮缝缀，而袭以黄绒，缀扣带，以便系援，归内务府承造以进。锡君曾亲见之。

西藏奇俗及其他

西藏奇俗

西藏某一部落的番人，习俗重男轻女，男孩初生未逾三日，必诡言为女，以防神妒。又于小儿阳具涂以煤烟，且以银环束之，据说不这样，夜叉神便要将孩子的阳具盗去，使其重行化为女身。

偷生菜

上海虹口一带，粤侨旅居者颇多，据上海本地人相传，广东妇女之艰于子嗣者，往往夜窃人家生菜食之，云能生子，因取生菜字义之吉利也。某年新闻报曾记鸭绿路有某粤籍妇人偷邻家生菜，邻妇为宁波人，其迷信较粤妇更甚，认为窃取生菜，苟因此怀孕，即不啻窃取其家子孙，互相吵闹不休，几至扭入捕房，一时传为笑谈，曾有打油诗纪其事："生菜盈盈中夜青，偷将玉手向园丁，夜深只恐多风露，未必张仙许乞灵。"

今来粤多年，绝未闻人言及偷生菜事，岂习俗已有变迁，或传闻之误耶？

租　妻

宁波有租妻陋俗，与湖南相仿佛。出资若干，限以年限，限满仍归事故夫，限内所生子女，为承租者所得。间有相处年久，不愿复归，而如典物之找价卖绝者，俗谚所谓十典九牢是也。《西山日记》载孝丰高奎，贾于吴门，有一人以数金质其妻，奎竟还之，后生子成进士。明袁中郎《江南子》诗注，"余在吴，见博徒有典妻者"，见《袁中郎全集》，是吴门前亦有此风俗，现已绝矣。今惟甬东一带犹存，尤以舟山为盛，凡贫不能俯畜其妻者，辄出租于人，盖夫既可得钱营生，而妻亦可以免冻馁。生活逼人，非可与语廉耻矣。

畅　乐　馆

鸦片之役，英夷海军沿长江进迫江宁，沿江一带蹂躏颇甚。凡妇女姿首稍美者，即不免污辱。相传镇江有富翁张亦曾者，见而大愤，特设密计，出巨资至淮扬一带搜罗娼妇数百人，色绝艳，而皆身染毒疮者，在扬州钞关设妓院数十间，专款接英兵，而特廉其缠头，甚或分文不收。英夷以其价廉物美而且便利也，众趋之，良家妇女得免荼毒者颇众，时人颇德之。张所设之妓馆名曰畅乐馆。未几，《南京条约》成立，英夷撤兵，显已大半身染毒症矣。

又，庚子之乱，外兵至正定时，正定守江君，亦曾出资招集土娼百余人，分藏各民家，预立标识，外兵入城搜括妇女时，即由城中无赖引往其地，良家妇女得以全贞者亦不少。此皆于无可奈何之中而设法保全万一，均足嘉也。

春杯春画

《梵天庐丛录》载，吴门有某世阀，姬妾数十，主人年老，不能遍御。一日，有世谊周姓者至其家闲坐，周故风度翩翩，俨然潘安仁王子晋一流人，其家一妾慕之久矣。坐定献茶，妾来伴谈。周启盛茶盖碗之碗盖，见盖之正中，有彩画，细视之，乃一春画，男女拥合，仅二分许，须竭目力，始能辨之。周不禁面赤，是妾乃绝无羞容，从容谓周曰，君真少见多怪，是亦何足奇，曷更持盖向光映之。周如其言，即泐白内四周复有一十二幅，状各不同，淫态秽色，区区一杯间尽之矣。周难故矜持，大笑不止。是妾则斜睨作态，周若不觉者。及饮茶毕，则见杯底亦有一幅，初为茗叶所掩，不能见，今倾杯乃见之。周谓是姜曰，今日饱观珍奇，实为梦想所不及，然鲁男子实不可动也，竟辞而出，从此绝迹不往。

按瓷器作春画，盛于明朝，尤以穆宗为甚，《敝帚轩剩语》曾载，"幼时曾于二三中贵家，见隆庆窑酒杯茗碗，俱绘男女私亵之状，盖穆宗好内，以故传奉命造此种。然汉时家则凿瓦画壁俱有之，且有及男色者，书册所纪甚俱，则杯碗正不足怪也。以后此窑渐少，今绝不复睹矣。"

又近人许氏所著《饮流斋说瓷》，则谓杯碗之有春画者，系属于压胜之作，其说如下："压胜瓷品，颇为猥亵，明穆宗好内，故隆庆杯碗始有之，清康熙雍正乾隆道光诸朝亦有递作者，旁及花囊屏枕诸器，风斯靡矣。然汉广川王画屋，已有此种，则滥觞为已古矣。若但写风怀，含蓄不露者，犹为彼胜于此也。"

春画酒杯，日本亦有之，多年前曾在上海见一器，杯中作男女狎媟状，女子高踞在上。杯外题诗一句，其意云："啊啊，我这样子，不怕神明见了都要动怒吗？"是盖女子之口吻，颇饶风趣。至若仅绘男女生殖器之一种，则鄙俗不足观矣。

至于春画，则相传始于汉广川王画屋，又汉时冢墓间多有之，系用以压邪者。至于绘于楮帛上，世以明仇十洲唐伯虎最工。近人传广东南海某画师，最工此艺，专业十七年，遂以致富。画师有女名阿青，年及笄，日窥乃父所画，久亦能执笔，淫艳动人，反有跨灶誉。南海令某密嘱某画师绘一全套，须有一百零八幅。画师日夕构思，成百有五幅，更不能续矣。阿青虑父焦苦，于密室手绘一幅，进呈诸父，展页勘对，竟无一雷同者。父初大喜，既而长叹曰，败吾家者，必汝淫婢也。操刀欲杀之，女走而免。画师自是绝笔不复作。

嫂 姑 成 孕

　　清赵吉士所著《寄园寄所寄》，曾引《开卷一噱》所载传闻一则，谓昔有兄嫂相戏，为小姑窥见，小姑次日即要求阿嫂照样表演，以致余精流入小姑体中，因而成孕之奇闻。赵氏未言及此事出处，今阅明人笔记，始知此事发生于明正德年间，且曾引起诉讼，山左某氏藏有此案之判词，载《梵天庐丛录》中，情节极奇离巧合，天地之大，真无奇不有也。原状名"钱李氏遗精复度招情"，词云：

　　　　招状妇李氏，年三十五岁，直隶应天府上元县民妇招，正德五年三月十九日，有夫钱臣，前往母舅张廉饮酒，更深醉回，见氏针黹寄候，不知乘其酒兴，遂搂抱推倚床沿，百般戏弄，恣意淫乐。比有小姑钱氏，因与氏卧房间壁，闻氏与夫淫声交杂，不合挖开壁洞，窥氏与夫交合情状，想已动心。次早天明，氏夫早出，姑即前来，含笑对氏说称，你与哥哥昨夜扭在床上许久，所作何事。氏又不合明说，你哥醉酣乘兴，色欲迷心，与氏顽耍一场，今早到上元县公事前去。姑又不合含笑忍耻称说，你两人交合形状，我皆看见，可照样与我一做，便了，不然，我要说知与人，氏又不合听从，随将小姑抱向卧床，各脱裙裤，挽起双足，效作交欢之状。以致两阴相合，弄假成真。是氏淫情兴动，将夫所遗元精流入小姑阴门，欢乐一番各散。不料小姑以后顿觉精神迥异，经闭腹高，遂成胎孕。当被伊翁凌铣告府，批行本县案下，拘氏与夫姑到官，审问前情明白，是氏不合与姑隐蔽前情，致生事端，姑遂成孕，蒙台疑有私通虚诳，当拘稳婆沈氏验看小姑阴门，委实未曾破身，果是遗精复度。又恐未的，再拘江宁县稳婆姚氏，覆验无异，所招是实。

旋奉议云：

　一议得李氏钱臣氏等所犯，俱依不应得为而为之事，合依律的决杖八十，奉大诰减等，各杖七十，审各有力，照例取赎。钱氏仍候所孕轻身，给与钱臣收养，照旧配与凌铣次男为妻，两家无得再生异议。

按近年西洋医学所试验之人工受孕术，能以新鲜男子精液，保持原有温度，注射于女子腔内，虽男女两人相隔千里之外，亦可成孕，似此则李氏钱氏之遭遇，从科学立场而言，亦有发生之可能也。

幽 闭 笑 谈

日前某报谈中国古代刑法，谓五刑之一宫刑，男子是阉割，女子是幽闭，谓幽闭即拘禁之义，且释为"因在野蛮时代，女子倘使成了俘虏的话，战胜的人，还要用她来满足性欲，觉得过不去，故代以坐牢狱"云云。按中国古代对于女子所施宫刑，系以手术使其下阴闭塞，人道不通，故名"幽闭"，今某君竟误会为使其本人坐牢狱，可为喷饭。

缅　铃

　　缅铃是一种小玩意，是男子用来助兴，献媚女子的工具。据说是一种铜制的小铃，中藏某种鸟类凝结的精液少许，一沾热气即能自行颤动，相传出在缅甸，故名缅铃。徐应秋所辑《玉芝堂谈荟》载，"滇中有缅铃，大如龙眼，得热气，则自动不休，缅甸男子嵌之于势，以佐房中之术"。缅铃得名之原因，据《粤滇杂记》，谓缅甸有淫鸟，其精可助房中术，有得其余滴于石者，以铜裹之如铃，故谓缅铃。包汝楫之《南中纪闻》谓，缅铃薄极者，无可比似，大如小黄豆，内藏鸟液少许，外裹薄铜七十二层，疑属鬼工神造，以置案头，不住旋运，握之令人浑身木麻，收藏稍不谨细辄破，有毫发破坏，更不可修葺，便无用矣，相传此种鸟液出深山坳中，异鸟翔集所遗精液也，莹润若珠，最不易得。

缅铃的特点，为稍沾人体暖气，则自转动，切切如有声，因此荡妇及孀妇私蓄此器，以之纳入腔中，铃得腔中暖气，旋动尤速，快美之感，胜于近男。相传此物即在缅甸亦不可多得。收藏时，过暖过寒过燥过湿及气味恶浊之处，皆易坏，惟入腔一次，则加固密，愈久而旋愈灵，诚异宝也。有曾目睹此物者，谓其大如黄豆，四周无缝，虽不知其真伪，但握于掌中，稍顷即令掌心作奇痒，实令人不可思议。

有这种神秘作用的异鸟，究是何鸟，问诸缅甸土人，他们也答不知。据《滇南杂志》载，"滇南有树，名鹊不停者，枳棘槎枒，群鸟皆避去，不敢停留，惟鹓之交也，则栖止而萃其上，精溢于树，乃生瘤，土人断瘤成丸，如鸟卵，近人肌肤，辄自跳跃，就私处，益习习然，人或骨节间作酸楚，失舒展，按其丸于骱穴，弹动少时，即苏快而愈，然极难得，故缅人以铜仿其意为之，内藏小轮，循环不已，以气温体暖相感而动，其功用悉如树瘤，亦曰缅铃，然实乃西洋所制，并非缅制也。"

这样看来，缅铃实有两种，一是自然的产物，一是人工的。产生这神秘精液的异鸟虽说是"鹢鸟"，只怕也不过是揣测之词而已。至于所谓来自西洋的"缅铃"，则确实有这种东西，是一种金属体的小球，中实水银，极光滑，女性以两枚纳入体中，稍行转侧，即互相颤动不停，能使人发生极度快感，霭理斯的《性心理研究》中曾提及此物，谓为现代女性自渎工具之一种。

锁 骨 菩 萨

佛教经典中有著名妓女两人，一为摩登伽女，一为锁骨菩萨。摩登迦女以淫术诱惑阿难，将毁戒体，但终为佛所度。锁骨菩萨则为菩萨以众生欲念难消，特化身妓女，大开方便之门，实行普度。据《韵府续编》载，"观音大士昔于陕州化为娼女，以救淫迷，既死埋之，骨如金锁不断"，故名锁骨菩萨。所谓锁骨者，据说佛身有舍利骨，菩萨之身则有锁骨，锁骨形状，连络如蔓，动摇之则有清越之音。

《续玄怪录》载有锁骨菩萨故事颇详，明人梅禹金所辑《青泥莲花记》卷一记禅类曾收之，其说如下：

昔延州有妇人，白皙颇有姿貌，年可二十四五，孤行城市，年少之子悉与之游，狎昵荐枕，一无所却。数年而殁，州人莫不悲惜，共醵丧具为之葬焉。以其无家，瘗于道左。大历中，忽有胡僧自西域来，见墓遂跌坐具敬礼，焚香围绕，赞叹数日。人见谓曰，此一淫纵女子，人尽夫也，以其无属，故瘗于此，和尚何敬耶？僧曰，非檀越所知，斯乃大圣慈悲，喜舍世俗之欲，无不徇焉。此即锁骨菩萨，顺缘已尽，圣者之耳，不信即启以验之。众人即开墓视，遍身之骨钩结皆如锁状，果如僧言。州人异之，为设大斋起塔焉。

一说，锁骨菩萨降世为马郎妇。谓昔有贤女马郎妇，于金沙滩上施一切淫人，凡与交者，永绝其淫。死葬后，一梵僧来云求我侣，掘开，乃锁子骨，梵僧以杖挑起，升空而去。《传灯录》所载，汝州风冗延沼禅师问如何是清净法身，师曰，金沙滩上马郎妇；又，潭州灵泉院和尚问先师道，金沙滩上马郎妇，意旨如何？师曰，上东门外人无数。又问，便恁么会时如何？师曰，天津桥上往来多。皆指此事。

马郎妇之由来颇古，据《历代佛祖通载》所载：唐世佛教大行，而陕右人俗习骑射，性沉鸷，乐于格斗，鄙闻三宝之名。有女子怜其戆，乃之其所。其人见女单身，风韵超然，姿貌美丽，群思狎之，女曰，我无父母，又鲜兄弟，亦欲有归，然不好世财，但有聪明贤善男子，能诵得我所持经，则吾愿事之。随即授以普门品曰，能一夕通此则归之，讵第二夕诵彻者竟达二千人。女曰，女子一身，家世贞洁，岂能一人而配若许人，因又授以他经，讵能诵者仍众，至第三次始得马家郎以三日诵彻法华经七轴，遂许以媒妁之礼相聘，但合卺之夕，女托他故少俟，随至别室化去，葬后不久，即有老僧来点化，谓此系菩萨"悯汝等障重缠爱，故垂方便化汝，宜思善因，免堕苦海"云云。马郎妇之由来即本此。

"安配郎"

南洋婆罗州戴亚克土人的女人，据说是世界上最懂得享乐的女人。她们不以丈夫自然发育的能力为满足，要求增加人工的点缀，而且这种要求俨然成为一种权利，如果丈夫拒绝她们的要求，她们得提出离异。

这种增加女子快感的工具名为"安配郎"。戴亚克的女人当男子接近她时，有权要求男子使用这种工具。戴亚克的男人如果没有"安配郎"这家伙，便根本不能取得女人的欢心。

所谓"安配郎"不是媚药，而是装置在男性器官上的一种小玩意，这是要施用手术，经过了相当痛苦才可使用的。孟特加沙氏在他的名著《人类的性关系》中曾提到这东西，他解释如下：

> 只有成年的男子才有资格施行这种手术。先将包皮褪后，用两根竹枝将性器夹紧，再用湿布覆着，这样，要经过八天或十天。然后，用一根锋利的竹针将龟头横穿一个洞，以蘸油的鸽毛塞入这创口。这样，反覆的将有油的鸽毛穿入，直到创口结痂痊愈，可以贯通无阻为止。在这期间，始终要用湿布覆着，以免发炎。

在平时，戴亚克的男子就将鸽毛留在这孔里。一旦要向他们的爱人有所要求时，他们便将鸽毛拔下，换上"安配郎"。这是一种以铜，银，或黄金制成的小棒，约一寸又五分之三长，一分粗，棒的一端缀有一枚梨形的小球，另一端亦有同样的球，不过是可以拔下的，当"安配郎"放入孔内之后，然后再装上。两端装上梨形小球之后的"安配郎"，长约二英寸，粗约五分之一英寸。

安配郎的长短可以伸缩自如。戴亚克的女子们有种种习惯方法向男子暗示她们所需要的长度。她们盛饭给爱人或丈夫时，用草叶卷一只烟卷放在盘内，暗示她们的需要，或者用牙齿咬着右手的手指，暗示所要的长度。戴亚克的妻子有权利向丈夫作这种要求。在习惯上，如果丈夫拒绝了，她们可以自由离去。

她们说，如果不用安配郎，好似吃饭只吃白饭；只有用上安配郎，才有饭里加上盐的滋味。据孟特加沙氏说，他曾见有人使用两只安配郎，一只在前，一只在后。又，荷属东印度的西里伯岛，那里的土人也使用这东西，不过不叫安配郎，他们叫作"康波因"或"康比"。

著《妇人与恋爱》的鲍耳氏，也曾提及未开化民族的女子大都喜爱这类东西，他论断说："这证实未开化女子爱欲倾向和已开化者全然不同。对于前者，她们的兴趣全然集中于性行为本身。"

母 子 错 综

　　"母子错综"是精神分析学派用来归纳某种特殊型神经病的名词，这名词是弗洛伊德所特创，也有人译作"蒸母复识"。若依据原文直译，该是"奥伊地普斯型的错综心理"。通俗的解释起来，则是一种因了对于母亲的过份爱情所受到的抑压而产生的神经异常，与普通所谓乱伦关系略有区别。

　　为什么要叫作奥伊地普斯型呢？这典故出自希腊神话。

　　奥伊地普斯是地比斯皇帝拉伊欧斯的儿子。拉伊欧斯在阿坡罗神庙占卜时，神曾向他警告，说他将来必为儿子所弑，王位必为儿子所篡，因此奥伊地普斯出世后，拉伊欧斯王就命牧

人将他弃在山间，并将他的双脚凿穿，用绳缚住。奥伊地普斯
命不该绝，为科林斯皇帝波莱布斯的牧人所救。波莱布斯王将
他收为义子，并给他取名为奥伊地普斯，即脚肿者之义。奥伊
地普斯长大后，并不知波莱布斯王并非自己生父，他偶往神庙
占卜，神向他启示，说他命中注定要弑死父亲，并要向母亲犯
乱伦之罪。奥伊地普斯大惧，即弃家而去，想要逃避这命运。

　　某日，他在路上与地比斯王拉伊欧斯相遇，互相因争路动
武。奥伊地普斯不知对方是自己的父亲，对方亦不知奥伊地普
斯就是自己从小抛弃的儿子。决斗结果，拉伊欧斯为奥伊地普
斯所杀，于是应了弑父之谶。这时，恰巧地比斯国内出现了人
面狮身的怪兽，这怪兽踞守来往的大路口，要人猜谜，猜中者
通行，猜不中者杀死，每日死人甚多，因此地比斯人悬赏，有
人能制服怪兽者即尊为国王，并以皇后约迦丝达（即拉伊欧斯
之妻）下嫁。奥伊地普斯闻信前往，怪兽所揭示的谜语是：

　　"今有一物，清晨四只脚，中午两双脚，夜晚三只脚，是
为何物？"

　　奥伊地普斯回答他说，这谜语指的是人，因人幼年用手足
爬行，长大后步行，老年则扶杖而行。怪兽见谜语被猜中，即
投崖自杀。地比斯人见祸害被除，即如约奉奥伊地普斯国王，

并以皇后约迦丝达下嫁。奥伊地普斯绝不知约迦丝达就是自己的生母，于是犯了乱伦大罪。

奥伊地普斯既犯了弑父乱母大罪，天神震怒，于是地比斯国内天灾瘟疫，相继而来。百姓向神祷告，神藉巫师的口将奥伊地普斯所犯的罪向众宣布，约迦丝达闻信，羞愧自缢，奥伊地普斯也惊惧发狂，自己抉出了自己的双目。

这便是奥伊地普斯型错综心理（母子错综）这名词得名的由来。据弗洛伊德说，每个男孩都有这种变态病原存在，不过长大后有了适当的异性做恋爱对手，这病原便被消灭，否则便横流而成为各种变态性欲，或神经病患者了。

伊哇岛的乱伦悲剧

居住在西南太平洋，梅郎内西亚一带的棕色人种，有许多美丽的故事流传着。这些故事皆与恋爱巫术有关，因为土人相信男子对于某一个女子，或女子对于某一个男子所发生的爱，纯然是出于巫术作用。这种巫术一旦滥用或误用，便要产生悲剧。许多母子兄妹的乱伦行为便是由这原因产生，而非人力所能遏止或挽救。这类因误用恋爱巫术所发生的悲剧故事之中，最著名的是伊哇岛的某兄妹俩的悲剧。马林洛斯基在他的名著《西北梅郎内西亚土人的性生活》中，曾详细分析研究了这故事的来源，背景和给与土人道德上的影响，又在《野蛮社会的性生活及其压制》一书中，研究这故事与母性中心社会的关联，认为是最典型的仇视父权的母系民族特产物。

马林洛斯基根据土人的口述，曾将这故事加以纪录，其概略是这样：

苦米拉伯瓦格村的某个妇人，生有一男一女，皆已长大成人。有一天，母亲正在剪裁草裙，儿子则为了希望获得某个女子的爱，正在炼制某种有巫术作用的药草。他以辛辣的克瓦牙瓦格叶与薄荷叶放入椰油中煎熬，然后以香蕉叶作盛器，将这油挂在茅屋的入口，自己便到海滨去洗浴。后来妹子从外间砍柴回家，口渴取水，走过悬挂油器的下面，有一滴油滴到她的发上，她以手拂油，然后再送到鼻上去嗅。这油已经是有恋爱巫术作用的，于是便在妹子身上起了作用。妹子心动了，她问母亲道："他呢？"（这时她的语气已经不称他为哥哥，而用称呼一般男子的口吻称呼他）。母亲听了这口吻，心里着慌道："糟了，孩子们要发疯了"，便回答道："他到海边去了。"

妹子寻到海边，哥哥正在洗浴。妹子脱下遮羞的草裙，赤身走入水中，向着哥哥走来。哥哥看见光景不对，便连忙避开，可是妹子逼着追来。他跑，她也跑。哥哥沿着海滩来回跑了三遍，妹子跟着追了三次。最后，他跑回原来洗浴的浅水滨，不胜疲惫而倒下，便被妹子捉住。他们一同倒在水里，拥抱，而且性交。事后起身，回到岸上，再度交合，然后又走到一个石洞里，两人躲在里面，交颈而卧。为了羞愧，为了懊悔，两人躲在洞里，不吃不喝，终于死在洞里。死后四肢拥抱，尚不分离。后来从他们身上便生出了带有香气的草叶，这便是土人相信具有恋爱巫术作用的薄荷叶。

据马林洛斯基教授说，西北梅郎内西亚土人爱说这个故事，反映他们对于恋爱巫术的魔力是如何重视。土人相信，即使如兄妹之间的不可侵犯的界限，如一旦误染了巫术，也毫无逃避可能，终于不得不犯了乱伦大罪。

萨地主义

有一种人，专门喜欢虐待异性，并且从这种行为上获得性的满足，这种变态行为被称为"萨地主义"，又称作"虐待狂"。

萨地主义得名的由来，是由于法国萨地侯爵的著作。萨地生于十八世纪法国大革命时代，写了不少小说和剧本，专门取材于各式各样虐待异性的故事，猥亵而又残酷，其中最著名者为《朱丝丁》与《朱丽叶》，因此近代病理学家以及性心理研究家，便将有虐待异性倾向的性欲变态者称为萨地主义者。

关于萨地主义的定义，霭理斯曾说："最简单又最通常的定义该是爱宾氏的，即所谓这是一种与性欲有关的给与异性以苦痛或运用暴力的欲望。"摩尔氏的定义则更完备，他将萨地主义的现象形容为"一种倾向于殴打，虐待，侮辱自己所爱的异性的性欲冲动……"此外，布洛哈，施密斯诸性学权威，也曾各有各的定义，但大都不出上述范围。

西班牙人喜欢看斗牛，中国人喜欢看杀头，这都是一种嗜好残虐的心理流露。弗洛伊德学派心理学家是将人类一切行为都归源于性欲动机的，因此他们说，这种人都有虐待狂的倾向，都是萨地主义者。

情欲的表现，男子多是主动，女子则向来被动的，因此萨地主义者大都是男性，女性比较占少数。

最浅近的萨地主义倾向是精神的或语言的，如说"我真爱得你要命"，或"我恨不得咬你一口"，都是这种倾向的流露。最厉害的则甚至真要将异性杀死才获得性欲的满足。性心理学家将萨地主义分成四个阶段。第一阶段即如上述，患者仅在语言或文字上满足这种欲望。第二种则趋向打情骂俏，捏一把，咬一口以求满足。第三阶段则渐渐要残害对方的肢体，冲动过份时甚至要扼死或谋杀对方始获得满足。第四阶段则已成为疯狂，患者往往向异性施行强暴，事后更加以杀害，割取其乳房或性器官，甚至将其肢体加以支解以为快。第一二阶段患者甚多，不足为怪。第三阶段患者则有时会在人丛中割取异性衣服，甚或暗中以利器戳伤少女以获得满足。第四阶段则纯成为疯狂性的犯罪了。

历史上有许多人物都有虐待狂的倾向。以杀人为乐的暴君以及虐待同性的妒妇都有这种嫌疑。不仅人类这样，许多动物昆虫都是"萨地主义者"。雄猫交尾时要咬雌猫的颈项，虾蟆有时会将它的配偶扼死，雄蟹往往在配合时拗断雌蟹的脚。不这样则似乎不能满足，萨地主义可说是生物普遍的嗜好。

马索希主义

马索希主义是萨地主义的反面。萨地主义者以虐待异性而获得性的满足，马索希主义者则恰恰相反，以忍受异性虐待而助自己获得满足。萨地主义一译作"虐待狂"，马索希主义则有人译作"自虐狂"。

马索希主义这名词，是爱宾博士所创造，其来源与萨地主义一样，是由于马索希氏的著作。马索希为西班牙，德国与俄罗斯的混血儿。据德国希利讫特格洛尔氏所写的马索希传记说，马氏自幼就有一种特异的嗜好。

自孩提时代，一切残酷的事物对于他就有一种异常的吸引力。他喜爱注视行刑杀人的图片，爱读殉道者的传闻，而自发育以后，就时常梦见自己在一个残酷的妇人势力之下备受虐待。十岁时，马氏无意中窥见其亲戚某伯爵夫人的隐事。伯爵夫人素以凶悍著名，在床笫间也处于主动地位，其情景使马氏深受冲动。伯爵夫人虽然凶悍，但颇美艳，于是马氏幼小的心顿生爱慕。伯爵夫人的皮裘颇多，马索希觉得披着皮大衣的伯爵夫人更有特别吸引力。马氏每藉故为伯爵夫人服役，更衣取水，无不乐从，伯爵夫人亦以一种傲慢心情接受马氏的爱。某次，马氏为伯爵夫人着鞋，情不自禁，捧伯爵夫人白而肥之玉足狂吻，伯爵夫人以脚蹴之，马索希即感到异常的快感。此后每忆及此事，即禁不住自渎。

又有一次，伯爵夫人外出，马索希在夫人房中假寐，伯爵夫人忽携一情人来家幽会，马索希伏于隐僻处偷窥，夫人以皮鞭抽打裸体之情人，情人蜷伏呻吟，毫不反抗，似有无限快感者。无意间，隐蔽马氏之衣幛忽坠地，伯爵夫人见马氏在房内窥探，勃然发怒，即以手中之鞭鞭之，马氏抱头鼠窜，但同时则感到异常的快感。马氏逃出房后，回忆身受鞭打时的滋味，不禁再返身潜至房外，这时房门已闭，马氏侧耳细听，唯闻伯爵夫人的皮鞭声与情人的呻吟声，自己冲动万分，竟至自泄。

　　马索希作品中所描写的大都是这类故事，于是性心理研究学者，遂将有这类变态性欲倾向的人呼为"马索希主义者"。

　　马索希主义者，女性多于男性。因在恋爱心理上，女性每以尊重其对手，加以崇拜，承认其权威为乐。这心理发展至极端，便变成接受自己所爱的人的虐待为快乐，非此几不能获得性的满足，于是遂成为自虐狂。

　　最极端的男性马索希主义者，不能从正常的性生活中获得满足，他们有时不得不至妓寮，出钱雇用妓女，命其故作凶态，向自己施行种种虐待，从而获得满足。变态性欲的医案中关于此类现象记载者甚多。

拜物主义与拜物狂

对于异性或所爱的人的身体某一特殊部份，或是这人所有的衣物及零星物件，发生特别爱好者，这种倾向名为"拜物主义"。拜物主义与"拜物狂"不同。拜物主义者是因物及人，如忧某一个女人，因而觉得她的光可鉴人的黑发或纤长的手指特别可爱之类，皆属于拜物主义之列。"拜物狂"则恰恰相反，所爱好者仅为某一女子的头发或手指本身，并不爱别的部份，甚而凡是女子的头发，不问老少美丑，识与不识，一见即爱不忍释，甚之即以此作为单恋自渎的对象，想尽千方百计以获得此物（如女子的头发或手巾之类），虽犯罪杀人亦无法自制，是为"拜物狂"。

拜物主义在某种限度内是人类生理的常态的现象。拜物狂则是病理的变态的了。

爱好异性或自己所心爱的人的肉体某一特殊部份或某一特点，以及和这人有关的物件，实是人类极寻常的生理现象。女性的乳房以及臀部常常成为男子崇拜爱好的对象，但这种倾向显然不是病态的。有人听了他的爱人说话的声音就心动，有人见了他的爱人的赤脚就冲动，有人特别爱好女子的头发，有人特别爱好女子的眼睛。有些女子自称特别喜爱被有口髭的男子接吻。凡此种种，皆属于拜物主义之列。然而皆不是病态的。

由这倾向推演下去，进而觉得对方的某一件衣服或某一种物件特别可爱，甚而一见此物即引起强烈的冲动，都仍是属于正常的生理现象，并不能算是拜物狂。

但当这些物件或身体的某一部份，不论其属于任何人，单独的成为爱好的对象，乃至发泄肉欲的对象时，则这种倾向就成为变态的了。

性欲变态的拜物狂者，如果他所爱的是红色的女衣，则一见了任何女性的红色衣服即忍不住冲动，对其他任何事物乃至正常的性行为均不感兴趣。崇拜女性头发的拜物狂者，他们甚至在大庭广众之间，公然强吻女子的头发，甚或身怀利剪偷偷的剪去一丛。

据塔尔弥氏的医案记载，有一年逾三十的男子，已是两个孩子的父亲，家庭情形良好，这人每隔二三月即要发生拜物狂一次，每次发病时间要继续四五日。在这期间，他酷爱女子的手巾，用尽一切手段去搜罗。在每次发病的四五天短短时期内，他往往能偷得百余条女子手巾。发病时间一过，他立即将这些手巾毁去。他平时因这病症极感痛苦，深恐行窃时一旦被人发觉要败坏自己的名誉，但一到发病时又完全失去自制能力。

拜物狂患者，女性极少，通常皆属男子。

梅 毒 始 原

　　一般人常常将花柳病与娼妓并论，似乎说这是二而一，一而二的东西，没有娼妓便没有了花柳病。霭理斯在他的名著《性心理研究》中指出（第六卷《性与社会的关系》第八章论花柳病），说这见解是错误了。花柳病与娼妓并没有不可分的联系。前者是医药问题，后者是社会问题。他们的混而不清，仅是表面现象。在基本上，这两者是截然不同的。即使娼妓全然绝迹，如果关于医治花柳病的医药问题不完全解决，花柳病依然不能绝迹。反过来说，即使花柳病受到如麻疯那样的严密的控制，仍丝毫无补于如何解决娼妓问题。

花柳病种类不一，最主要的病症是梅毒。不仅这样，古代人每每将梅毒包括了花柳病全体。当代这方面的权威学者伐奈尔氏曾指出，梅毒，酒精，肺痨，实是流行于现代世界的三大瘟疫。在他说这话以前，著名的哲学家叔本华也说过：梅毒为现代文明特殊现象之一，许多社会关系都直接或间接的受到它的影响。据德国布洛哈博士说，叔本华说这话实是慨乎言之的。据可靠的考证，叔本华于一八一三年曾沾染梅毒，这不仅影响了他的人生观，且促成了他的悲观哲学系统。

哈费尔堡氏在《健康及疾病与婚姻之关系》一书中说得更好。他说，梅毒如商品一般，凡现代文明所及之处，无不流传。在目前世界上，除非洲中部及巴西中部一小部份外，皆有它的踪迹。

关于梅毒的起源，诸家见解不一。大部份的权威者，都认定梅毒流传于欧洲，是与发现新大陆有关，是在十五世纪末，由哥伦布的水手们从美洲带到西班牙，再由此向东发展，由十字军带入近东，再向世界各处分布的。十五世纪时，当时对于梅毒的名称是"印度病"。

同时，有许多证据和文献记载，又表示梅毒已流行于罗马凯撒时代，而罗马当时的记载则说此病来自埃及。一九零零年在巴黎所举行的医学图片展览会，有一帧埃及木乃伊腿骨的摄影，清晰显示曾患过梅毒的痕迹。古埃及时代如果已有梅毒，则依据文明传播的路线，显然来自亚洲，因此又有人主张，中国是梅毒的发源地，但中国直至十五世纪为止，并无关于梅毒的记载，且这病症在中国最初系发现于闽粤沿海一带，名曰广疮，显然是因通商关系由国外输入的。法国的布拉氏说得好，如果我们说梅毒在原人时代已经存在，这断定可能并非武断。

拿破伦的生理研究

　　叱咤风云，一世之雄的拿破伦，作为英雄，政治家，野心家，乃至恋人，都被人写得够了。但是，他的私生活，他的性生活究竟怎样呢？这个以前无人敢着手的课题，由于新资料的发现以及好事家的探讨，已经使我们能略知一二了。

　　生理学家告诉我们，决定个人性机能强弱的是由于黏液腺的分泌作用。黏液腺是一个豆形的小球体，位置在脑髓的底下，恰在鼻梁骨的后面。黏液腺分前后两部，机能各不相同。后部的分泌作用与性机能有关，分泌黏液愈多，这人的性机能愈强。

拿破伦的后部黏液腺发展情状如何呢？

据研究，拿破伦身材在中人以下，高五尺六寸。面部轮廓显著，下颚突出，手掌小而肥厚，头发黑而直，皮肤深褐。据他的医生报告，他的脉搏从未超过五十次——凡此一切，都是液黏腺发展过度的表示。

种种方面，都显示拿破伦的性机能是反常的。据他的传记家说："这类问题有时会在最不便利的情况下苦恼着他。更可异者，如不即时获得解决，或当时恰巧有其他事件发生使他分心，这要求也会突然消逝。一切女人对于他都是泄欲机器。他对于女人所注意的是性的魅力，而不是她们的社交活动。"

路得维喜，当代著名的《拿破伦传》作者以及其他人，都不约而同的指出，拿破伦从未真实爱过皇后约瑟芳或其他任何女人。他对于女人从未有过一次持久不变的情感。

拿破伦早年的暴躁不安，显示了他的黏液腺活动过度，而中年的腹部扩大，臀部与大腿的迅速扩大，判断力的衰退——如贸然进攻俄国，不顾危险进行冬季作战，都显示黏液腺机能的衰退。

拿破伦从中年以至死在赫伦拉岛，他的身体状态都显示在逐渐的女性化。据执行拿破伦死后尸体剖验的亨利医师报告说："身体各部都堆积很厚的脂肪。胸骨部份，通常此处骨骼是贴近皮肤的，脂肪也有一寸厚，腹部脂肪则堆积至寸半二寸。通身毛发稀少，头发则薄而光泽。整个生殖器官细小，似乎表示性欲的低弱。皮肤细嫩，尤其是手臂与手。体态苗条纤细。阴阜宛如女性。胸部肌肉细小，肩狭，臀部阔大。"

据性心理学者研究，拿破伦晚年的身体发展状态，如果继续下去，极有使他成为性欲变态者，尤其是男色爱好者的可能。拿破伦生平所以不曾沉溺于此道者，实因他平日态度严酷，无法与他身边各人发生亲密关系。

露 体 狂

　　有一种属于性欲变态的神经病患者，喜欢在异性面前赤身露体，尤其喜爱显露其性器官，这种病症便是所谓露体狂。伴随着这病症的特殊现象之一是自渎。患者往往向异性显露其下体时，同时实行自渎。

　　露体狂患者差不多全是男子。女性患者可说极少。女性历来所受的家庭教育，学校教育，乃至社会教育，都偏重在养成羞耻心和强调贞操观念，这偏重在心理上所发生的影响，使女性不易成为这类病症患者。少数女性露体狂患者，其神经在检验之下，证实已入于错乱状态，与其称之为性欲变态者，不如称之为疯人了。

露体狂是间歇性，而且是突发性的。发作时，患者即失去理性，不能制止自己的行为。无论是在室内，在窗口，或者户外公共场所，患者会突然为一种不可抵抗的欲望所袭击，止不住向自己面前的异性暴露自己的下部。若是自己强行抑止，则即现暴躁不安，惊惶失措之状，同时胸部感觉压迫，心跳流汗。

最初运用"露体狂"这名词的是拉西卡氏。他说：这种性欲变态者，向异性暴露自己的性器官后，自己同时在心身方面即获得满足与快感，往往并不需要直接与异性发生关系。他们的行为几乎是柏拉图式的，故不常酿成犯罪因素，至多是妨碍风化而已。

以下是诸家医案中所记载的这类病症患者的实例：

有一医生，屡次向妇女及小孩裸露自己的下体。有时甚至在医室中向来求医的女病人作这变态行动。这医生后被当局控告，判决有罪，执行徒刑三月。

又一医生，地位甚高，且在医学校担任教授。某日，为一已婚妇人检验身体完毕，忽为解开自己的裤钮，将自己的生殖器塞入妇人的手中。这妇人系城中高贵家庭主妇，丈夫甚有地位，万一张扬出去，医生固然要受惩诫，但妇人今后亦将永远成为他人嘲笑的对象，故双方同意互守缄默。

又有一人，年已四十，素患神经衰弱，某日，忽然在公园中故意将自己的裤带松弛，使自己的赤裸下部显露于妇女游客之前，诸妇女皆掩面惊呼而散，这人大乐。后一次，他竟在一家百货公司向两各〔个〕购物的少女作这同样行动，为店伙呼警拘捕，被判罚款。

又有一人，在血统上有疯狂遗传，屡次在街上及公园中暴露自己的下部。他作这行为时，口中且吹口哨以唤起他人的注意。

女性的露体狂患者实例，如前所述，虽偶有发现，然已入于疯狂范围，而非仅是性欲变态者了。

荒 唐 帝 王

在西洋历史上，古今以来，最荒淫无道的皇帝，大约要算罗马的尼禄王了。说来几乎使人不肯相信，可是历史却明白的记载着，有一次，尼禄王举行了一次盛大的宴会，在二三万罗马男女市民之前，他公然同一条母猪性交。历史家告诉我们，这对于尼禄王并非新奇的刺激，他不过将平日在宫中所过的生活，公开于罗马市民之前而已。

尼禄的另一"美谈"，是他与朵茹佛露斯的合卺礼，是在数十裸体宫女围绕之中举行的。

在他之前，比他更出名的凯撒大帝，则是一个男色爱好者，他曾自称为"一切女子的丈夫，同时也是一切男子的妻子"。

稍后的底比留斯王，则连威尔斯在他的《世界史纲》中，也说他沾染着一种变态的嗜欲。关于这，有一位罗马的历史家写道："对于乳臭未干的幼儿，他似乎也不放松。就是在公共集会或是敬神典礼中，底比留斯也要一泄以为快。"

底比留斯之后的加里古拉王，在宫中为他的男侍从所弑。据历史告诉我们，这些侍从大部份是他的宠幸。

加里古拉的承继者是他的叔父克劳底斯。这位帝王的私生活似乎更下流。他的嗜好有点异常，竟以帝王之尊，甘心屈尊做龙阳君。

赫利奥加巴路斯，可说是历史上唯一爱好男扮女装的帝王。他有许多"男朋友"。他赠给他们大笔财产，更请他们做高官。

希腊罗马时代的帝王私生活既是这样，当时一般的社会流行风尚更不必说了。所谓"希腊式的爱"是纯粹官能的享受，而这种爱的对象，乃是狡童而非少女。

流传至今的希腊悲剧以及柏拉图的哲学对话，都充满了有关这种享受的记载。至于希腊神话中所传的那些大神的恋爱纠纷，其中有不少也全然是同性恋或是其他变态的。

柏拉图的师父，古今唯一大哲学家苏格拉底，据现代好事家的研究，他也逃不脱当时社会的风尚，也是一位男色爱好者。

苏格拉底之死，尽人皆知，是被判服毒自尽的。据近人研究，苏格拉底所用以自尽的"赫姆洛克"草，在当时系专门用来处置风化罪犯的。因此苏格拉底获罪的真原因，并非如世所传，谓他提倡异端邪说，而是因他与少年们同居生活过于荒唐，以致的他［他的］行动被判"败坏了少年人的道德"，令他服毒自杀。

草　头　娘

　　《三风十愆记》，清人著作，而佚作者姓名，记男女饮食诸事，颇诙奇可诵。其中"色荒"卷记所谓草头娘者，以色相颠倒众生，老而弥甚，有类人妖。使生于今生，当不知又吸引多少达官贵人也。

　　草头娘为明季丐户后裔，江苏常州人，初嫁蒋姓，蒋死复嫁黄三，黄又死，于是遂择当意者招之为假夫。假夫者，仅以给应门之役，听指使，供买办，名为夫，实则不之夫也。稍失其意，辄逐之，复招他人，是以屈指多人。人因其初嫁夫姓有草头，遂呼之为草头娘，盖隐号也。草头娘居县署后小巷，体微丰，姿容秀媚，工博戏，能诵诗，又善调味，不减易牙。少时尝从其母出入大家，贵介子弟之不检行止者，辄与有染，故未嫁时已多外幸。既嫁，专业伴媵。邑中凡嫁女之家，非得草头娘不足耀婚礼之盛。倘草头娘不在，则举席为之不欢。遇嘉宴，虽贵客亦与同席。坐客醉，辄与之挨枕挡，无所不至。席间遇所欢，辄与订私会期，毫无顾忌。乐安氏以过昵而患消渴，天水氏以结想而病癫痫。更可笑者，爵尊乡老，亦慕其名，令侍寝一夕，捐以二十金，未几，遂成痿痹之疾，其蛊人毒人如此，而名反益噪。中年遂弃伴媵业，不复事事，辟一轩，洒扫精洁，风雅之士，闻风亦慕焉，一时堕其阱中者，指不胜屈。

年届五十后，益自敝诞，群恶少来与狎，杂沓纷呶，甚且争斗于庭，有伤目及指者。草头娘惧，乃闭门谢客，佯示矜贵，实以避祸也。而贪其色者，如蝇慕膻，卒依恋不舍，潜窥窃视，踵趾相接于户外，至有以父子而迭相来觑其门，聚庵为乐者，群恶少鼓噪逐之乃去。草头娘乃稍晦匿，佯闭门谢客，而以所邻马妪者为介，一时邑中为之语曰：要认县背后，只跟马脚走，要见娘家好，老马先喂饱。

草头娘无子，所积甚富，乃出其所蓄斋僧饭尼，邑中放生乐施等会，诸乡绅率以草头娘为善缘领袖。挥霍多金，一无吝色。尝私语马妪曰：吾所以不惜耻者，欲舍身作善事，为来生福耳。邑人传之为笑柄。

草头娘晚年丑声如故，择少年之美貌者，往来不绝，为竟日欢，为长夜饮，意兴更不减少壮日。有一士人家本素封，因狎草头娘五六年而家产荡然。或问之曰：人狎少妇，亦情之常，彼年已六十余，子有何乐狎之？士人曰：子非我，安知我之乐也。彼年虽老，然发黑如漆，容色淡若，又通体肉胜于骨，肌肤柔滑如凝脂，情之所钟，正在我辈，安得不尔。其友大笑，复戏问曰：此外得无悦子媚子者乎？士人不觉色飞，拍案起早曰：有之，但此际非亲昵之不能知，即知之亦难以明言也。

香 园 故 事

以下的故事，载印度秘籍《香园》中，系第十一章"关于妇人的诡计与外心"之附录，表示妇人一旦心有异志，即诡计百出，使为夫者防不胜防也。

有一个名叫巴黑亚的女人，已结婚，有一姘夫，但因往来过密，为众人所知，巴黑亚为名誉及安全计，不得不忍痛暂时与姘夫分离。

姘夫思念巴黑亚，日夜不舍，几致成疾。

某日，姘夫往晤其朋友某君曰："我思念巴黑亚欲死，君为我之好友，能偕我冒险同往一探乎？"其友欣然承诺。

次日，二人同至巴黑亚所居市镇，入一旅店。姘夫嘱友人往觅巴黑亚之侍女，并告以侍女容貌，嘱其一见侍女之后，即将己意转达。

友人果于某处寻见侍女，即以姘夫之意告之，侍女回家转告巴黑亚，巴曰："请告前途，请于今晚在某时某地某一棵树下相会。"

届时，巴黑亚果然来相晤，姘夫大喜欲狂，互相拥抱，即要求寻一机会幽欢，而不为丈夫所觉。巴曰："此甚容易，但我欲预知。君之同伴友人，乃系诚实可靠之人乎？"

姘夫谓系知友，绝对可靠。巴黑亚闻言，即脱去己身衣服，亦命其友脱衣，而互相更换，男扮女装，女扮男装。其友不解其意。巴曰："君闭口莫言，如此所嘱行事可也。我家在某处，我之卧室在某处，床在某处。君可直入我卧房，卧于我床上。黄昏，我夫必入我室，询汝牛奶罐何在。汝不可发言，待彼询汝第二遍时，汝即从床下以牛乳罐授彼。彼即无言而去。待彼取牛乳罐归来后，汝亦俟彼唤汝至第二次时始接其罐，汝可饮去牛乳二分之一，即安心睡眠，通宵无事矣。"

其友如巴黑亚所嘱而行。一切皆如所料，顺利无事，但不幸当其伸手接受牛乳罐时，失手将罐堕地。丈夫大怒，取木棍加以痛殴，友人但隐泣吞声，引毡蒙头，不敢发言。丈夫发怒完毕，始为丈母劝去。丈夫去后，其母始往安慰其女，并嘱次女前来陪伴其姊，以减少其受殴之苦痛。

友人无端代人受过，正闭目隐痛难言，闻巴黑亚之妹婉言相慰，睁眼偷觑，见其妹乃一天人，不觉心动，顿忘己身适才所受一切痛苦，乃以手微掩其口，附耳低语曰：

"姑娘毋惧，余非汝姊，乃一男子，乃汝姊情夫之至友，为吾友故，为汝姊故，乃如此如此来代人受过也。汝如声张，则一切皆泄露矣。"

姑娘初尚恐怖，继思有男子如此侠义心肠，代人受过，亦可钦佩，遂转嗔为喜，纵体入怀。友人遂饱享其应享之酬报。

夸 口 受 训

下面的故事，亦出自天方秘籍《香园》中，与巴黑亚故事相类，同是表示女子诡计之多，为男子所经验不尽者也。

有一善男子，自负甚高，对于女子行为，饱有经验，自谓一切女子对于男子所施之诡计，彼皆洞悉，天下决无女子再有本领使彼受骗。

此语为一女子所闻，心殊不甘。女子为一有夫之妇，素以美丽多情著名，于某日特设盛宴，罗列名酒香水，使人往激男子，谓素慕盛名，愿乘丈夫外出之便利，邀彼一叙，藉偿衷曲。

此妇人既以美艳著名，男子以机会难得，获邀即欣然而往。

妇人接待男子殊属殷勤，自谓丈夫善妒，彼乃冒绝大危险而尝试者，因彼素慕某男子善于服侍女子，故甘冒危险而一尝人生极乐。酒酣肴残，妇人即邀男子同入罗帐。

孰知正在欲成好事之际，门外叩门声忽起。妇人谛听之下，谓系丈夫归来，惊惶万状。某男子亦素知其丈夫善妒著名，决不甘休，于是亦手足无措。在妇人授意之下，男子即避入一大木橱内，由妇人将橱门加锁。

丈夫归来，见桌上陈列酒肴，不禁惊诧，即问此为何意。妻谓恰与人小饮，不意夫君忽然归来，故收拾不及耳。丈夫大怒，谓其人何在，妻谓即在橱中，橱已加锁。丈夫即索匙，妻不得已与之，丈夫即持匙启门。时某男子在内，闻声已遍体战栗。

但当丈夫正插匙入孔，恰欲启门之一瞬间，妻忽发冷笑。丈夫停手问其何故发笑，妻曰：

"汝真笨伯！天下岂有妻子私约情人幽会，坦白直告其夫，并告以情人藏匿所在，而又以钥匙授彼之理？直告汝，前言戏汝耳，此一切酒肴皆特为汝归来而预备者耳。汝如不信，汝不妨启橱门一视可也！"

丈夫闻言，深信不疑，即留匙于锁孔，不复启橱，并慰其妻曰：

"汝言良是，天下决无如此笨妇人，余实不疑汝也。"

言次，丈夫即就桌上酒食，邀妻子共饮。二人饱醉之下，复同入罗帐，恣情嬉乐。一切举动，皆为某男子在橱内谛听无遗。

次晨，丈夫跨驴出门，妇人始启橱门命男子出。某男子一夜不眠，饱受虚惊，又被刺激，已面无人色矣。

妇人数之曰：

"汝自命深知女子一切诡计者，汝曾经验如汝昨晚所身受耳闻之诡计者否？休矣，从今后请毋再夸口！"

某男子垂头狼狈而去。

男 子 缠 足

旧时女子流行缠足，但男子亦竟有缠足者。男子缠足之动机有三，即美观，迷信，或出于藉端玩弄女性是也。

由于爱美的动机，清末士大夫多用包脚布，使脚形尖瘦，以别于一般下层阶级，特不如女子缠足之甚，此可谓之为变相的缠足，至今西洋皮鞋仍有尖头式者，可谓中外皆有同一倾向，而且至今尚在继续流行中。

男子缠足的史料，从宋人笔记中已经可以找到，王明清《挥麈余录》载："向宗厚履方，建炎末为枢密计议官。履方美髯，面若滑稽之状，裹华阳巾，缠足极弯，长如钩，同舍为之语曰，居新明皇时四人合而为一，状类黄幡绰，巾类叶法善，脚类杨贵妃，心肠类安禄山。"是宋人朝士已有缠足者，且可间接证明杨贵妃亦系缠足。

由于迷信而使男子缠足，则多系被动的，在幼少时由父母强迫代缠。此种动机，多因生男儿每不能育，遂信算命先生之言，自幼男扮女装，普通仅穿耳，甚者实行缠足。其后因环境关系遂至不能改正，一误再误，成为纯粹缠足的男子矣。

最恶劣的男子缠足动机，乃是属于第三型，即以供人狎弄或欲藉端迷惑女子是也。所谓相姑，娈童，旦脚，以及男扮女装之人妖，皆属于此类。

小说《镜花缘》中有林之洋，亦为缠足之男子。然林之洋仅为小说中人物。笔记中之真正人妖，则大有人在。明黄日昇《蓬窗记》中云：

> 成化庚子，京师有寡妇，善女红，少而艾，履袜不盈四寸，诸富贵家相荐引，以教室女刺绣，见男子，辄羞避，有问亦不答。夜必与从教者共寝，亦必手自扃户，严于自防，由是人益重之。庠生某，慕寡妇，必欲与私，乃以厥妻绐为妹，赂邻妪往延寡妇，妇至，生潜戒其妻，将寝则启户如厕。妻如厕，生遽入灭烛，妇大呼，生扼其

吭，强犯之，则男子也。厥明，系送于官，讯鞫之，姓桑，年方二十四，自幼即缚足小，为是图富贵家女，与之私者先后若干人，闻讯多有畏羞自经者。

类此"人妖"式之缠足男子，笔记中所载者尚不止上引之一则，然此皆以图谋奸淫大家妇女为目的，而不惜自身实行苦肉计。与此特反，则为男子自幼被人强迫缠足，藉以供人狎弄，是为被动的，如北京之相公，旧时扮女角之优伶等类是也。

关于此类缠足之娈童优伶，《清关声色志》中颇多叙述。太平天国虽禁止女子缠足，然据记载，天王，与东王等皆有男色癖，而此类娈童，每皆莲步姗姗，实行缠足者，是亦怪现像也。

珠 江 风 月

袁子才的《随园诗话》，是尽人皆知的风雅名作，而且袁氏女弟子众多，颇令后人羡慕。可是这样的风雅诗人，对于久擅盛誉的珠娘，却没有好感。袁氏在《随园诗话》中说：

> 久闻广东珠娘之丽，余至广州，诸戚友招饮花船，所见绝无佳者，故有"青唇吹火拖鞋出，难近都如鬼手馨"之句。相传潮州绿篷船人物殊胜，犹未信也。

袁氏这样轻视广东珠娘的原因，据说是由于地域观念。袁氏见惯了娇小玲珑的江浙美人，故对于赤脚穿拖鞋的广东妓女认为不堪承教，但他的后人就不同了。《沪北竹枝词》作者袁翔甫是袁子才的孙儿，他的竹枝词之中有一首是咏"粤妓"的，却说：

"轻绡帕首玉生香，共识侬家是五羊，联袂拖鞋何处去，肤圆两足白于霜。"

珠江风月，自清初已盛。广州青楼，明末尚设在南濠，至清初则迁至今沙面，妓女以板筑屋，与柔寮等，故名曰寮。所谓疍家寮，即系疍户在水边所筑之板屋。后来失火，又渐渐改趋于海珠一带。所谓"谷埠"，即昔日珠江风月之中心，其盛况正不亚于后日之陈塘也。

陈塘最盛时代，有大寨三十五，共有妓女二千余人，在清末曾遭大火一次，不久又即恢复。革命后，队炯民〔疑"陈炯明"——编者注〕氏曾一度禁娼，但自龙济光入粤后，陈塘风光，又复如昔。最近可供引用的广州花事数字，已是民国十五年的了。据当时广州市社会局调查，妓寨共有一三一间，其中有妓艇六十九只，妓女人数共有一千三百六十二名。

据《珠江花史》所载，广州娼妓所居地，通称为寨或寮。称作寨的由来，是因妓女多数是卖身的，"事头婆"防其私逃，雇有"看鸡佬"看守，复共同在妓院集中所在，设立木闸企栋，仅容一人出入，与山寨仿佛，故曰寨。上等者曰大寨，中等者曰细寨，又称二四寨，下等者则曰炮寨。

二四寨得名之由来，则因此等妓女皆日夜接客，前清价目，日间银二钱，夜间四钱，故通称为二四寨。妓女由二四寨再降一级，则至炮寨。更老，已无人过问，惟有佣于盲妹家，夜持白铁手铃，身背洋琴，手扶盲妹沿街度曲，过其繁华一梦之末路生涯矣。

广东妓女所通用之俗语，据《珠江花史》所载，嫖客所给之缠头曰"白水"。拒绝客人所请曰"打泻米"，又叫"托米"。因此而使客人发生争吵者则曰"炒米仔茶"。妓女从良曰"脱壳"，又曰"上街"，谓其离开水面生活也，故又名"吃井水"。至于嫁人复出，则曰"番阉"。妓女姘看鸡佬者，俗称"开豆粉水"，未知何解。

乱世杀戮之惨

明末流寇杀戮之惨，在中国历史上为仅见，而其中尤以张献忠在四川之屠杀为最甚。献忠入蜀三次，分道屠戮，流血成渠。吾人试读明末记载流寇祸蜀之野史，虽相隔数百年，犹使人触目惊心，其惨状正与今日香港在敌机盲目轰炸下所遭遇者相仿佛，乃知乱世民生，遭祸之惨，古今正如一辙。《蜀碧》四卷，清彭遵泗著，搜罗张献忠杀人之事最详，兹摘录若干则，以与眼前之惨状相印证，诚如原书自序所言，"是日也，惨然操觚，悲风四起，余益不知心之所极，泪簌簌而屡下也"。

贼每屠一方，备记所杀人数，贮竹围中，人头几大堆，人手掌几大堆，人耳鼻几大堆。所过处皆有记。

贼遇病弱者，多割鼻砍手。砍手之令，男左女右，若误伸者，两手俱砍。至小儿幼女，弃道旁，衬马蹄，或掷之空中，以刃迎之。

贼分道搜杀四路遗民，忿然曰，川人尚未尽耶，自我得之，自我灭之，不留毫末贻他人也。于是令伪帅孙可望等四将军，分道出屠，穷乡僻壤，深崖峻谷，无不搜及。得男手足二百双者授总把，女倍之。可望等或日杀四五县不等，童稚手足不计，止计壮男女手足。有一卒日杀数百人，立擢至都督。

杀人之名，割手足谓之匏奴，分夹脊谓之边地，枪其背于空中，谓之雪鳅，以火城围炙小儿，谓之贯戏。抽善走者之筋，斩妇人之足，碎人肝以饲马，张人皮以悬市。

又剥皮者，从头至尻，一缕裂之，张于前如鸟展翅，率逾日始绝。有即毙者，行刑之人坐死。

贼诡称试士，于贡院前左右，设长绳离地四尺，按名序立，凡身过绳者，悉驱至西门外青羊宫杀之，前后近万人，笔砚委积如山。惟二士年幼，不及绳，留作书记。

献贼复检各卫军及各营新兵，年十五岁以上者杀之。各路会计，所杀卫军七十五万有奇，兵二十二万六千有奇，家口三十有三万。成都北威凤山起，至南门桐子园，绵亘七十余里，尸积若乔岳然。复收近城未尽之民，填之江中。

　　贼嗜杀出天性，偶夜静无事，忽云此时无可杀者，遂令杀其妻及爱妾数十人，惟一子，亦杀之。令素严，无敢争者。晨兴，召诸妻妾，左右以告，则又怒其不言，举左右奴隶数百人悉杀之。

　　贼斩妇女小足，叠累成峰，与爱妾酣饮其下，忽仰视云，更得一足合尖方好，妾举足戏曰，此何如，贼云使得，立命斩之。

女 身 有 虫

正法念处经云，人身有八十种虫，各有专名，读之颇骇人。据云，髑髅内有二种虫，游行骨内，常食此脑，复有放逸虫，住顶上，令人疾病。复有发虫，住骨外，常食发根。复有耳虫，食耳中肉。复有鼻虫，食鼻中肉。复有脂虫住脂中，瞋则令人头痛。复有食涎虫住舌根，瞋即令人口燥。复有醉味虫住舌端，得美食则皆醉，粗食则萎弱。复有虫名六味，彼嗜此味，我亦嗜此。复有牙根虫住齿内，瞋则令人牙痛。复有四种虫住咽喉中，令人食时，津唾杂乱，咽之入喉，与脑涎合，或生呕吐。复有虫名抒气，瞋则咽喉闭塞。复有二种续虫生支节间，令人脉痛。复有肿虫住身内，其虫饮血，自然肿起。复有嗜睡虫住周身，疲极归心，人则睡眠。复有十种虫，行于肝肺，令人得病。复有二十种虫，行与骨髓，食人精液，欲火常炽。复有二十种虫，行于阴处，令人消瘦多瞋，下体常臭。复有十种虫，行于尿溺，形色臭恶，或令人泻，或令闭塞。

　　人身有虫八十种之多，这八十种专门名词若一一抄录下来，恐怕要难倒医学博士或是细菌学专家。不过，更骇人听闻的是，据一般佛经所载，人身除这八十种虫以外，附属于性器官部份的，另有八万户虫，男人"心根一动，四百四脉皆动，八万户虫一时张口，眼出诸泪，其色青白，化成为精，从小便出"，女人则"八万户虫周匝围绕，人饮水时，散布四百四脉，诸虫食之，即吐败脓，其色如血，复有细虫游戏其间，积之一月，无可容受，所以女人必有经水"。

　　以上是禅秘要经所载，看来似乎倒也有点"科学头脑"，而另一部佛经（大威德陀罗尼经），论及女根垢相，则又有不同的说法。据云："佛告弟子阿难，当知妇人有五蛆虫户，而丈夫无此，其五蛆虫，在二道中，其一虫户有八十虫，两头有口，悉如针锋。彼之蛆虫，常恼彼女，令其动作。"

　　佛经的理论本来是很统一的，不过这里说到男女身上的虫，则一说各有八万虫户，一说仅有八十虫户，而且仅是女人有，也许是户口调查的数字不正确吧。不过，女人身上有虫，似乎已经成了不移之论，因为除了佛经之外，中国古代医书上也有，据叶德辉从日本丹波康赖所撰的《医心方》中辑录出来的《素女经》上说：

"黄帝问素女对曰女人年二八九若二十三四阴气盛欲得男子不能自禁食饮无味百脉动体候精脉实汁出污衣裳女人阴中有虫如马尾长三分赤头者闷黑头者沫。"

除虫的方法，据《医心方》卷二十四所载，用面作玉茎，长短大小随意，以酱及二辨锦裹之，内阴中，虫即着来出，出复内，如得丈夫，其虫多者三十，少者二十云。

面粉居然还有这功效，若是给揸面粉的人知道，也许黑市面粉更要"起价"了。

媚药和求爱的巫术

媚药与催淫剂不同。媚药是浪漫的乃至诗意的。催淫剂则可以说是现实的乃至功利主义的。"红豆生南国，春来发几枝"的红豆，带了可以惹相思，这是媚药。甚至雪花膏，香水，凡是为"悦己者容"的东西，都是属于"媚"的范围。反之，肉苁蓉，三鞭酒，以及类似的一切，都难免是助欲的催淫剂而已。

关于使男女相念相爱的媚药，多少都带点魔术和巫术的意味。这类药相传多出产在南方，这大约因为南方多产奇花异草，而南方人又富于热情，同时更因了南方荒蛮之地，出外谋生的多，外来探险开辟的异乡人也多，南蛮夷婆会"放蛊"，又会用药物或符咒使异地男女互相爱慕的原故。

中国古籍记载产生岭南可供媚药用的动植物颇多，如《投荒录》云：偶在番禺逢端午，闻街中喧然卖相念药声，讶笑召之，乃蛮媪荷揭山中异草，鬻于富贵人。为媚男药。又云：五月五日，探鹊巢中两小石，号鹊枕，妇人佩之，可为媚药。有抽金簪解耳珰以偿其值者。

《闽小记》也说：龙虱，妇人食之，貌美，能媚男子。

《岭表异录》说：鹤子草，蔓生也，其花麹尘，色浅紫，蒂叶如柳而短，当夏开花，又呼为绿花绿叶，南人云是媚草，采之曝干以代面靥，形如飞鹤，翅尾嘴足，无所不具，此草蔓至春月生双虫，只食其叶，越女收于妆奁中，养之如蚕，摘其草饲之，虫老不食而蜕为蝶，赤黄色，妇女收而带之，谓之媚蝶。

又有一种"无风独摇草"，头如弹子，尾若鸟尾，两片开合，见人自动，带之使夫妻相爱，《本草》说生在岭南，又说生大秦国。"陶朱术"云：五月五日，采诸山野，往往亦有之。独摇草又名"独活苗"，图经云："出雍州山谷，或陇西南安，今蜀汉者佳。此草得风不动，无风自动，故名独摇草。"

　　《淮南子毕万术［万毕术］》载："赤布在户，妇人留连。"
注云：取妇人月事布，七月七日烧灰置门楣上，即不复去，勿
令妇人知之。这已经由药物的运用进到巫术镇压的范围。现今
华北娼家还有将妓女月经布暗挂在大门上的陋俗。不过已经不
是用了来挽留姐儿，而是迷信从这下面钻过的嫖客，一定会流
连忘返的。

　　属于求爱的巫术方面者，西洋著名的是所谓"所罗门通信
盘"，专为各在天一涯的情人通消息之用的。这盘的制法，据
巫术书上所载，是将英文二十六个字母，排成圆圈，再用纯钢
制成一枚指南针似的指针，将这钢针在磁石上穿透，然后再一
剖为两，重量大小要完全相等，两根针吸合在一处时仍如一根
一般，然后根据制指南针的方法，将两根针各在一面盘上，盘
上各将二十六个字母排成一圈。据说，这样制成的"所罗门
盘"，因了那两支针磁力相等之故，无论两盘距离如何远，假
如一只盘面的针拨动，另一只也会跟着动。一只停在某一个字
母上，另一只也会停在某一个字母上。这样，如果一对情人分
开了，他们可以这样制作两只盘，各人带着一个，彼此约定一
个时间，将要说的话，按照盘上的字母拨着，一只针指在某一
个字母上，另一面盘上的针也会指在某一个字母上，只要将所

指的字母逐一记下，这样，她便知道她情人所要说的话。她如果要复信，也可同样拨动自己盘上的针。

"所罗门通信盘"的灵验与否，我不曾试验过，因为这类求爱的巫术，是多不胜举的。许多未开化野蛮民族的求爱迷信不用说了，就是自命文明的美国，据说一个姑娘如果在五月节踏青的时候，将所见到的第一朵花，采下来嗅三遍，反复念着：

　　红花白花

　　今晚我要见他

她的爱人一定就会来的。一个男子如果身边带着一颗雄鹌鹑的心（在中国该是鸳鸯），女人带着一颗雌的，两个便永远不致吵嘴。而一颗乌龟的心用狼皮包着，带在男人的身上，他便永远不致为别的女子所诱惑了。

南斯拉夫族的女子，喜欢将她们的爱人的脚践踏过的泥土掘起来种花，据说可以紧固他们的恋爱。这迷信一直到现在还流传着。

这不过是关于既成的爱情的保持，而另一方面，关于求爱的巫术，则方法更多，见于文艺作品的也不少。莎士比亚的剧中人物就曾屡次利用巫术来求爱。大约古老的英国当时也流行这类把戏。

匈牙利现代著名戏剧家摩尔纳耳，同时也是小说家，他曾写过一个短篇，题目仿佛《银剑柄》，述一位伯爵供养着一个炼金的术士，希望他能炼出黄金，但是许久不见成功，有一天伯爵发了怒，在最后的期限满了之后，恐吓着要杀死这术士。术士没有办法，便说他虽不能点铁成金，但有法术能为人求爱。于是他为伯爵的佩剑镶了一个银柄，据说手按着这个银柄，面向女人求爱，对手一定屈服的。带上这个银柄的佩剑，伯爵便到垂涎已久的邻堡夫人面前去试验。夫人是玉洁冰清的，伯爵以前已经失败过无数次，但是这一次，夫人因了这谣传已久的神秘银剑柄，自己胆怯无法自恃，同时伯爵却仗了这剑柄，有恃无恐，大胆的进攻，这心理上的差异，立刻使夫人降伏在伯爵的怀抱中。这样，依仗着这剑柄，伯爵在恋爱场中竟无往不利，以致有许多人愿意出了巨价，请术士传授他的秘术，或为他们代炼一个剑柄。这样，一直到临终，术士才忏悔似的说明，他为伯爵所制的银剑柄，根本就是个谎。伯爵所以能成功，不过是仗着自己的自信心和利用旁人的弱点而已。

这术士虽然拆穿了自己的谎，但也说出了一切求爱巫术的真谛。各种运用在求爱上的药草香料或巫术，如果有效力的话，也不过是利用受术者的自信力而已。

爱情的路是狭的，求爱不遂，一变而为羞愤，嫉妒随之，仇杀便发生了。古代的巫术，在这方面的发展，正和求爱是遥遥相对的。

著名的花花公子迦萨诺伐《回忆录》，其中便记着一位伯爵夫人因了嫉妒用巫术来谋杀他一事。

这种巫术，据说是先取得对方一点的血液，和自己的血混合起来，由行术的巫婆照对方的相貌制一具蜡人，将两人的血浇在上面，使起巫术，便能致对方于死命。但是对方如果事先知道了，出双倍的代价给巫婆，便可反过来获得她的爱。

每天用一根针截在自己所怀恨的蜡人身上，据说也可以使这人渐渐的死去。相反的，如果将自己追求中的人制成蜡人，和自己的蜡像合在一处，却可生出不可遏止的爱。

巫术最初的发展，除了运用在祀神之外，便都建筑在男女求爱的运用上。一位巫术师的享名与否，便看他对于当时贵族男女在这方面的贡献如何。不用说，现在男女是不会再相信这玩意的。不过今天的男女虽然不再用巫术来求爱，可是他们仍一样没有更好的方法，因为时代虽然进步，绝对有把握的求爱成功秘诀却仍旧不曾发明，这也许永远不会发明了，正如古代某诗人所咏：

　　　　一个人如果能搋水成片，量出风的尺寸，

　　　　称出火的重量，他便可以获得爱情，

　　　　否则一切都是徒然。

人肉嗜食史话

大树十字坡，客人谁敢那里过？

肥的切做馒头馅，瘦的却把去填河。

这首歪诗的出处，是《水浒传》第二十六回"母夜叉孟州道卖人肉"。凡是看过《水浒传》的人，大约总不会忘记施耐庵笔下那有声有色的一段描写。武松杀了潘金莲和西门庆之后，被判刺配二千里，路过十字坡，到母夜叉孙二娘开的黑店里歇脚，叫酒家赶快烫酒切肉：

"那妇人嘻嘻笑着，入里面托出一大桶酒来，放下三只大碗，三双筷，切出两盘肉来，一连筛了四五巡酒，去灶上取一笼馒头来，放下在桌子上。两个公人拿起来便吃，武松取一个拍开看了，叫道：酒家，这馒头是人肉的是狗肉的？那妇人嘻嘻笑道：客官休要取笑。清平世界，荡荡乾坤，那里有人肉的馒头，狗肉的滋味？我家馒头积祖是黄牛的。武松道，我从来走江湖上，多听得人说道，大树十字坡，客人谁敢那里过？肥的切做馒头馅，瘦的却把去填河。那妇人道，客官那得这话，这是你自捏出来的。武松道，我看这馒头馅肉有几根毛，一似人小便处的毛一般，以此疑忌……"

接着武松有心戏弄孙二娘，假装吃了蒙汗药倒在地上，孙二娘叫伙计将武松扛进人肉作坊去，伙计却扛不动，孙二娘只得亲自动手，一面骂道：

"这个鸟大汉却也会戏弄老娘，这等肥胖好做黄牛肉卖，那两个瘦蛮子只好做水牛肉卖，扛进去先开剥这厮用……"

可是武松并不会被当作黄牛，母夜叉的丈夫张青回来之后，竟同武松结拜兄弟，又到人肉作坊里将两个给蒙汗药醉倒的公人救醒。施耐庵描写这十字坡黑店的人肉作坊情形是：

"张青便引武松到人肉作坊里看时，见壁上绷着几张人皮，梁上吊着五七条人腿，见那两个公人，一颠一倒挺着在剥人凳上。"

　　施耐庵所写的这种出卖人肉的情形，未必一定是向壁虚构，至少是有一点社会学的根据。因为，从大一点的范围说，往古今来，吃人肉并不是一种怎样了不起的事情。从小一点的范围，就《水浒传》里英雄们所生活的这时代来说，吃人肉在宋朝当时也有相当的历史根据。宋史上说，金人南下时，山东一带的老百姓向江南逃难，一路就像今人吃臊味似的吃着"人臊"。如果不相信，请看宋朝人的笔记。

　　宋人庄季裕的《鸡肋编》上说：

　　"唐初，贼朱粲以人为粮，置捣磨寨，谓啖醉人如食糟豕。每览前史，为之伤叹。而自靖康丙午岁，金人乱华，六七年间，山东京西淮南路荆榛千里，斗米至数十千，且不可得，盗贼官兵以至居民，更互相食，人肉之价，贱于犬豕。肥壮者一枚不过十五千，全躯曝以为腊。登州范温率忠义之人，绍兴癸丑岁泛海到钱塘，有持至行在犹食者。老瘦男子廋词谓之饶把火，妇人少艾者名为不羡羊，小儿呼为和骨烂，又通目为两脚羊。唐止朱粲一军，今百倍于前世，杀戮焚溺、饥饿疾疫陷堕，其死已众，又加之以相食，杜少陵谓丧乱死多门，信矣，不意老眼亲见此时，呜呼痛哉！"

　　"两脚羊"，"和骨烂"，这类诱人的名字，正和今天广东人的"香肉","龙虎凤"一般，一定在当时是十分流行的。至于朱粲能辨别吃酒的人的肉味如糟猪肉，则更可见，这嗜好在宋朝以前的唐朝已相当发达。更古一点，据封神榜上说，纣王无道，囚西伯昌（就是后来的文王）于羑里，杀了他的儿子作羹，文王吃了，但是又吐了出来，就地化为兔子（谐音吐子）。这也许是传说，我们不妨姑妄听之，但正史上的吃人肉故事，却另有几件：

乐羊，战国时人，魏文侯使乐羊伐中山，乐羊之子在中山，中山君烹其子为羹，以遗羊，羊啜尽一杯。

楚汉之争，项王杀了刘邦的父亲作羹，刘邦居然吃了。后来刘邦得了天下，大杀功臣，也"醢彭越之肉分赐诸侯"。醢者脔割也，如果不是制成扬州名菜"狮子头"，定是制成广东流行的"椒酱肉"。

唐朝安禄山造反，张巡守睢阳，被围绝粮，掘鼠罗雀以食，后来"罗掘俱空"，竟杀了自己的爱妾以飨士卒。

从上面信手拈来的几条例子看来，可见吃人肉这回事，在中国历史上，从时间上说，禹汤文武的圣人时代就有，三代以下更不必说了；从吃的范围上说，儿子，爸爸，老婆，以至开国功臣，都在被吃之列，孙二娘将不相识的过路客人杀了当黄牛肉卖，实在并不稀奇。

不过这里有一点我们要注意，就是这类的"吃"大都是"被动"的，或者以"挂羊头卖狗肉"方式欺骗对方，除了少数迫于饥饿者外，还不是真正的"吃人肉"。换句话说，并不是"为人肉而吃人肉"。

真正的吃人肉，不仅中国有，古今中外任何民族都有，人类学者将"人吃人"这件事归纳成下列几种方式：

宗教的——将活人作为祭品献给神，经过这样手续之后，这个"人"已经成为神圣的，吃了他的肉便可获得神的祝福或神的性格。

医药的——相信人肉或人的某一部份的肉可以医疗某种疾症，或可以滋补某种亏损。于是明知是"人"，也当作"药"吃。这方面的例证，最为我们所熟悉的莫过于孝子割股疗亲这玩意。这是中国古昔法律所不禁，且为社会所表扬的。其实，这只是变相的吃人肉而已。至于江湖方士医师之流，妄以人肉为药。而且特别看中童男童女，如下面所引的故事那样，即是纯粹的性蛮遗留了：

"顺治中，安邑知县鹿尽心者，得痿痹疾，有方士挟乩术自称刘海蟾，教以食小儿脑即愈。鹿信之，辄以重价购小儿击杀食之，所杀甚众而病不减。复请于乩仙，复教以生食，因更生凿小儿脑吸之，杀死者不一，病竟不愈而死。事随彰闻，被害之家共置方士于法。"（据王渔洋《池北偶谈》）

自然的——原始人认为老年人是部落的赘累，对于行猎和作战都不便。老而不死，弃之可惜，于是只好废物利用将他们吃了。又有一些未开化民族，将其他民族都视作鸟兽虫鱼一般的异类，凡是有机会捉得到，都当作食粮用。这是最正统的吃人肉，在吃人肉的历史中占的范围也最广。他们的杀人吃人肉，恰似我们杀猪杀牛，吃猪肉吃牛肉一样。

人类学者不像宗教家或道德家那样，将一切人吃人的举动混为一谈，认为都是一种犯罪或残忍的举动。人类学者很冷静的说，如果我们承认进化论，承认人类是逐渐由下等生物进化到高等生物，由野蛮进步到文明，则对于兽类互相残杀，人类以兽肉作食粮，以及偶尔以自己的同类作食粮，都不妨当作进化的史迹研究，实在没有什么可惊异之处。可惊异者只是当人类进化到有了面包，有了饭吃以后，有时还要尝尝自己同类的滋味，但这也不能说是"犯罪"。只可以证明原始人的"蛮性"，有时还残留在我们的血液中发生作用而已。

据考古学家报告，在中欧哥罗西亚之克拉比那等处所发现的内安得塔尔人种的遗迹，有许多骨骸是残缺不全的，而且堆积在一处，颇像是一种宴会的残留物，因此认为内安得塔尔人也有吃人的习惯。提到内安得塔尔人，威尔斯在他的名著《世界史纲》里也说：

"尤有一异习当注意者，则野蛮人不嫌腐臭之肉也。彼辈多食死物，虽半腐犹嗜之。人类至今尚嗜腐，其来久矣。彼辈若迫于饥饿，甚至食其同类或子女之病弱为累者。"（据梁思成的中译本）

内安得塔尔人是我们可靠的祖先之一，繁殖在旧石器的第四冰河时代，距今约有五万年，这可说是吃人肉的最早的历史证据。

贞操带之话

　　嫉妒是人类的本性，特别表现在男女关系上，比其他任何感情都来得剧烈。这是人类占有欲的反映。假如有人能写一部男女之间的嫉妒史，那将是世间一本最诡异，同时也是充满了笑话和愚蠢的不朽的著作。

　　也许是由于宫庭的淫乱和顽固，在历史上，人类嫉妒性最发达的时代是中世纪的欧洲。一位风流皇后的私情或是一个民间懦夫的家庭丑史，不仅是上自宫庭，下至酒店咖啡店的绝好谈话资料，同时也是讽刺家最拿手好戏的题材。凡是读过意大利的文艺名著《十日谈》的人，想来都该知道一位不贞的妻子和一个愚蠢的丈夫是一座怎样取用不尽的笑话的泉源。

天下事往往如此，正是不分中外，不分古今："巧妇常伴拙夫眠。"于是愈是笨拙的丈夫愈善嫉妒多疑，愈是不贞的妻子愈是聪明伶俐，因此丈夫嫉妒得愈利害，妻子不贞行为便也掩饰愈巧妙，结果不瞒天下人，只瞒一个床头人。愚蠢的丈夫自以为万无一失的时候，那知道背后早已成了邻人嘲笑的对象，暗中早已被戴上绿头巾了。

"绿头巾"，"乌龟"（西洋人称之为 CUCKOLD 或头上生角者），是男子最不名誉的一种头衔，也是使男子最难堪最不能忍受的一种耻辱，于是丈夫对于妻子的防范，便不惜想尽办法，耗掷最大的心力了。

所谓"贞操带"，便是欧洲中世纪的愚蠢的丈夫们，用来防御妻子不贞行为的最愚蠢的工具。

贞操带的形式，据目前保存在博物院的实物看来，乃是一条金属的腰带，正中附有一块有绞链的金属小片，垂下来可以横过胯间，遮掩了下部。这一块横过胯下的小片末端有暗锁可以锁在腰带上，那形式恰像今日摩登女性所用的月经带，不过全部是金属制的。为了避免摩擦，里面大都像今日贵重的首饰盒似的衬上软缎或丝绒，至于外面，为了装饰，有时镂刻着极精致的花纹。

这种贞操带有两种不同的类别，一种是单式的，一种是复式的。所谓单式，乃是腰带下所附的小片仅仅保护着前部，至于复式，则垂下来的小片之后另有一块小片衔接着，这样，一旦束到腰间之后，则前后都可以毫无遗憾的保护着了。腰带上有绞链，可以按着腰部的肥瘦伸缩。锁大都装在前面正中与小片衔接的地方。金属的小片上有锯齿形的小圆孔，这是通大小便用的。圆孔小得连手指头也伸不进去，再加上四周有狼牙似的锯齿，门禁森严，万无一失。

愚蠢，多疑，而又嫉妒的欧洲中世纪的丈夫们，为了自己的淫乱荒唐，推己及人，刻意防范自己妻子的不贞，便发明了这玩意。在自己出门经商或从军的时候，便要妻子带上这贞操的保障物，加上锁，将钥匙紧紧的系在自己的身边。有些专横的丈夫甚至强迫着妻子在平时也带着这东西。然而，世间最狡狯的是狐狸，比狐狸更狡狯的则是起了二心的妇人。在愚蠢的丈夫将贞操带的钥匙藏到身边，自己拍着胸膛安心走出门的时候，伶俐的妻子早已将预先配好的同样钥匙取出，不耐烦的等待着不久就要从后门掩进来幽会的情人了。

据欧洲好事家的考证，贞操带的发源，据说是在近东。非洲土人在阴唇上锁着银环，或者用线缝闭着一部分，就是这贞操带的滥觞。在近东一带流浪的吉普赛人，在少女之中，也风行用一匹布或者软皮缝在腰间，保护自己处女的贞操。这种贞操带不时由父母加以察看，直到新婚之夜，才由新郎用刀割开。

当然，这种贞操带是处女用来守护自己的童贞，与出嫁了的女性被丈夫强迫加上去的贞操带是截然不同的。丈夫用来防范妻子不贞行为的贞操带，从东方传入欧洲，据确切的考证，乃是由东征的十字军带回去的。当时意大利的威尼斯，不仅是商业中心，同时也是政治文化中心。东方的风俗习惯，这时都由出征归来的十字军带回欧洲。近东一带所流行的男色，这时也成了当时欧洲中上阶级的新嗜好。于是有着这种经验的丈夫，对于妻子便也扩大了防范领域。流传至今的贞操带，复形的大都发现在意大利，正是这原故。

不过，一切事情都是两方面的。意大利在中世纪盛行贞操带，这固然由于那时的男子私有欲特别强盛，而当时家庭妇女由于宫庭贵妇的影响，行为放荡不检，确也是事实。据可靠的当时史料的记载，妇女的道德观念极为淡薄，有的竟舍正路而不由，同当时男子一样嗜好违反自然律的官能的享乐。复形贞操带的发明，也可说是咎由自取。

贞操带传入欧洲，以及盛行的经过，大概是这样，可是谁是第一个使用者，则至今尚无法考证。不过欧洲在十二世纪初叶便有了雏形的贞操带，却是不容否认的事实。在《戈杰马行述》（GUIGEMAR EPIC）中，曾叙述戈杰马临行时，和他的情妇海誓山盟，他的情妇在他的内衣上结了一个结。除了她自己以外，没有第二个人能解开，同样的，戈杰马也在他的情妇腰间束了一条带，要她立誓，除了自己以外，不能让第二个男子解开，戈杰马束在他情妇身上的带，无疑的是贞操带之类的东西了。

由于叙述与贞操带有关的古籍，大都被认为淫猥，不能在一般的图书馆收藏，因此关于这东西的文献史料是相当缺乏的。保存至今的贞操带的实物倒很多，意大利威尼斯博物院，法国巴黎博物院，德国卡马尔博物院，都有这东西收藏，不过大都藏诸秘室，不是一般观众所能见到的。因此欧洲投机古董商人竟伪造了许多赝品，用来满足猎奇收藏家的欲望。

在十六世纪和十七世纪的欧洲，贞操带这东西，不仅在意大利，就是在德国和法国，也曾大大的流行过。从当时流行的文艺作品，讽刺画，以及法庭的案卷中，都可以发现不少确切的证据，而十九世纪末年，更有一个发现使贞操带的研究者解决了许多疑问。

据罗斯在《贞操带》（GIRDLE OF CHASTITY）这小书里的记载，一八八九年，有一个名叫柏青吉尔（MR. PACHINGER）的人，偶然因了一点事故，同几位亲戚前往奥国某一个小城市。这城市有一座大约是十五世纪建筑的教堂正在改造。在拆卸的时候，他们在一块石板下面发现了一个墓穴，穴中有一口铅棺，墓形朴素，没有贵族的纹章也没有铭记。为了迁葬的关系，教堂主事者吩咐将棺柩设法揭开加以整理，这时柏青吉尔恰巧在场。据他的报告，棺中人是一位女性，从遗骸牙齿的整齐和残留的衣饰上，可以知道死者不仅很年青，而且还是属于上流社会的。在改棺重殓的时候，将残留的衣饰取去之后，他们发现死者盆骨上围有一条不曾朽烂的金属腰带，还附有一些皮绒质料的残留物，同时在两腿之间又发现两片掌形的金属小片，上面都有小孔，这两块金属片虽然不相衔接，可是从已经腐烂的残留绞链上证明原来是相衔接的。教堂的主事者说这是贞操带，吩咐从骸骨上取下来，连同其他的殓物一同装入新棺，可是柏青吉尔要求将这东西保留了，后来被送往德国慕尼黑市博物院，经过整理手续，恢复原形，确是一条贞操带。而且是复式的。从教堂建筑的年代及棺椁的形式上，可以知道至迟不过十七世纪，可惜没有其他的文字可以考证棺中人的姓氏。

从这个发现上，以前有些人以为贞操带不过是诗人讽刺家的幻想，以及好事家古董商的伪造物，种种疑问都不攻自破了。

中世纪的艺术作品里，也有不少关于贞操带的描写。最精美的是显然有德国木刻大师丢勒影响的一幅木刻。一个裸体少年扶着一个带着贞操带的裸体少女的肩头。少女手里握着贞操带的钥匙，脸上显着踌躇的表情，似乎想要将钥匙交给少年，又有点不敢。少年的脸上则满露着焦急的表情。这张木刻如果不是挖苦愚笨的丈夫，一定是讽刺当时的家庭教育。

直到十九世纪中叶，英国苏格兰还有一位名叫穆岱的医生，公然散发广告，招徕承制各式贞操带。他的口号是，这东西不仅可以使父母对自己的女儿省却了许多不必要的忧虑，而且可以使丈夫免除了不少污辱门楣的辱耻。

西洋的贞操带，正同中国的太监以及传说中的守宫砂之类一样，都是男性中心社会在性生活方面防范女性的最愚蠢的表现。效果如何，历史早已摆在我们面前，也许只有当时公然实行这些愚蠢举动的蠢汉们戴着绿头巾睡在墓中至今还不知道。

吃人风俗谈

　　全世界的基督教徒，不论男女，每一个都是吃人肉的。这句话，也许基督教徒要大声反对。我说，且慢，让我拿出证据来给你看，请翻开圣经新约马太神音，读一读第二十六章第二十六节：

　　"他们吃的时候，耶稣拿起饼来，祝福，就擘开，递给门徒说，你们拿着吃，这是我的身体，又拿起杯来，祝谢了，递给他们说，你们都喝这个，因为这是我立约的血"……

　　这是耶稣被捕前夜，同门徒们举行所谓"最后的晚餐"时所说的话。直到今天，全世界的基督教徒，在举行最庄严的圣餐礼的时候，牧师照例要将这一节译文背诵一遍："……你们拿着吃，这是我的身体……你们都喝这个，这是我的血……"

三位一体的圣子，托胎下凡成为人子，教徒们这样吃他的肉，喝他的血，这不是吃人肉是什么？

当然，这只是象征的。是的，宗教仪式的吃人风俗，大都将某一种替代物来象征着神，所不同者，未开化人直接将活人象征作"神"来吃，比较进化的如基督教仪式则用面包及葡萄酒来象征神的血与肉而已。

德国人类学者弗洛比利奥斯博士，研究原始人吃人的动机，谓除了宗教作用以外，大都出于自然的习惯。凡是生活于艰难的环境，必须与自然界作艰苦的搏斗始能获得生活的人种，这种民族在原始状态之下大抵是吃人的种族。反之，性格驯服，生活力不旺盛的种族则大都是不会吃人的。弗洛比利奥斯举出例子说，在吃人种族最著名的澳洲，南方人懦弱懒散，他们从来不吃人肉，可是一到东北肯士兰德一带，民风强悍，他们便是通可怕的吃人种族了。关于澳洲赫伯河一带这种吃人种〔族〕的风俗，弗洛比利奥斯在他的《人类的童骏时代》第三十一章，曾引用伦姆荷尔兹的有趣的叙述如下：

在澳洲赫伯河一带，为了猎取人肉，他们甚至组织远征队，这些都是挑选部落中最勇敢最机警的人充当。他们猎取的对象大都是五六人一家的孤立的小家族。他们一旦发现适合的对象之后，便在黑夜四散埋伏，然后乘黎明朦胧之际突然加以袭击。因了强弱殊悬，抵抗几乎是不可能的，于是被袭击的家族只有各自逃命。最倒霉的当然是老年人和小孩，他们被杀之后就作了食料。其次是女人，如果年轻貌美，则可以保全性命，若是老太婆，则毫不留情的供之大嚼了。

澳洲肯士兰德北部一带，便都是这样的吃人种族。他们认为人肉是人间至味，一提起了便要眼睛发亮，口角流涎。如果问他们人体那一部分最肥美，他们便拍拍自己的大腿。他们从来不吃人头和肚肠。最贵重的是附在腰子上的脂肪，据说吃了这种脂肪可以增加人的胆量。肾脏本身也被看得很贵重，澳洲人相信这是一个人生命的中心。

据伦姆荷尔兹报告，多年之前，曾有一名英国籍的警察被土人袭击昏迷，他们以为他死了，他割了他的肾脏逃走，后来这英国警察又恢复知觉，亲口叙述自己这惨痛的经历之后才死去。

这类吃人种族大都不吃自己部落的人，但有时也有例外，据旅行家的报告，有些母亲甚至吃自己的儿女。卡本塔利亚湾南部的土人，他们不吃活人，仅吃寿终正寝的病人。摩顿湾的死人，则照例都由死者的亲属吃掉。

说来奇怪，在欧洲人的眼中，澳洲土人虽然是可怕的吃人种族，可是欧洲白人的肉，在土人口味上，并不合他们的嗜好，并不是第一流的人肉。澳洲土人不喜爱吃白种人的肉，有的土人甚至一提到白种人的肉便要作呕。据他们自己的解释，白种人的日常食粮是牛肉、面包、茶、盐，因此他们的肉的滋味是咸的，不适合土人的口味，澳洲土人是以蔬菜为主要食粮的，因此他们爱吃同样以蔬菜为食料的人的肉。澳洲土人最爱吃的是同种不同部落的"异类"，其次便是咱们中国人（据《人类的童骏时代》第四七四页所载，想来德国弗洛比利奥斯博士该不致同我们中国人有意开玩笑）。因为以米为主要食料的中国人的滋味是适合他们嗜好的。据伦姆荷尔兹报告，澳洲的华侨时遭土人杀害。他曾接得报告，某地土人曾一次杀了十个中国人大开宴会。

据弗洛比利奥斯博士研究，在这类吃人种族的土人观念中，除了自己部落的人以外，其余的人都是"异类"，因此不论是土人，不论是中国人欧洲人，在他们的眼中，都一律是可吃的"异类"。他们喜爱吃袋鼠而不喜爱吃欧洲人，都是同样以他们自己的嗜好作标准。弗洛比利奥斯博士说，这类基于生活习惯的吃人肉，是吃人肉的最原始的动机。

比较进步的吃人肉，是属于宗教方面的。在这方面，则又混合着战功武勇的夸耀以及希望获得神的祝福。正如许多野蛮的猎头人种，他们猎取人头的动机，一半是当作战利品，纪念自己的战功，一半是相信这样猎取一个人头，同时也猎取了死者的灵魂，可以贮蓄着供自己死后之用一样，宗教作用的吃人肉实际上当是混合着武功夸耀成份的。

吃人的土人怎样吃胜利品的俘虏，我们可以一读下文的描写：

"第二天，当太阳不是上升也不是下山的时候，我们将克玛特从狱中提出，将他摽倒地上，仰天朝上，我的表兄便割下他的头——不，他仅割下剩余部份而已。他取得心脏以及所需要的肉：其余要吃肉的人，便割下一条在火上烤了吃。其余剩下的便用辣椒和盐煮熟，留回家去吃。大骨头都收拾在一起，束成一捆挂在家中。第二天，我们鸣枪驱散了他的阴魂，将他的头颅埋在回家的路上，以便朋友们可以践踏他，永世与他为仇。"

几尼亚南部的土民，部落中有什么名人去世之后，大家便吃他的脑子，以便获得死者的精神。更不堪的是，有些亲属要吃死尸身上所生的蛆虫，他们相信这是死者灵魂的变形。更有一种可怕的风俗，要从腐烂的尸身上榨出汁水来吃。东印度群岛，西非洲，巴西的东北部，都有这种可怕的风俗存在。

一个人如果能获得另一个人的灵魂，不仅能增加自己的权力，而且也可以保全自己家族的荣誉，灵魂寄托在那里呢？灵魂寄托在人的肉体上。基于这样宗教的伦理的动机，他们吃敌人的肉是想增加自己的力量，同时减轻敌人的力量，他们吃自己死去的亲属，是想获得死者优秀的遗传，保持自己家族的荣誉传统。——这一切观念，我们所谓文明人至今大都依然保持着，而且尊重着，只是我们已不采取"吃他们的肉"这方式而已。

现代医药的进步，提倡吃"小牛肝脏"，吃动物的"睾丸"，提倡从尿质中摄取"荷尔蒙"。我们如果将这一切的"文明"记在心里，再去观察原始人或是现今还残留着的未开化民族吃人的风俗，便丝毫不觉得惊异，而且将佩服这些野蛮人从悠久的经验上所获得的"科学知识"之正确。

弗莱采博士在《金枝》中曾说，由于宗教的以及医药的动机，他们从植物的某一特殊部份，吃到动物的某一特殊器官

（心脏，肝脏，睾丸之类）再扩充到吃人类的某一特殊器官，这进展可以说是向上的，智力活动加强的证据。

弗莱采分析各种动物的血肉在原始人观念上所产生的各种不同的魔术作用之后，接着就说，他们对于人肉的崇拜，正是当然的结果。他举列了极渊博的引证，说明这种极严肃的宗教的以及医药的吃人风俗，如何广泛的分布在全世界各地。我在这里仅转述其中的一个：

非洲东南山岳地带的土人，他们对于儿童举行割礼（割去生殖器包皮一部份，表示成年之意）非常重视。在复杂的仪式之中，其一是吃人肉烤成灰所制的糊。这都是从勇敢著名的敌人尸身上得来的。他们相信：肝脏所代表的是胆量，耳朵是聪明，头皮是坚忍，睾丸是强壮，其余部份都代表着其他不同的特质。从勇敢的敌人身上割取这些部份之后，便炼制成灰，郑重的保存着，在儿童行割礼的时候，由族中长老授给他们，以便他们可以获得敌人的这些优点。

不仅是敌人的腑脏，几乎每一部份吃了之后都有神秘的魔术作用。手掌，膝盖，眼珠，吃了之后都可以获得敌人的腕力，脚力和眼力。

当然，渊博的弗莱采博士，在他所举的这类医药的吃人风俗的例证中，当然不曾遗漏中国人相信杀了一个强盗，挖了他的心吃可以增加胆量，用馒头蘸他的血吃可以治肺痨这一类的好例证。

波奇奥谐话抄

波奇奥（POGGIO BRACCIOLINI），十五世纪的意大利著名拉丁语文作家，曾从事古罗马作品之整理，发现佚文多种，为他同时代的学者所推崇。波奇奥在著作及处世方面，活动范围颇广，但至今尚为人称道不置者，是他所辑集的《谐话集》（FACETIAE），这是介乎逸闻与讽刺之间的一种文学形式，在当时意大利上流社会极为风行，为点缀达官贵人，文人学士私生活不可缺少消闲妙品，教皇甚至允许设立一种专讲谐话的俱乐部（BUGIALE），提倡这种人生的小点缀，并规定任何人士，包括教皇自己在内，在这俱乐部内被当作笑话资料时，均不得怀恨报复。

波奇奥便是说这种谐话的第一流能手。

他所辑集的《谐话集》，有的是他自己的作品，有的是采集时人的传述，无一不充满了机智，幽默，新奇而又合乎人情。当然有时未免尖酸刻薄，而且少不了猥亵。以下是选译的一部份，即使拙劣的译笔也掩不了原作的珠玉。

△ 恩爱夫妻

有一美少年，新娶一妻，恩爱逾恒，以致斫丧过甚，容颜惨憷。其母见爱子日益瘦弱，于心不忍，乃命其子往乡间别墅修养，与妻分居。

独处的妻，终日想念丈夫，偶见窗外有一对麻雀正在卿卿我我，不觉失声呼道：

"你们快点走开！万一婆婆看见，也要将你们拆散了。"

△ 知妻莫若夫

某人，其妻溺死河中，某沿岸逆流而上寻其尸身。途中遇一农人，诧异某人此种没有常识的举动，告以在河中寻找尸身应往下流寻找，不应逆流而上。某毫不思索的回答道：

"如果这样，我一定永不会找到她的尸身。因为我知道她生前事事与人反对，背道而驰，如今死了，她的尸身一定是逆流而上的。"

△ 但丁的妙语

诗人但丁与两位朋友一同聚餐，朋友的仆人有意向但丁开玩笑，将别人吃剩的骨头全部抛在但丁的脚下。

宴会既毕，其他宾客脚下皆无骨头，只有但丁的脚下堆集着骨头，大家皆觉好笑，但丁却不动声色的说道：

"不必好笑，这恰巧证明了一件事：如果狗吃骨头的，这恰巧证明我不是狗。"

△ 某穷汉

某穷汉家徒四壁，别无长物，所以夜不闭户，高枕无忧。

某夜，竟有一偷儿入室，在暗中摸索，想要偷东西，某氏朗声呼道：

"朋友，如果你能在暗中发现我在白昼所不能发现的东西，我真佩服你的本领了。"

△ 乡人娶妻

某乡人拟娶邻村某氏之幼女为妻，微嫌其年幼不谙事，女父急忙辩道：

"你不要以为她年轻不懂事，她已经同我们村中的牧师养过三个孩子了。"

△ 皇帝与驴

奈帕尔斯的皇帝亚尔封佐，在进餐时屡有贵人求见，呶呶不休，以致食不安席，他不觉拍案大骂道：

"驴子至少比皇帝舒服！驴子在吃草的时候，它的主人从来不惊扰它，可是皇帝在吃饭的时候连这一点幸福都没有！"

△ 某人之妻

某日，海中风浪甚大，船主吩咐乘客各人应将自己所有的分量最重的东西抛入海中。

乘客中的一人立即将其妻推入海中，他说，在他所有的东西中，她给与他的担负最重。

△ 某氏谎话

某氏善言辞，性好诙谐。一日在途中遇一妇人，某氏避在一旁，让妇人先入，同时低声说道：

"太太，我给你让路，是因为你漂亮。"

可是这妇人的脾气却不好，她不仅不感谢，反而骂道：

"你这丑汉！"

听了这话，某氏笑着回答：

"太太，一点也不错！我说了一句谎话，你也说了一句谎话！"

△ 瞎子与妻

某人，眇一目，新婚之夜，发觉其妻已非处女，遂大起责难。

其妻不甘挨骂，反唇相讥：

"你责难我不是完璧，可是你少了一只眼睛，你也不是完璧。"

丈夫说，他的眼睛是他的敌人弄成这样的，他没有办法。

其妻回答："我这个是我的朋友弄成这样的，我更没有办法！"

△ 多年不育

某人之妻，因婚后多年不育，被丈夫离异，遣回娘家。

其父私下责难女儿，既然知道结婚多年没有子女，自己为何不早日想点办法，甚或借重他人。

女儿回答："父亲，这事我已问心无愧。我已经想尽方法，家中男仆已逐一试过，甚至马夫都试过，结果仍是一无所得。"

父亲听了话，知道这是天意，遂不责难女儿。

△ 科伦大主教

科伦大主教，新近去世，其人生前慈悲为怀，曾收留一白痴为义子，使其睡在自己的房内，有时睡在同一张床上。

某次，白痴发觉大主教的床上多了一双脚。他用手摸着一只脚，询问这是谁的。大主教回答说是他的。他摸着第二只脚，大主教仍说是他的。他一连摸着床上的第三只第四只脚，大主教都一连回答都是他的。

于是白痴吃惊不小，忍不住跑到窗口大声喊道：

"过往的人们快点来看啊。今天发生新奇的事情了，我们的大主教变成四脚兽了。"

于是大主教的秘密哄传遐迩。

△ **防妻不贞**

有一个名叫奇奥伐尼的人，生性嫉妒多疑，因为想不出一个确切可靠的方法可以试验妻子是否忠于自己，深自苦恼。

后来，他终于想到了一个十分可靠的方法，他将自己的生殖器割去，说道：

"此后如果我的妻子有了孩子，我就可以确切知道是她不忠实了。"

△ **加巴的雨衣**

有人向加巴借用雨衣，加巴回答道：

"如果天晴，你用不着；如果下雨，我自己要用。"

△ **白菜与锅**

二人皆喜大言，互相夸说自己生平所见奇异的事物。

一人说，在国中的某处，他曾见过一颗大白菜，大得可以容纳五百人站在它的根下。

另一人说："我曾见过一只大锅，用五百工人制造，锅的口径大得连五百个工人围绕站着，彼此说话都不能听见。"

其人反驳道："世上那有如此大锅，要它何用？"

另一人回答："用来煮你所说的大白菜。"

△ 疯人入教堂

有一疯人闯入教堂，正值牧师领导信徒们在读经。牧师在讲坛上读一句，信徒们大家在下面跟着读一句。

疯子走上讲堂，给了牧师一记耳光，骂道：

"都是你这家伙不好。如果你不开口，他们决不会跟着你这样大声胡闹。"

△ 法官遗嘱

佛洛伦斯某法官，写下这样的遗嘱给他的孩子们：

"常做坏事，可是口中绝不要提起。口中常说要做善事，可是绝不要去做。"

谐 话 续 抄

△ 妇人之见

某妇人再三被她丈夫询问，既然男女之爱的乐趣双方平等，为何世间好似只见男子急色，从不见女子情不能耐，其故安在。

妇人回答道：

"情形确是这样，女人确是从不先向男人要求。这证明我们女人是随时都有准备，而你们男人则否。纵使我们先开口，而你们男人如果没有准备好，我们的要求也是徒然。"

△ 自取其辱

有一位隐士，道貌岸然，可是心存淫恶，藉了接受忏悔为名，与许多妇女发生暧昧关系，甚至包括朝中许多贵妇人在内。

终于，他的劣行败露，被捕受训。为了彰扬他的罪恶，弗郎塞索公爵命他将自己的邪行以及有暧昧关系的妇女姓名一一供出，由书记官在旁逐一加以记录。

隐士将和自己有关系的妇女姓氏供述完毕之后，公爵问他是否还有遗漏，他说没有了，可是书记官为了要表示自己的权威，在一旁大声呵斥，说如果查出来还有遗漏便要加重责罚，最好还是如实招供，不必隐瞒。

"那么，"那隐士叹了一口气说，"将你自己妻子的名字也加进去罢。"

△ 大使与神童

佛罗伦梭有一个神童，年方五六岁，可是口才伶俐，使人倾服。

有一天，有人将这孩子带到米兰公爵的大使面前，问他对这孩子的意见如何？大使说："孩子的头脑是随着年岁变化的。在孩子时代聪明伶俐的，一旦成熟之后便时常会变得平凡愚蠢。"

听了这话，那孩子冷冷的说：

"大使，你的话一点也不错，我相信大使在孩童时代一定是十分聪明伶俐的。"

△ 大鱼小鱼

有一个丑脚和几位绅士一同进餐。绅士们的面前都是大鱼。丑脚面前则是一条小得可怜的小鱼。

丑脚将小鱼捧起放到自己的嘴边，然后又送到自己的耳边，好像是和它谈话一般，终于放声哭了起来。

绅士们都惊异的问他为什么哭，他说：

"我的父亲是一个渔夫，可是好久以前不幸淹死了。我问这些小鱼，它们可曾见过我的父亲，它们说它们太小了不曾见过，要我去问那些大鱼。"

绅士们恍然大悟，立刻吩咐给丑脚换一条大鱼。

△ 避孕灵符

有一个僧人爱上了罗马某尼庵的女尼，几次向这女尼有所要求，可是这妇人为了怕怀孕，总不敢答应他的要求。

后来，这僧人给了女尼一道灵符，用布缝着，叫她用丝线悬在自己的肩上。由于这道灵符的作用，僧人向女尼保证，她决不致怀孕。

于是女尼答应了她的爱人的要求。

三个月之后，僧人发觉女尼已经有了孩子，便一走了事。女尼知道自己受了骗，便咬牙切齿的将灵符拆开，灵符上用拉丁文写着：

"毋近男子，永不怀孕。"

谁都不能说这灵符不灵验。

△ 怎样被人纪念

几个人讨论，死后怎样才可以被人惋惜，被人念念不忘。

其中一个回答：

"最妙莫如欠下一屁股的债不还。"

△ 请你代表

曼杜亚的巴尔特拉，被判死刑上断头台，他的牧师安慰他说：

"好人儿，心放宽点，你今晚就可以同圣母玛利亚以及圣徒们一起在天国里晚餐了。"

巴尔特拉回答道：

"谢谢你的好意。可是我今天恰巧禁食，我请你做代表可以吗？"

△ 两个武士

科果与比利略，两人都是武士，为了一点细故，两人实行决斗。

经过几下虚张声势的回合之后，两人都没有受伤。科果向比利略说：

"投降罢，我已经被证明是好人了。"

但是比利略不肯投降。

于是科果说："赶快收剑入鞘投降罢——否则我便要投降了。"

比利略说："我决不投降。"

"那么，"科果说，"我只好投降了。"

△ **才干出众**

卡罗奇里奥，罗马商人，出门往阿费隆经商之后，回到自己的家乡。

在宴会席上，有人问起卡罗奇里奥，罗马人在阿费隆的情形如何。卡罗说，他们的情形很好，无忧无虑，因为凡是在阿费隆住过一年以上的外乡人，谁都要变成了疯子。

席上有一位客人便问卡罗在阿费隆住了多少时候，卡罗说六个月。

"那么，你老兄真是才干出众了，"这人说，"旁人要一年才获得的成就，你仅六个月便达到了。"

△ 孕妇祈祷

圣女玛格丽是孕妇的保护神，在玛格丽节日的清晨，许多孕妇都去祈祷。

为了向这些与（疑赘一字，编者注）孕妇取笑，奇乌利奥同他的朋友们指着这些孕妇说：

"这些妇人去向玛格丽祈祷，以便可以养一个漂亮孩子。"

其中有一个妇人听见了，她向奇乌利奥望了一眼，见他生得并不漂亮，便大声的回答：

"可惜你母亲养你的时候忘了来祈祷。"

奇乌利奥不甘示弱，也同样回答：

"太太，我母亲固然不曾来过，可是你母亲即便来，祈祷过了，她的祈祷也不会有效。"

△ 空墨水壶

有一个妇人的丈夫出门在外，有人问她是否有信写给她的丈夫。

"我怎样能够写信呢？"这妇人回答，"我丈夫已经将他的笔随身带走，我这里只剩下了一个空墨水壶。"

△ 佛郎哥的猫

佛郎哥养了一只猫，整天呜呜的叫个不休。佛郎哥不能忍耐，一手将它掷到窗外，狠狠的骂道：

"滚你的蛋！以后我自己捉老鼠给你看。"

男女关系的数字

太极生两仪，两仪生四象，包牺始画八卦，定乾坤，乾象在上为天，为君为夫；坤象在下，为地为臣为妾，乾三横，坤六断——这可说是中国文化史上关于男女关系的最早的数字。

再进一步，男女关系进化到婚姻制度。中国在三代以上就盛行一夫多妻制。商周礼制，天子除了皇后以外，另有三夫人，九嫔，二十七世妇，八十一御妻；屈指一算，法定的小老婆已经有一百二十名。这不能不算多，虽然比起后来的"后宫佳丽三千人"还是太寒伧，至于结婚年龄，周朝规定男子三十而娶，女子二十而嫁，然而这不过是最大的限度。事实上，男子二十而冠，行了冠礼，就有资格为人父；女子十五许嫁，表示这时生理发育已经成熟，已有资格为人母。

也许是自然的要求胜过世俗的法制，法制虽然规定三十而娶，事实上古人都是早婚的居多。这种早婚的风俗到了南北朝时代更盛。史书上说，北朝后魏太子晃年十五生文成帝濬，献文帝弘年十三生孝文帝宏。十三岁就能生儿子，在今天看起来颇有点可疑。不过十三岁左右就结婚，在那时却是事实，因为后周武帝曾有禁止早婚的诏书，他的规定，就是男子必须到十五岁始可论娶："自今以后。男年十五，女年十三以上，爰及鳏寡，所在军民以时嫁娶。"这种早婚的风俗，经过隋唐五代，直到宋朝都盛行。朱夫子存心纠正世道人心，但他的"家礼"上仍规定"男年十六以上，女年十四以上"，也不过比一般延迟了一年而已。

皇帝既有三宫六院，恩泽雨露要怎样才分配均匀，这不仅是生理学上的问题，而且也是数学上的问题。中国的"立法家"因此为皇帝的性生活订立了巧妙的配给制度。《齐东野语》卷十九的"后夫人进御"条下，有关于这事的记载：

"梁国子博士清河崔灵恩，撰'三礼义宗'，其说博核。其中有后夫人进御之说甚详，谩摭于此，以助多闻云：凡夫人进御之义，从后而下，十五日遍，其法自下而上，象月初生，渐进至盛，法阴道也。然亦不必以月生日为始，但法象其义所知其如此者。凡妇人阴道，晦明是其所忌，故古之君人者，不以月晦及望御于内。晦者阴灭，望者章明，故人君尤慎之。《春秋传》曰：晦淫惑疾，明淫心疾，以辟六气，故不从月之始，但依月之生耳。其九嫔已下，皆九人而御，八十一人为九夕，世妇二十七人为三夕，九嫔九人为一夕，夫人三人为一夕，凡十四夕，后当一夕，为十五夕。明十五日则后御，十六日则后复御，而下亦依月以下渐就于微也。诸侯之御，则五日一遍，亦从下始，渐至于盛，亦按月之义，其御则从侄娣而迭为之御，凡侄娣六人当三夕，二媵当一夕，凡四夕，夫人专一夕，为五夕，故五日而遍，至六日则还从夫人，如后之法。孤卿大夫有妾者，二妾共一夕，内子专一夕。士有妾者，但不得专夕而已，妻则专夕。凡九嫔以下，女御以上，未满五十者悉皆进御，五十则止，后及夫人不入此例，五十犹御，故《内则》云：妾年未满五十者必与五日之御，则知五十之妾，不得进御矣。卿大夫士妻妾进御之法，亦如此也。"

当然，这只是一纸具文而已。我们还要看宫闱以至小百姓的家庭，争风吃醋之事"史不绝书"，就说明谁也不会按照这分配表实行。而且这分配也全然是"纸上谈兵"。试想，皇帝要"一夕九女"，这如何能长期应付呢？至于"妾年满五十者不得近御"，我更要为五十岁的女性叫屈。这限制不近［仅］不仅［近］人情，而且也不近科学。（关于男女性生活活动的限期，不是三言两语所能尽，且待以后有机会另谈罢。）

同样荒诞的，是中国道学先生对于男女关系的季节和日期支干的禁忌。《修真秘诀》上说：

"四时八节弦望晦朔本命之日，魁星值日，六甲日，六丁日，甲子日，庚申日，子卯日，为天地交会之辰，特忌会和，违者减年夺算。"又庚申论云，"五月五日，六日，七日，十五日，十六日，十七日，二十五日，二十六日，二十七日，为九毒日，切宜斋戒，尤忌色欲，犯之减寿。云是日宜别寝，犯之三年致卒。"

劝人为善的《欲海回狂》，也有关于时令气候等等的禁忌。他所列举的倒似乎多少有一点"理性"：

"佛隆生日，成道日，天地交会日，国忌，三光之下，雷电风雨，六斋十斋日，三元五腊日，八王日，大寒大暑，父母诞忌，夫妇诞日。"

所谓"天地交会日"，是指农历五月十六日，似乎特别犯忌，《素女经》上更说得使人毛发悚然：

"五月十六日，天地牝牡日，不可行房，犯之不出三年必死。何以知之？但取新布一尺，此夕悬东墙上，明日视之，必有血色，切忌之。"

《素女经》据说是黄帝与素女关于男女阴阳采补养生谈话的记录。目前坊间通行的是长沙叶德辉《双梅景暗丛书》刻本。是真是伪只好"信不信由你"。关于时日的禁忌，这书上说得更详细：

"房中禁忌，日月晦朔，上下弦望，六丁六丙日，破日，廿八日，月蚀，大风，甚雨，地动，雷电霹雳，大寒大暑，春秋冬夏节变之日，送迎五日之日，不行阴阳。禁之重者，夏至后丙子丁丑，冬至后庚申辛酉，及新沐头，新远行，疲倦大喜怒，皆不可合阴阳……"

一天廿四小时，也有"九殃必避"：

"九殃者，日中之子，生则忤逆，一也。夜半之子，天地闭塞，不瘖则聋盲，二也。日蚀之子，体戚毁伤，三也。雷电之子，天怒兴威，必易服狂，四也。月蚀之子，与母俱凶，五也。虹霓之子，若作不祥，六也。冬夏日至之子，生害父母，七也。弦望之子，必为乱兵风盲，八也。醉饱之子，必为病癫疽痔有疮，九也。"

关于年龄方面的统制，《素女经》上所提出的数字是：

"男子十五，盛者可一日再施，瘦者一日一施；年二十者，盛者日再施，羸者一日一施；年卅者，盛者可一日一施，劣者二日一施；四十盛者三日一施，虚者四日一施；五十盛者可五日一施，虚者可十日一施；六十盛者十日一施，虚者二十日一施；七十盛者可卅日一施，虚者不泻。"

一年三百六十日，一日廿四小时，人生几何，聪敏的读者"姑且听之"可也。

宋朝的名士叶梦得，对于这问题曾说得颇潇洒："某五十后不生子，六十后不盖屋，七十后不做官。"可是谢在杭在《五杂俎》上引用了叶氏的话，加以批评道：

"夫子女多寡，听之可也，五十之年，岂遽能闭关乎？屋蔽风雨而止，不必限之以年也。七十而后休官，不亦晚乎？人生得到七十，复能有几？以余论之，五十后不当置妾，六十后不当作官，七十后即一切名根系念，尽与救断，以保天年可也。"

从年龄的限制再谈到女子的数字，中国野史上也有很荒谬的记载。据说，汉中山王胜有子百二十人，六朝鄱阳王恢有男女百人，明朝庆成王亦有子女百人。王侯之家，妻妾仆婢多，暗中还有旁人帮忙，子女百人也许是事中意。最奇怪的是晋朝的姚弋仲。他有子四十二人，他所采用的"增产方法"是："诸姬妾窗阁，皆直马厩，每马交合，纵使观之，随有御幸，无不成孕。"

美国的一胎五女，是外国奇迹之一，但据《庚己编》所载，武进人张麻妻，一产五男，嘉靖六年河间民李公窝妇陈氏，一产七女，似乎并不古不如今。至于怀孕最久的，世传老子八十一年而产，可是这数字甚至中国的笔记作家也没有勇气敢相信，可是他们仍相信中国上古人都是怀胎十四月分娩，到尧舜圣人时代才十月而产，因为庄子曾说，"舜治天下，民始十月生子"也。

恶 食 余 话

吃人肉的史料，前些时候已经摘录过一些。近来翻阅笔记，又见到几则以人肉之类为食的资料，兹一并抄录在这里，以补前文之不足。

小 儿 肉

谢在杭《五杂俎》卷五载有一则，是关于吃小儿的：

"隋麻叔谋朱粲，尝蒸小儿以为膳。五代苌从简好食人肉，所至多潜捕民间小儿以为食。严震独孤庄皆有此嗜。至宋邕智高之母阿侬者，性惨毒，嗜小儿肉，每食必杀小儿。"

人 肉 一 般

明徐应秋的《玉芝堂谈荟》卷十一，缀录诸家关于吃人肉的记载颇详尽：

"西方圣人之教，放生戒杀，不忍以口腹之欲，残伤物命。乃世间一种穷奇窦窥，同类相残，至有嗜食人肉者。隋麻叔谋好食人肉，尝蒸小儿以为膳。五代苌从简，家世屠羊，官至左金吾，好食人肉，所至多潜捕民间小儿以为食。唐节镇张茂昭，频吃人肉，有人问之，曰，人肉腥且韧，争堪喫。又严震亦有此嗜，宋邕智高母阿侬性惨毒，嗜小儿肉，每食必杀小儿。周岭南首领陈大光，设客，令一袍袴行酒，光怒，令曳出，遂杀之，须臾烂煮以食客，从呈其二手，客惧，攫喉而吐。施州刺史孤独庄，染病，惟忆人肉，部下有奴婢死者遣人割肋下肉食之。三国志，吴将高澧，好使酒，嗜杀人而饮其血，日暮必于宅前后掠人而食之。朝野佥载，武后时，临安尉薛震好食人肉，有债主及奴，诣临安止于官舍，饮之醉，并杀之，水银和煎，并骨销尽。又欲食其妇，妇知之，逾墙而遁，以告县令，具得其情，杖死。

"《耳目记》，隋末深州诸葛昂，性豪侠，渤海高瓒闻而造之，先令爱妾行酒，妾无故笑，昂叱下，须臾蒸此妾，坐银盘，仍饰以脂粉，衣以锦绣，遂擘腿肉以啖瓒，诸人皆掩目，昂于奶房间撮肥肉食之，尽饱而止。赵与时《宾退录》，宋王继勋分司两京，强市民间女子，少不如意即杀而食之。太宗即位，会有诉者，斩于洛阳。又知钦州林千之坐食人肉，削籍，隶南海。

"又有生啖人者。梁羊道生，见故旧部被缚拔刀刳其睛吞之。宋王彦升俘获胡人，置酒宴饮，以手裂其耳咀嚼久之，徐引卮酒，俘者流血被面，痛楚叫号，而彦升谈笑自若，前后啖数百人。贼臣赵思绾，自倡乱至败，凡食人肝六十六，面剖而脍之，至食欲尽，犹宛转叫呼，此诸人真人类之妖孽也。至时值乱离，野无青草，民生斯时，弱肉强食，其性命不啻虫蚁。秦《符登传》，登每战杀贼，名为熟食，谓军人曰，汝等朝战，暮便饱肉，何忧于饥，士众从之，啖死人肉辄饱健能斗。黄巢兵围陈州，掠人为粮，生投碓硙，并骨食之。秦宗权，遣将四出，所至屠戮，殆尽，行兵未尝转粮，止载盐尸以从。杨行密围广陵，城中无食，军士掠人诣市卖之，驱戮屠割如犬豕然，讫无一声。赵思绾据长安，城中无食，取妇女幼稚为军粮，日计数而给之，每犒军辄屠数百人。隋朱粲，有众廿万，剽掠淮汉间，军中乏食，教士卒烹妇人婴儿啖之，曰，肉之美者，无过于人，但使他国有人，何愁无食，置捣磨寨大铜钟，可二百石，煮人肉以喂贼，及降唐，段确乘醉侮粲曰，闻卿好啖人，人作何味？粲曰，啖醉人正如糟豗肉耳，遂杀确烹食之。

"《南村辍耕录》，天下兵甲方殷，而淮右之军，嗜食人，以小儿为上，妇女次之，男子又次之。或使坐两缸间，外逼以火，或于铁架上生炙，或缚其手足，先用沸汤浇泼，以竹帚扫去浮皮，或垂夹袋中入巨锅，或煮或封作事件而腌之。男子则止断其双腿，妇女则特剜其双乳，谓之想肉。每阅史至此，不觉掩卷太息，岂真众生业障深重，致令阎浮国土，化为罗刹之场耶。

"近户垣王掌科家彦疏云：崇祯九年二月三十日，山西抚臣，以异常灾变告，三月十二日，唐王以南阳连荒七年告，在南阳以亲母而烹食其女，则有郭廷玉妻霍氏；山西闻喜以父而杀食幼男，则有广盈里杨雷子，至杀人母子而并食者，则有张河图等十三名口，后接河南按臣揭，饥民累累相食，在上蔡有朱天贵杨槐等十二名口，而乞妇则张氏马氏勒死解思敬五岁之女而煮之，有如烹豚，至南召新野地方，则惟见割肉盈筐，争相剖食，名不胜书，读之真堪为下泪也。"

红铅·紫河车

除了人肉以外，关于人身方面的恶食，旧时笔记所载的，则要数到"红铅"和"紫河车"类了。"红铅"是少女第一次的月经，"紫河车"则是产儿的胞衣，本草都收入补药之列：

"一医家有取红铅之法，择十三四岁童女，美丽端正者。一切病患残疾，声雄发粗，及石女无经者俱不用。谨护起居，候其天癸将至，以罗帛盛之，或以金银为器，入磁盆内，澄如朱砂色，用乌梅水及井水河水搅澄，七度晒干，合乳粉辰砂乳香秋石等药为末。或用鸡子抱，或用火炼，及红铅丸，专治五劳七伤虚惫赢弱诸症。"

"又有炼秋石法，用童男女小便，熬炼如雪，当盐服之，能滋肾降火，消痰明目。"

对于这些东西的功效，中国民间医药家好像深信不疑，可是他们也并不鼓励人家采用。不鼓励的动机，倒不是医药的，而是道德的，如《五杂俎》所载：

"滁阳有聂道人，专市红铅丸，庐州龚太守廷宾时多内宠，闻之甚喜，以百金购十丸，一月间尽服之。无何，九窍流血而死，可不戒哉。"

至于"紫河车"，据同书所载：

"紫河车，医家谓之混元球，取男胎首生者为佳。《丹书》云：天地之先，阴阳之祖，乾坤之橐籥，铅汞之匡廓，胚胎将兆，九九数足，我则乘而载之，故谓之河车，紫其色也。此药虽无毒，而性亦大热，虚劳者服之，恐长其火，壮盛者服之，徒增其燥。"

肉苁蓉与紫稍花

鲁迅先生在一篇杂文里曾说，他喜欢吃笋，可是并非因为它的形状翘上翘如男性生殖器，希望人家不要误会。他说，要吃形状相似的补品，该吃"肉苁蓉"。

《本草》载，肉苁蓉，强阴益精多子，产西方边塞土堑中，及大木上。群马交合，精滴入地而生，皮如松鳞，其形柔润如肉。塞上无夫之妇，时就地淫之。此物一得阴气，弥加壮盛，采之人药，能强阳道，补阴益精，或作粥啖之，云令人有子。五月五日采阴干。但又有人说："五月五日采，恐已老不堪用，故多三月采之。"

与肉苁蓉相类的，还有"锁阳"及"紫稍花"。《酉阳杂俎》说：

"鞑靼田地，野马或与蛟龙交，遗精入地，久之发起如笋，上丰下俭，鱼鳞栉比，筋脉连络，其形绝似男阴，名曰锁阳，即肉苁蓉之类。俚妇淫者，就合之，一得阴气，勃然怒长，其功力倍于苁蓉也。"

紫稍花则并不是花，据杨用修所说：

"紫稍花乃鱼龙交合，精液流注，黏枯木上而成。一云龙生三子，一为吉吊，上岸与鹿交，遗精而成，状如蒲槌，能壮阳道，疗阴痿，与肉苁略同。"

海狗肾之类

中国旧时（大概至今仍是如此）所信仰的与性生活有关的恶食，除了上述几种之外，时常见诸"经传"的还有蛤蚧，海狗肾之类。据说：

"蛤蚧，偶虫也。雄曰蛤，雌曰蚧，自呼其名，相随不舍，遇其交合捕之，虽死牢抱不开。人多采之，以为媚药。"

海狗肾则中国的"益□家"叹息着真的不常见，据说："今山东登莱间，海狗亦不可多得，往往伪为之，乃取狗肾，而缝合于牝海狗之体，以欺人耳，盖此物一牡管百牝，牡不常得故也。"

比海狗肾更珍贵的生殖器是属于山獭的，《齐东野语》说，"山獭出南丹州，淫毒异常，诸牝避之，无与为偶，往往抱树枯死，其势入木数寸，土人名之曰插翘，破而取之，能壮阳道，一杖值黄金一两，视海狗肾功力倍常也"。

媚　男　药

媚药多少有一点巫术作用，前曾在《媚药和求爱的巫术》一章中论之颇详。这里再抄录一些，以补前文之不足。这些东西，与其称之为"药"，不如称之为"神话"。

《投荒录》说：

"南海郡有水虫，名诺龙，似蜥蜴，有得者必双。雄者既获，雌者即至，雌者获亦然。以雌雄俱置竹中，少顷竹中节自通，里人货为妇人惑男子术。"

还有一种"鹊枕"，是鹊巢中发现的小石，也可以作媚药。《投荒录》中也曾提及，已见前文，兹不录。

鹦鸰，就是我们所谓"八哥"，剪了舌头可以教它学人言，也是媚药原料。《酉阳杂俎》说：

"鹦鸰交时，以足勾足，鸣而鼓翼如斗状，往往坠地，俗取其勾足为药。"

又有"砂挼"，是一种小昆虫，也是媚药，汤若士《武陵春梦》诗云："细语春情惜夜红，妒人眠睡五更风；明朝翡翠州前立，拾收砂挼置枕中。"《本草》载，砂挼子在沙石中，形如大豆背有刺，能倒行，旋乾土为孔，常睡不动，生取之置枕中，令人夫妻相悦，蜀人号曰俘郁。

"相怜草"，是和"无风独摇草"相类的植物。《癸辛杂志［识］》说："南丹山中有相怜草，媚药也，或有所瞩，密以草少许掷之，草着其身，必相从不舍。"

《志林》说："鹊脑烧之令人相思"，乔子旷寄小黄女子诗云："美人心共石头坚，翘首佳期共黯然，安得千金遗侍者，一烧鹊脑绣房前。"鹊脑烧起来的气味不知怎样？若有一种刺激作用，则用来引诱男性，倒颇合乎科学了。

最古的媚男药该是"舌乘草"了，《搜神》记载："舌乘，山帝之女，死化为怪草，其叶郁茂，其花黄色，其实如兔丝，故服怪草者恒媚男子焉。"

守 宫 砂

守宫，一名蜥蜴，俗名壁虎，粤人称之为盐蛇，都是一类的东西，相传于五月五日端午节以器养之，饲以朱砂，通体尽赤，所食满七斤，至明年端午节，捣以万杵，是为"守宫砂"，以此砂点女人肢体，终年殷红不灭，惟房室则退，故号"守宫"。

守宫砂最早见诸记载的是《汉武内传》。据说，"武帝以端午日取蜥蜴置之器，饲以丹砂，至明年端午捣之，以涂宫人之臂，有所犯则消没，不尔，则如赤痣，故得守宫之名。"

其他诸家记载"守宫砂"者颇多，虽略有出入，然大抵相同，如张华《博物志》说：蜥蜴或名蝘蜓，以器养之，饲以朱砂，体尽赤，所食满七斤，捣万杵，点女人肢体，终年不灭，惟房室事则灭，故号"守宫"。东方朔奏武帝用之有验。

《淮南毕万术［万毕术］》云："取守宫辄合阴阳者，以牝牡各藏之瓮中，阴阳百日，以点女臂，则生文章，与也子合阴阳则灭去也。"

《翰苑名谈》云："守宫，其形大概类蜥蜴，足短而阔，亦有金色者，秦始皇时有人进之，云能守钥，人不敢窃发钥，故名守宫，或曰以守宫系宫人之臂，守宫吐血污臂者有淫心也。秦皇杀之。"

这说法颇奇怪，正与守宫砂的用法恰恰相反，秦始皇到底比不上后来的汉武帝。至于"守宫"在旧时的博物学上究竟该是什么，我们最好还是翻《尔雅》。《尔雅》说：

"蝶蜴，蝘蜓，蜥蜴，守宫也，"同为一物。

陶苏注《本草》也说：

"其类有四种，一大形纯黄者为蛇医，次小形长尾，见人不动，名龙子，次小形而五色，尾青碧可爱，名蜥蜴，并不螫人，一种喜缘篱壁，名蝘蜓，形小而黑，乃言螫人必死，又名守宫。"

根据上列二书所说，我们如果说守宫就是壁虎，大约也相差不远了。

旧时诗人以守宫为题材者颇多，如李贺的"象房夜捣红守宫"，李商隐："巴西夜市红守宫，后房点臂斑斑红"，刘筠《宫词》："难消守宫血，易断鸾柱胶［易断舞鸾肠］"，古宫词："爱惜加穷袴，防闲托守宫"，都是这一类。

以守宫砂入诗，出之女性之笔的，有元顺帝的宠妃程夫人，其"春夜登翠鸾楼，倚阑弄玉龙之笛"，吹一词云："兰径香销玉辇踪，梨花不忍负春风，绿窗深锁无人见，自碾朱砂养守宫。"又据《玉芝堂谈荟》载，明成化间，有妓女名扬玉香者，咏守宫有句云："守宫落尽深［鲜］红色，明日低头出洞房。"

香港颇多"盛蛇"，如有好事家买一点朱砂来养几条，也可以考证古人的记录是真是伪。万一灵验，制一批作为"善药"。免费赠送，倒也功德无量也。

黄 门 天 阉

　　世有男子，虽娶有老婆而终身无子女者，若这责任不在妻子而在丈夫，则这种男子俗称天阉，古称天宦，又曰黄门。黄帝《灵枢经》说："天宦者，未尝被伤，不脱于血，然其须不生。"所谓"天宦"，是说与人为的"天宦官"不同，因为太监是将普通健全的人施用手术而成的。

　　《齐东野语》卷十六，论"黄门"云：

　　"晋海西公尝有此疾，北齐李庶，生而天阉。按《黄帝针经》曰：有具伤于阴，阴气绝而不起，阴不能用，然其须不去，宦者之独去，何也，愿闻其故。岐伯曰：宦者去其宗筋，伤其冲脉，血泻不复，皮肤内结，唇口不荣，故须不生。黄帝曰：有其天宦者，未尝被伤，不脱于血，然其须不生，何耶？岐伯曰：此天之所不足，其任冲不盛，宗筋不成，有气无血，唇口不荣，故须不生。又《大般若经》载五种黄门云：梵言扇㨄（按津逮本作□）半释迦，唐言黄门，其类有五，一曰半释迦，总名也，有男根用而不生子。二曰伊利沙半释迦，此云妒，谓见他行欲即发，不见即无，亦具男根，而不生子。三曰扇㨄半释迦，谓本来男根不满，亦不能生子。四曰博叉半释迦，谓半月能男，半月不能男。五曰留拿半释迦，此云割，谓被割刑者。此五种黄门，名为人中恶趣受身处。然《周礼·奄人》，郑氏注云：奄，真气藏者，今谓之宦人，是皆真气不足之所致耳。"

至于男女不能生育在性科学上的解释，且留待以后有机会再谈罢。

性的感应力

　　在原始人的心目中，大部份的植物不仅具有神性，而且和一般的动物一样具有两性情欲的，因此人类的男女关系不仅能繁殖自己的种族，而且借了它微妙的感应力，同样地能够影响着植物的枯荣和土地出产的丰收。

　　土地谷物和性生活的感应关系便由此发生。以土地丰产为生活主要泉源的原始人，他们对于两性方面的禁忌，除了关于家族血统者外，其余大部份都是关于土地和农作物方面的。

　　适时的正当的夫妻性行为，在春季能使种子繁殖，在秋季能使收成丰饶。反之，不合法的私情的或乱伦的性关系，不仅能使播下的种子不发芽，且使土地贫瘠。

性生活对于田地的感应作用

中美洲的印第安土人，在播种之前的四天，必须同妻子分居，直到播种的前夜，才同妻子同宿，以便他们的热情可以发挥到顶点。（这就是说，使播下的种子将来可以长成到顶点。）据说村中的某一对夫妻，甚至被指定必须在第一粒种子落地的那一瞬间同时举行房事。夫妻的性生活，经过牧师的祝福，这时已经成了一种宗教仪式。如果有谁不曾依照这习惯履行，这一季的播种工作便不能算为已经合法的开始。

在民俗学者的眼中，这种奇异习俗的由来，认为单纯的全是由于他们误信人类繁殖的能力同植物的繁殖能力都是出于某一种同一泉源的原故，换句话说，以为两者同一都是出于神的赐与。因此前者的活动可以影响后者。

在爪哇的某些地方，当稻类开始结实时，农人夫妇在夜间要暗中到自己的田里去性交一次，以便稻穗可以充实。

新几内亚之西，澳洲北部，有好些小群岛，岛上的土人认为太阳是生殖能力的象征，土地的出产与人类的繁殖，都是由于太阳神的赐与。他们将太阳神叫作"乌普里拉"（太阳先生），用椰子叶制成一盏灯代表太阳神，每家门口都挂一盏，村中的神树（无花果树）下也要挂一盏。神树下有一块平滑的石台，这便是向太阳神献祭的祭台。

平时，祭台上放着的是敌人的首级，但一年一次，当雨季开始时，太阳神便要往神树降临到地面，祝福土地和人类。这时，土人为太阳准备一座七级的木梯，靠在神树上，以便太阳神下凡，梯上装饰着每天黎明迎着阳光歌唱的鸟类。在祭典开始后，除了要杀猪杀狗作牺牲外，村中男女于狂欢乱舞之下，便在神树下公开的举行性交，用来象征太阳下地后与土地的结合。

据土人的解释，这种祭典的目的，是希望从太阳神获得充份的雨水，丰饶的食粮，以及盛旺的牲畜和人口。他们的祷词包括着要求每一头母羊要产两三头小羊，每个成熟的妇人要养一个孩子，吃了的猪要为活猪所填补，空的米筐再行盛满等等。

在巴巴尔岛举行这典礼时，还要扯一面表示太阳神创造权力的旗帜。这旗是用白棉布制的，有九尺多高，旗上显示的是一个男性在生殖机能最盛旺时的情状。

对于这类的典礼，若认为纯然是未开化的情欲的放纵，这未免太主观了。在这些仪式中，土人显然十分严肃的注入了对于保卫自己种族的崇高的希望。

人类用自己的生殖行为来促进土地的出产，其运用不仅在日常的主要农作物方面，有时也应用在一般植物上。在安姆波拉的某些地方，由于这同一动机，当丁香树的结实有不好的征兆时，男子们便在夜间赤裸着到树下，将丁香树当作妇人一样的开始他们的性动作，口中同时还不停的喊着："多一点丁香！多一点丁香！"

据说这样能使树的结实更多。

非洲中部的巴甘达地方，他们对于性生活与土地出产的关系，看得比其他地方更重要。凡是不能生育的妇人，都要从家中驱逐，因为她能影响丈夫园中果树的收成。由于这同一原因，他们对于一对能养出双生子的夫妇，便看得异常尊重，认为他们有同样的能力可以增加香蕉树的结实。香蕉是巴甘达人的日常主要食物，凡是某一家有了双生子时，他们便要举行一种庆祝。庆祝的仪式是这样：

双生子的父母同到香蕉园中，女人躺到一株香蕉树下，将一朵香蕉花插在自己的胯间，然后双生子的父亲便走来用生殖器将女人胯间的花拂去。这样之后，这一对夫妇便同往他们朋友的果园中，举行跳舞。这样，他们相信可以将自己特出的生殖能力影响朋友的以及自己的果树。

这类同样的风俗，以男女性的力量去促进田地生产，至今仍散布在欧洲的好些地方，不过他们的方式已经晦涩了一点而已。举例说，如在乌克兰一带，每年四月二十三日，当谷类正在发青的时候，村中的牧师们便要穿起法衣，领着小沙弥，同到田中向土地祝福。宗教仪式完毕之后，村中新婚的男女，便成对的躺到田中去打滚，相信这样可以使谷类丰收。在俄罗斯的某些地方，甚至牧师本人也要躺到田中，由女人推着去打滚，不管地上泥土怎样污秽，更不管石块会撕破道袍。若是牧师稍为踌躇，村中的女人们便要埋怨的说：

"神父，你口中虽说爱护我们，可是你并没有诚意祝福我们好收成。"

在德国某些地方，收割之后，男女都要睡到地上去打滚。无疑的，也是同一风俗的遗留。

性生活对于农作物的禁忌

未开化人既信仰土地的生产受着性关系的支配，因此便发生了相对的作用：运用适当能促进田地生产，运用不适当或不合时便要使土地歉收。这种风俗所产生的不同的作用，对于民俗学家，实在是最有趣的研究资料。

这样，尼加拉瓜的印第安人，自玉蜀黍播种之后直到收割期间，男子都要过着一种独身生活，同自己的妻子分居。他们不吃盐，不喝椰子汁以及玉蜀黍酒，整个时期都过着一种禁欲生活。中美洲的印第安人，为了希望谷类收获丰富，整个收成期都实行禁欲。有些印第安种族，在玉蜀黍播种时，要同妻子分居，并且五天不能吃肉。有些地方这种禁欲期更要延长至十三日。

根据同样的动机，德国某一些乡村的农民，在播种期间，必须避免同妻子发生关系。匈牙利有些乡村也是这样。他们认为如果不遵守这规则，田地的收成便要减色。澳洲中部克族土人的长老，在举行祝福田地的巫术时，必须同妻子分宿。他深信如果犯了这训诫，种子的发育便不能充份。在米兰尼西安群岛，当葡萄收成时，园丁必须睡在园中，不许接近他们的妻子。如果犯了这禁忌，葡萄便要变酸。

性生活给与植物的影响，未开化人大都十分重视。不过有些种族认为人类的性生活在植物长成期间能促进植物的生长，有些恰恰相反，认为在播种或收割期间，如果不禁欲，便要影响收成。这种相反的观念，初初看来似乎十分矛盾。但据弗莱采博士解释，其动机却是一致而且并不矛盾的。因为这一切观念都是出于同一泉源，即原始人误信人类的繁殖与土地的繁殖都受着同一种神秘力量的支配。人类如果在田地的生殖期间，将自己的生殖能力储蓄起来，过着禁欲生活，则间接可以使田地多获得一份生殖力量。因此，有些未开化人便在播种期及收割期实行禁欲。相反的，有些人相信将自己的生殖力加进到田地的生殖力中，便可使田地的生产繁荣，于是他们便在播种及收获期间加强自己的性生活，相信这样可以使田地获得感应的效果。

由于这两种不同的观念，上述的那些人类性生活对于田地的感应和禁忌的种种不同的风俗，便由此产生。

高唐云雨梦

宋玉著名的《高唐赋》上说：

"昔者先王尝游高唐，怠而昼寝，梦见一妇人曰：妾巫山之女也，为高唐之客，闻君游高唐，愿荐枕席。王因而幸之。"

这几句话，是中国旧小说所常用的"巫山一会"，"云雨之事"的出典，也就是中国文艺作品最早的关于色情梦境的描写。此外，最脍炙人口的该是《红楼梦》的"贾宝玉初试云雨情"那一段故事：宝玉在可卿的床上做了一场荒唐梦，觉得身上有点异状，袭人给他换衣裳发觉了，他红着脸将袭人捏了一把的窘状。除这以外，中国笔记上所描写的云雨梦境，无论男女那一方面，不是五通神僵尸作祟，便是狐狸精来采补，虚无飘渺得使精神分析学家也无从根据作分析材料。

"日有所思，夜有所梦"，这两句中国俗语，不仅合乎科学，而且十分合乎弗洛伊德学派关于梦境解释的理论。弗洛伊德学派的精神分析学者，认为梦是潜意识经过压抑之后的活动，尤其是与性欲有关的色情的梦，差不多全然是潜意识在作怪，举凡一切心中希望而不能达到的欲望，以及一切敢想而不敢实行的欲望，都借了梦的化妆出现。据弗洛伊德的解释，色情的梦境时常是极荒唐的，有时甚至是乱伦的，其原因便在此。

维也纳学派的医生便运用了这理论，利用梦境来诊察病人，尤其是性欲错乱症患者。霭理斯在《性心理研究》第二卷上说：人类的梦境大都受着清醒时肉体活动的支配。健康的男性或女性，他们或她们在色情的梦中所梦见的对手必是异性，但患有性的错乱症者，男子在梦中则梦见同男子恋爱，女子在梦中则梦见与女子恋爱，很少合乎正常关系。梦在诊断学上的价值便在此。

据赫希菲尔特氏的统计，他考察了一百名有同性恋倾向的性欲变态者，除了少数不常做梦之外，其中八十七名所做的色情梦都是关于同性恋的。霭理斯的考察结果则是：四人肯定从未做过色情的梦，三十一人承认所做的梦大都以同性为对手。这三十一人之中，有十六人承认所梦见的都是同性，其余则偶然也梦见异性。但这其余的人，据更详细的调查，则他们除了同性恋的关系之外，其中有人有时也偶与妓女发生关系，有的在早年也曾恋爱过异性。因此他们的梦境便因了这些经验而有了综错的痕迹。

当然，所有的梦未必一律合乎这规律。有些性欲正常的人，有时也会做性欲变态的梦。不过，性欲变态者从自己变态的梦中会感到快感。一个健康的性欲正常的人，不论男女，一旦做了一次反常的变态性欲的梦，则醒来之后，所感到的只是憎恶而已。

未开化人相信梦与巫术有关，尤其是色情的梦。玛林洛斯基在他的名著《野蛮人的性生活》中，将这关系解释得很透彻。据他说，野蛮人将一切色情或变态的梦都委之梦中的巫术作用。一个青年或一个少女梦见了一个异性，这表示梦中人向自己施用求爱的巫术。如果一个青年梦见某少女来到他的家中，向他谈笑，接近他，躺到他的席上，可是平时她从来不睬他，这表示她平时的态度是虚伪的，她正在向他施用一种巫术，于是她便在梦中婉转入怀，完成好事。青年一觉醒来，还以为是错觉，可是一摸席上是湿的，他便相信她确是藉了巫术来过了。

玛林洛斯基说，借了巫术去求梦本不稀奇，这里值得特别注意的是：野蛮人不是希望别人来入梦，而是藉了巫术希望自己进入别人的梦中。

野蛮人最忌讳的是一切乱伦的梦，尤其是兄妹关系。如果有谁做了这样的梦，他便要终日郁郁不乐。因为他们相信，这样的梦，若不是仇敌的巫术作用，一定是自己施行某种巫术方法错误，或是遭了别人的破坏。

割 礼 志 异

《圣经》创世纪第十七章第十节上说：

"上帝又对亚伯拉罕说，你和你的后裔必世世代代遵守我的约。你们所有的男子都要受割礼……你们世世代代的男子，无论是家里生的，是在你后裔之外用银子从外人买的，生下来第八日，都要受割礼。你家里生的和用银子买的，都必须受割礼。这样，我的约就立在你们肉体上，作永远的约。但不受割礼的男子，必从民中剪除。"

同书第二十四节又说：

"亚伯拉罕受割礼的时候，年九十九岁。"

所谓受割礼，究竟是什么呢？据圣经公会发行的《圣经》中译本，在上述的经文之下用小字作注释说：

"受割礼原文作割阳皮。"

这就是说，用手术割去包皮。这是男子的成年礼节，也就是上帝所指定的一种宗教仪式。亚伯拉罕因为要遵守上帝的吩咐，所以在九十九岁的高年，临终的一瞬间，也举行了割礼，行了割礼之后，他便死了。

为了表示是上帝的选民，犹太民族的每一个男孩至今仍遵守着这种古礼。此外，这种风俗至今也盛行于一般未开化民族中。他们不仅使男孩行割礼，就是女子也要举行。《圣经》虽规定在出生第八日就要行割礼，但一些民族大都要等到成年时才举行。

割礼的来源虽是宗教的，但这怪风俗的动机究竟是什么，却很难决定。现代医学解释是为了卫生乃是健康关系，宗教家却说这是一种纯洁的表示，而非洲土人则只知道这是一种由祖先传下来的古风俗，谁也不知道是什么作用。有的则坦白的承认这是表示性机能成熟的必需礼节。未曾受过的，不论男女，根本没有结婚资格。

除了犹太人以外，回教民族也举行割礼。非洲西岸，东非洲，阿比西尼亚的奉行基督教区域，马达加斯加的各种原住民，甚至澳洲，南美洲，也有这风俗传布。除了犹太人和回教徒以外，割礼的举行期大都要等到男孩的成年时期，这就是说，要与纹身、装饰、其他成人礼节等等同时举行。行过割礼之后，孩子就变了"成人"，成为社会的一员，有享受种种成人利益的资格。有些地方不举行割礼的，便为他种风俗所替代，如在澳洲某些地方，为了表示成年，男孩要敲去一颗牙齿。在通行割礼的民族中，割礼为结婚之前必须履行的一种手续。"未割者"是最不名誉的一种称呼，没有一个女子肯与一个"未割者"结婚。

在阿比西尼亚，据斯班赛氏在《社会学原理》第二卷中报告，割礼与宗教的渊源似乎别出一流。阿比西尼亚土人从敌人的死尸上割取包皮，作为最珍重的战利品献给神和领袖。斯班赛氏说，也许由于这风俗的演变，他们将自己孩子的包皮献给神，作为一种忠诚的誓约。割礼的手术常由教士执行，未必一定是宗教仪式的表示，因为在原始社会中，教士是常常兼任着医师职务的。

非洲的某一些民族，除了男孩之外，少女在结婚之前也要举行割礼。据德国克希教授在《女子性生活》上说，近东某一些民族，其女子在生理上常有异状，以致在结婚之前必须要施行手术。据说在十六世纪时，葡萄牙的耶稣会教士，到阿比西尼亚传教，曾立志要消灭当地土人这种陋习。教皇为了这事，特地从罗马派遣外科御医去调查，可是根据医生的报告，认为从医学的立场说，当地女子在结婚之前实有举行割礼的必要。因此耶稣会的教士也不得不放弃了他们的成见。

这种女子生理上的异状，医学上的通俗名词为"哈顿多特式裙"，一共有三种，大都是种族上的特征，有时也有是病理的。古代埃及女子也要举行割礼，据克希教授引用戴卫斯氏的实地考察结果说，认为其动机与其说是由于宗教的，不如说是医学的。

秘 戏 图 说

秘戏图，一般都叫做春画，虽然是世俗的玩物，使道学先生见了要摇头，但在民俗学者的眼中，却也是有用的资料。将裸体男女，性器官，以至男女交接诸形态作为绘画或雕塑材料，其历史已与人类其他文化活动史迹同样悠久。选用这种材料的动机，决不是娱乐或诲淫，而是由于宗教的巫术作用。在原始生殖器崇拜时代，这种诡异的艺术品正替代着今日的"神像"地位，受着人类的敬仰。至今还有人相信春画可以辟邪，辟盗，甚至辟火的，正是这种远古迷信心理的残留。

至于将这种东西作为贵族士大夫燕赏以至闺房助兴工具，

则显然是人类婚姻制度已经确立，道德习俗开始将人类的行为和欲望加以约束以后的事了。

中国最早见诸记载的秘戏图，是汉代宫闱的壁画。《汉会[书]·景十三王传》上说："广川王海阳十五年坐画室，为男女裸交接，置酒请诸父姊妹饮，令仰视画。"广川王后来因为这种淫佚的行为伏诛，但在中国艺术史乃至风俗史上，却已经成为秘戏图的始创者。沈德符的《敝帚斋余谈》，有一则谈春画的，就说中国的秘戏图实始于广川王。他说：

"春画之起，当始于汉广川王画男女交接状于屋，召诸父姊妹饮，令仰视画。及齐后废帝于潘妃诸阁壁。图男女私亵之状，至隋炀帝乌铜屏，白昼与宫人戏，影俱入其中。唐高宗镜殿成，刘仁轨惊下殿，谓一时乃有数天子，至武后时遂用以宣淫。杨铁崖诗云：镜殿青春秘戏多，玉肌相照影相摩，六郎酣战明空笑，队队鸳鸯浴锦波，而秘戏之能事尽矣。后之画者，大抵不出汉广川齐东昏之模范，惟古墓砖石中画此等状，间有及男色者，差可异耳。"

墓道祭堂的墙壁和砖石上有秘戏图，决不是供奉死者享乐，而是辟邪镇压作用，这正是前面所说的原始宗教巫术作用的遗留。至于"间有及男色者"，则不外汉代和西域交通发达，这种近东特有的变态嗜好由国外传入，遂在民间宗教艺术品上留了痕迹而已。发掘古冢每有秘戏图发现，其原因就在此。明李相所著《戒庵老人漫笔》，有一则记载这类事颇诙奇，兹抄录如下：

"青州城北四十余里，丰山下麦地古冢，得厚蛤壳四五千枚，以锦绮重重间铺，锦皆毁化，壳背随尖阔就脐作嘴，二目双角，短长异状，皆为鸟形，以漆画之。每壳中各色画树木人物竹篮纷错，如妇人采桑之状，有在树上者，有倚树下者，坐卧行立，种种皆备。余率倮行，男女交感，横斜俯仰，上下异态，不可具言。男间有作回回貌并椎髻者，妇人或散发在后，长乳尖足，毛窍阴阳之物显然。抱持牵挽，一壳多者至十数对，正类今之春画，然不知作何用耳。"

今日提及秘戏图，便想到唐伯虎和仇十洲，"汉宫春色图"，十二金钗之类，每一家古玩店大都备有一两幅，可是中国的鉴赏家都说这些作品伪托者居多，真者百不得一。相传仇十洲有一幅名作，画面惟见一床一猫，不见一人。帐已下，帐钩作摆动状，猫怒目注视着帐钩，像捉老鼠似的准备扑上去。然而这也只是得诸传闻，笔者自叹眼福浅，至今还未见过这类真迹。

在中国猎奇收藏家的眼中，日本秘戏图的价值颇高。沈德符说："扶桑春画更精，又与唐仇不同，画扇尤佳。余曾得一扇面，上写两人野合，有奋白刃驰往，又挽一臂阻之者，情状如生，旋失去矣。"

李诩也说："世俗春画鄙亵之甚，有贾人携东瀛春画求售，其图男女惟远相注眺，近却以扇掩面，略偷眼觑，有浴者亦在帷中仅露一肘，殊有雅致，其绢极细，点染亦精工，因价高还之。"

后者所见，显然是江户时代版画师的浮世绘，作者误以为是春画了。

公妻与共产

在未开化民族中，有一种奇异的但是颇为普遍的风俗，对于过路的旅客或远方来的客人，如果留下住夜，主人要将自己的妻子献给客人伴宿，作为对于客人的敬礼。若是多妻制度的社会，主人有三妻四妾，则必须选择自己最心爱的妻或妾借给客人，才算表示敬意。好多民俗学者以至社会学者，认为这风俗是原始共产主义的残留。著名社会学者鲁布波克氏，在《文明的起源及人类的原始状态》一书中，将这风俗加以解释说：在原始共产社会中，每一个部落的公民，对于自己部落的一切所有物，享有平均的一致的权利。这些部落是以男性为中心的，因此女子在这种原始共产社会中便成了部落的公有物。对于投宿的客人，将自己的妻子献出来给客人伴宿，便是表示对于客人所应享的公民权利的承认。

这解释虽然很有根据，但是却为另一些社会学家所否认，他们的理由是：妻子借给客人伴宿这风俗流传极广，差不多分布全球各地，但原始共产主义社会制度的流传并没有这样广。而且，借给客人的有的并不一定是自己的妻子。有些地方，主人可以将自己的女儿，姊妹，以至奴隶献给留宿在自己家中的客人，但是妻子却是例外。这显然与原始共产主义以一切女子为同一部落男子们之共有物这理论相抵触。因此认为借妻献客是一件事，公妻又是一件事，不能混为一谈。

将妻子临时借给住宿在自己家中的客人这风俗，据诸家不同的记载，曾先后在中非洲、刚果、爱斯基摩人、南美巴西、婆罗洲、澳洲、塔斯玛尼亚、加洛林群岛，太平洋中部大多数的岛屿，以至蒙古、西藏、西伯利亚一带通古斯民族中发现。这风俗几乎是世界性的，所差异者，正如上文所说，有的以主人的妻子为限，有的则恰恰以妻子为例外。如在玛达加斯加土人中，他们以自己的女儿敬客，但是却预先向客人警告，对待主妇必须尊重。在通古斯民族中，主人对于自己的朋友以及旅客，可以女儿或奴仆款待，但是妻子却是例外。

魏斯特玛耳克氏，在《人类婚姻史》中，批判诸家对于原始杂交制度的不同的见解，曾提及妻子敬客这风俗，认为这只是款待客人的一种野蛮的风俗，与社会制度或公妻制度并无关系。他说，英属哥伦比亚沿岸土人，认为以妻子作为临时礼品给献客人，乃是最高敬意的表示；爱斯基摩人则认为这是主人慷慨好客的表示；黑人认为只有这样能向客人表示好意。魏斯特玛耳克氏说，这种风俗，正与主人以饮食款待客人无异，其动机十分简单，正不必歪曲的去作进一步的解释。在野蛮人心目中，将自己的妻子供给宾客，正如将自己家中的食粮供给宾客一样。北美，中太平洋的波内尼西亚岛，以及其他几处地方，认为这举动是亲密的友谊的表示。格林兰岛土人，认为性格最高贵和善的证据，便是毫不吝啬的将自己的妻子借给朋友。西藏东部的凯都部落，则认为这举动等于行善，可以邀得神的祝福。

如果认为这风俗是原始共产社会公妻制度的遗留，魏斯特玛耳克氏说，则一切人类的馈赠风俗或其他表示友谊的举动，都同样是原始共产制度的遗留了。这显然是曲解的。

关于这风俗另一面有趣的研究，便是这借妻风俗与嫉妒的关系。若认为在有这样风俗的社会中，丈夫对于妻子与旁人的关系毫无嫉妒心，这显然是误会了。在野蛮社会中，已婚妇人与他人通奸，常常要遭受比现代法律更严厉十倍的处罚，但作为丈夫财产之一的妻子，在丈夫命令或允许之下，而去招待丈夫的朋友，则显然是另一件事。这与借一只烟斗给客人一样，用了之后随即归还，并不侵犯"所有权"，而且更与"不告而取"不同，根本不用嫉妒也。

借种的故事

明人徐应秋的《玉芝堂谈荟》上说：

"士大夫登崇都膴，年事渐衰，方且恣意声色，多博求姿艾以充下陈，徒知粉黛之娱心，而罕思帷薄之贻戚。如红绡之见窃于狂且，非烟之私通于邻子，中篝之惭，不可复洗，且以牛易马，秽谱乱宗，有不可尽防者。"

这就是说，富贵人家的妻妾，为了巩固自己的宠爱，或是为了争取将来的遗产，希望能养个儿子，邀得丈夫的眷顾，可是丈夫又年老了不中用，便不得不假借外力，这与有意使丈夫戴绿头巾者不同，盖出于不得已的苦衷，并非存心犯奸，这就是所谓"借种"。前人笔记记载这类故事颇多，兹选录数则如下。所记各事虽未必实有其事，然而达官富豪家里，确曾有过这类故事，则往古今来，确是不容否认的事实。

《谈薮》载："京师士人出游，迫暮，过人家缺墙，似可越，被酒试逾以入，则一大园，花木繁茂，径路交互，不觉深入，天渐暝，望红纱笼烛而至，惊惶寻路，迷不能识，亟入道左小亭，覆毡下有一穴，试窥之，先有壮士伏其中，见人惊奔而去，士人就隐焉。已而烛渐近，乃妇人十余，靓妆丽服，俄趋亭上，竞举毡，见生惊曰：又不是那一个。又一妇熟视曰：也得，执其手以行，生不敢问，引入洞房曲室，群饮交戏，五鼓而散。士人惫倦不能行，妇贮以巨筐，升而缒之墙下，天将晓，惧为人所见，强起扶持而行。他日迹其所遇，乃蔡太师花园也。"

《养疴漫笔》载："嘉泰间，内臣李大让，于行都九里松玉泉亭侧，建功德寺，役工数百，有漆匠张某者，天台人，偶春夜出浴回，于道中遇一老妪，挟入小门，暗中以手扪壁，随妪而行，但觉得布幔，转径数曲，至家中，使就坐物，此妪乃去。继有一尼携灯至，又见四壁皆有青赤衣帷遮护，终不知是何地。此尼又引径数曲，及至一室，灯烛酒储器皿，一一毕备，俱非中下人家所有，张见之惊异，亦不敢问其所以，且疑且喜。尼行，顷时复至，后有一妇人随来，容美非常，惟不冠饰。张意略定，尼逼使坐，遂召前姬，命酒肴数盘，此妇人更不一语。尼云已晚矣，张但恳尼云，匠者无钱，尼终不顾，遂令同寝，尼执灯扃户而去。张屡询所来及姓名，而妇人竟无一语。至钟动，尼复至，启户唤张起，如前令姬引去，亦摸布壁行，觉至一门，非先来所经，此姬令出街可至役所，张如梦中，行至一街。迨晓，即离役所二里许，使人徧访，不得其原所入门域，皆谓遇鬼，有一木匠云，固宠借种耳。"

又载："章子厚初来京师赴省试，年少美风姿，当日晚，独步御街，见雕车数乘，从卫甚都。最后一舆，有一妇人，美而艳，以目挑章，徒步从之，妇人招与同舆，至一甲第，蔽章而入，一院甚深邃，妇入室备酒肴，引侪辈相来往，俱亦姝丽，去则以巨锁扃之，如是数日，体为之疲。一姬年差长曰：此岂郎所游之地耶，我翁宠婢多而无子，每钩致年少与合，久则毙之。观子之容似非碌碌者，五鼓我以厮役之服被子，随前驺以出，可无患矣。章用其术，遂免于难，后得翁之姓名，但不愿晓于人耳。"

《南唐近事》及《清异录》，都载有关于五代名士韩熙载姬妾私客事，虽然说得颇潇洒，但也是同一类型的故事：

韩熙载，北人仕江南，致位通显，不防闲婢妾，侍儿往往私客，客赋诗有"最是五更留不往，向人枕畔着衣裳"之句。又说，"熙载家过纵姬侍，第侧建横窗，络以丝绳，为观觇之地，初惟市物，后调戏赠予，所欲如意，时人目为自在窗。"

借种最理想的对象，除了上述老妪所拉得的漆匠之类以外，该是和尚与医生，这也许就是富贵人家妇女喜欢佞佛求医的原因。

初 夜 权

所谓初夜权，是指古代一种奇怪的婚姻风俗，在新婚的初夜，新郎不得占有新娘，要将新娘献给族中的长者，或者神庙里的祭司，甚至一般的贺客亲友。这样，经过一夜或相当时日之后，新郎才可以与新娘行"同居之好"。这就是所谓"初夜权"。

初夜权大约有三种类别，一种是风俗的，即当地有这样一种风俗，新娘的"初夜"要习惯的归新郎以外的人享受。一种是权利的，即贵族王侯或大地主，对于所属治下的女子，在她们出嫁时拥有享受她们"初夜"的权利。另一种则是迷信的，即有些人相信处女或新娘为不吉之物或过于神圣之物，新郎在接近之前必先将她献给神或神的代表者，藉以被除不祥。

关于这古怪的新婚风俗，希腊的希罗多德在他著名的《历史》中已经提到过，古亚代而玛其台的皇帝，对于治下的女子，享有初夜权，而且被民众认为是一种荣誉。十五世纪的旅行家，记载旅行非洲加拉列群岛的见闻，说特尼利夫的居民，决不肯同一个不曾与酋长睡过一夜的女子结婚，因为这经验被认为是无上的荣誉。拉戈里特氏说，在印度沿岸的马拉巴，新婚之夜，新郎要将新娘送进王宫，经过八天之后，自己才去接回，而且将经过御用之后的新妇视同至宝。哈密尔顿氏在《东印度新记》中也说，萨摩人在新婚三日之内，新娘要先给大教士享用。甚至有人说，这类似的风俗，在中世纪的法国也通行，但没有可靠的文献可作证明。

秘鲁的曼达省，缔婚的条件之一，是要新娘答应先将自己给新郎的朋友亲戚尝新。在西班牙的巴利阿里群岛，新婚第一夜，新娘是贺客的公有物，从第二夜起，她才是她丈夫的私有物。

这种"初夜权"风俗的由来，如上面所说，新娘在第一夜属于新郎朋友所有而不属于新郎本人，据有些人的解释，谓与

"掠夺婚姻"（抢亲）有关。为了解决某一个人的结婚问题，许多其他的人要为他协力，经过这样共同协力得来的女子，如果这些人有所要求，新郎当然无权拒绝。在中非洲东部的瓦特远，掠夺婚姻的形式已比较进化，但他们仍要举行这种仪式。据琼生氏的记载，新郎用财产的一部分换得或买得新娘之后，新娘要有意逃走躲藏起来，然后新郎同他的朋友们便四出搜寻，寻得之后将她送回新郎家中，新郎便将新娘献给朋友们为作帮忙的酬报。据麦克利郎氏的意见，在原始社会中，对于掠夺而来的女子俘虏，大家共同享受，本是战争权利之一。结婚"初夜权"的享受，不过是这种权利的变相而已。

著名社会学家鲁布波克氏的意见，以为"初夜权"的由来，有些地方纯然是娱乐宾客的一种方式。用这种方式娱乐宾客，在我们今天看起来当然太可怪，但一想到野蛮民族所存在的许多古怪风俗，主人既然可以命令自己的妻子陪伴客人过宿，则新郎在新婚之夜用新娘来招待贺客，实在是很合理的举动。

至于贵族大地主对于所属治下女子初夜权的享受，最初或者仅是一种敬意的表示，渐渐的则被认为是应享的权利，终于不愿意也要强迫执行了。据多数人研究的结果，这风俗的来源似乎出于奴隶制度，因此其踪迹在欧洲残留最多的是俄国，据说这风俗直到十九世纪还存在。地主对于农奴的妻女，不仅在新婚或出嫁期间，在任何时候，都有随意玩弄的权利。

初夜权在中国婚姻风俗上的踪迹，似乎还没有人研究过。只有周作人先生在一篇序文的末尾曾提起过，说在宋末元初，元人对汉族曾施行过这权利，并引用了一首歌谣为证。至于中国各地通行的结婚闹新房风俗，所谓"三天无大小"，虽其来源或出于"初夜权"享受的变化，俱已距离太远，不易寻出其中的线索了。

伪装出血术

关于处女与非处女的鉴别方法，医生有医生的原则，世俗有世俗的原则，道德家更别出心裁，将她们分为"肉体上的处女"与"精神上的处女"两种。因此一个出入千军万马的娼妓，如果她有动人的充足理论解释她的贞操哲学，"身上有男，心中无男"，她将仍然是一个处女。但这一切都不能打动一个新婚之夜的新郎的观念。这时新郎对于新娘是否处女的唯一鉴别方法，就是看她"出血与否"。他的医学常识也许还不知道"处女膜"这一名词，也许并不理解为何会"出血"，但他仍根据世代相传的成见，要求"出血"。于是便产生了新婚之夜的不少悲喜剧。

自知已经不能出血的"新娘"，或是鸨母之流由于契约的约束，对于卖出的女子要保证必然是处女，而事实上早已不是处女之际，都不得不乞灵于"伪装"。这种技术大都分为以伪装物混充，或以手术改装两种。前者包括以染有血迹的白巾实行"掉包"在内，后者则有原始的传统方法与运用现代医学最新外科改装手术之别。以动物的鲜血预先染于巾上，用以欺骗新郎及尊长这方法，最为简便，因此也流行最广。中国旧时的伴娘们，于受贿之后，惯以染有猪血或鸡血的白绫巾，暗中授给新娘或代为转示家婆，然因了血渍色泽的变化，时常弄巧成拙。西洋人惯用鸽血，因其血质淡薄，不如一般动物血液那么浓腻，但其色则极鲜艳，而且隔夜不变色。据说法国少女之自知不能出血者，遇到顽固的新郎，则用某种植物的膜管预盛鸽血少许，实行伪装出血战术。

布朗东姆氏在他的名著《贵妇淑女》一书中，曾说法国十八世纪的贵族闺秀，对于伪装处女有种种巧妙而勇敢的方法，为现代女性所不及。其中方法之一，系以善于吮人的水蛭（俗名蚂蟥），置于私处，使其吮成若干小泡，泡中充满血液，一经磨擦，即流鲜血，能使愚蠢之新郎大悦。

《飞燕外传》上所描写的"内视"法，可说是精神疗治法的一种。飞燕曾与射鸟者私通，可是当皇帝御率之际，仍能"流丹浃藉"，宛然处子。旁人问她原故，她说："内视三日，肉肌盈实矣。帝体洪壮，创我甚焉。"

医学上的伪装方法，即利用类似野蛮人所通用的脸部缝合手术。这方法自古即已通行。希腊罗马的奴隶市集，出卖的女奴若是处女，其市价自较非处女者为高，因此贩奴者运用这手术改装。据说有一个美貌的女奴曾先后被施过手术七次，冒充过处女七回。

书痴·书淫

　　古人以读书不解事为书痴，爱书过溺为书淫。前者是俗说的"书呆子"，不足以语真正的"读书"，更谈不上"爱书"。藏书家不难得，难得的是藏而能读。藏书而又能读书，则自然将心爱的书当作自己的性命，甚或重视得超过自己的性命。这样，纵非"书淫"，也不远了。

　　《道山清话》里有一则爱书家的笑话："近世印书盛行，而鬻书者往往皆躬自负担。有一士人，尽掊其家所有，约百余千，买书将以入京，至中途，遇一士人取书自阅，爱其书，而贫不能得，家有数古铜器，将以货之，而鬻书者，雅有好古器之癖，一见喜曰：'毋庸货也，我将与尔估其值而两易之。'于是尽以随行之书，换数十铜器，亟返其家。其妻方讶夫之归疾，视其行李，但见二三包里，磊块然，锵锵有声，问得其实，乃詈其夫曰：'你换得他这个，几时近得饭吃？'其人曰：'他换得我那个，又几时近得饭吃？'"这虽是笑话，但是不论爱书也好，爱古铜器也好，只有这种忘了吃饭的精神，才可以算是"溺"，才够得上称"淫"。

更荒唐者，有人为了一部宋版汉书，竟不惜以自己的小老婆去交换，据《逊志党杂钞》云："嘉靖中，朱吉士大韶，性好藏书，尤好宋时镂板，访得吴门故家有宋椠袁宏《后汉纪》，系陆放翁、刘须溪、谢叠山三先生手评，饰以古锦玉籤，遂以一美婢易之，盖非此不能得也，婢临行题诗于壁曰：'无端割爱出深闺，犹胜前人换马时；他日相逢莫惆怅，春风吹尽道旁枝。'"

爱妾换书，确实风雅。爱书家常不为家庭所理解，只是用小老婆去换回一部书，这举动也许为爱书家的太太所不反对，甚或得到太太鼓励。可是一想到另一方面，却以一部宋版汉书换回一位漂亮的小老婆，这一场醋海风波正不知要怎样了结也，不禁为之担忧不已。

叶灵凤的一本另类书话（代跋）

张　伟

叶灵凤先生不仅藏书多，读书也杂，在老一辈文人中是出了名的藏书家、爱书家，他的诸多作品中也以书话类文字最受读者欢迎。姜德明先生就曾经说过："我有一个偏见，尽管叶灵凤先生的创造主要是小说，我却觉得他一生在文学事业上的贡献还是在于随笔小品方面。"（《叶灵凤的散文》）20 世纪 80年代中，丝韦先生为叶灵凤选编了厚厚三大册的《读书随笔》，发行后令读书人喜不胜收，大呼过瘾。以后陆续出版的还有陈子善先生辑录的《叶灵凤随笔合集》、小思女士编的《叶灵凤书话》等等。这些集子可说基本囊括了叶灵凤的此类文字，但"漏网之鱼"不能说"一条"也没有，其中之一就是他的"书

淫艳异录"。叶灵凤读书向以多、杂而著称，这里的"淫"也
就是"爱书过溺"之意。读书一多且杂，难免会有些一般人难
以触及的"奇文异编"过眼，叶灵凤随手摘录整理，以明白晓
畅的文字叙述，于是就诞生了他的这本另类书话。

"书淫艳异录"最初发表于20世纪30年代中期上海出版
的一份小报——《辛报》上，署名"白门秋生"。叶灵凤是南
京人，"白门"即南京之别称；至于"秋生"，本就是他笔名之
一，因此这个署名明眼人是不难猜测的。20世纪90年代我曾
就此向施蛰存先生求证，他也明确表示："白门秋生"就是叶
灵凤。"书淫艳异录"刊发在《辛报》上和姚苏凤有着密切关
系。叶灵凤很早就和姚苏凤相识，因文学趣味相投，彼此关系
很好。1935年9月，姚苏凤主编的《小晨报》创刊，叶灵凤
即投以长篇小说《永久的女性》予以支持；1936年2月，文
艺杂志《六艺》创刊，叶灵凤和姚苏凤同为该刊编辑之一。
《小晨报》只存在了几个月，1936年1月即宣告停刊，不久，
姚苏凤又推出了他主编的另一份新报，这就是1936年6月1
日创刊的《辛报》。该报具有浓郁的海派风格，内容庞杂，天
上地下，无所不包，以知识性见长，如"鸟兽虫鱼志"、"天文
趣味讲话"等等；他还邀来很多朋友撰稿，如邵洵美的长篇回

忆录"儒林新史"就在该报上连载。叶灵凤这个老朋友当然是姚苏凤的重要约稿对象，而叶灵凤也不负重望，拿出了一部奇异的书话著作"书淫艳异录"，所述古今中外之书达数百种，既新奇又猎艳还具有广博的知识，非叶灵凤这样无所不读的爱书者不能胜任。"书淫艳异录"从《辛报》一创刊，即1936年6月1日开始连载，至10月20日止，共刊出104篇，约十余万字。这些文章从篇名看似乎都较敏感，如《谈猥亵文学》、《守宫砂与贞操带》、《刺花与色情》、《性的拜物狂》、《关于秘戏》等等，但内容却很干净，只以知识的介绍为主。叶灵凤自己也很注意这个问题，特地在《小引》中郑重声明："所记虽多艳异猥琐之事，必出以干净笔墨，以科学理论参证之，虽不想卫道，却也不敢诲淫，至于见仁见智，那要看读者诸君自己的慧眼了。"应该说，作者是尽可能这样去做的，不去刻意渲染，重在知识传输，书中一些人名、物名和专业名称都附有外文原名，以供读者参考。但即便如此，叶灵凤的这部《书淫艳异录》还是受到了一些人的攻击，甚至以传播淫秽的罪名将报社投诉到租界当局。巡捕房为此特发出传票，将《辛报》方面传唤到庭。姚苏凤甘愿接受10元的罚款，结果文章则照登无误。

据说抗战期间，叶灵凤在香港为稻粱谋，也应约写过一些此类文字，但在内地却一直未查到线索。2001年夏，笔者代表上海图书馆赴港办展，顺便偷闲到香港中央图书馆看书，蒙李光雄高级馆长和潘伟承馆长大力相助，慷慨地将他们善本库中珍藏的民国期刊提供给笔者阅览，并允许复印。我惊喜地发现，在1943年4月创刊的香港《大众周报》上，叶灵凤确实又发表过几十则"书淫艳异录"，内容风格均同于上海《辛报》，这也算解开了笔者多年萦绕心头的一个疑团。香港中央图书馆所藏《大众周报》虽不全，但也总算十之有八九，故我所看到的港版"书淫艳异录"应该算是大致齐全的。

说起疑团，笔者想起了香港名作家黄俊东先生也有一个和叶灵凤有关的疑团。黄先生在他的著作《猎书小记》中有一篇《性知性识》，专门介绍民国著名藏书家周越然先生的此类书话，他在文中提到："1940年上海风行出版社所印行的一部《书艳猎奇录》，著者署名'敬渠后人'，我疑心该书也为周氏所著之书也。"这里，黄先生的疑问实有误，笔者正好也看过这本《书艳猎奇录》，全书共收文40余篇，实即辑录自叶灵凤4年前发表的"书淫艳异录"，并故弄玄虚地署名"敬渠后人"，还编造了一篇《小引》，内谓"祖敬渠公撰著《野叟曝言》，天下争以先睹为快"云云，以夏敬渠后代自居。我怀疑这是上海沦为"孤岛"期间出版的一本盗版书，因此书封面上除《书艳猎奇录》这个书名外，还有另一个并列的书名：《凝脂撩香录》。我想这不可能是叶灵凤所为，一定是不法书商只为赚钱的无聊之举。

叶灵凤的这本《书淫艳异录》，福建教育出版社的林冠珍女士好几年前就有意推出，因种种原因延至今日始得以出版，算是将湮没已久的这本堪称奇特的叶氏书话比较完整地呈现给读者，这是我们感到欣慰的。如前所述，本书文章实由两部分组成，即上海《辛报》上的 104 篇和香港《大众周报》上的 54 篇，基本按发表时间排序（一些文章因内容有延续性而略有调整）；个别篇章的文题或内容略有重叠，然时隔数年，作者收集的材料及文章的构思都有所不同，为保留原始面目，本书不作删减。由于年代久远，原报发黄，漫漶之处甚多，极个别字难以辨认，甚至有缺损的地方，本书处理时，以□代替。原报由于排版造成的明显错字，中文错字不改动，正字放在〔 〕内供读者参考；英文字母印刷错误的，不一一标明，直接作了修正。文中提到的书名，根据具体语境，添加了书名号；部分标点符号，则根据现在的规范作了修改。文稿中明显的引文，用仿宋体及缩进两格的形式区别于正文。本书能和读者见面，首先要感谢林冠珍女士，没有她的认真和执着，至少现在不会有这本书的出版；还应感谢本书责编苏碧铨小姐，她在出版技术和规范方面做了大量工作，使读者阅读本书时能够赏心悦目。同时，感谢藏书票的提供者臧伟强先生和董明先生。最后要感谢子善兄忻然允作序文，给读者提供了很好的向导。蓦然回首，在徐家汇藏书楼和子善兄相识结交已逾 30 年矣，时光如梦，友谊如昔，在这个浮躁的社会我们足感欣慰。

除了《书淫艳异录》，叶灵凤还写过《秋灯琐谈》、《禁书史话》、《炎黄艳乘》、《欢喜佛庵随笔》等文字。他曾自白："我一向对禁书很感到兴趣，无论是藉口风化问题的黄色禁书，或是藉口政治问题的红色禁书，都使我感到兴趣。我想同辈之中，搜集禁书资料，像我这样勤恳的人，大约是没有几个的。"（《禁书史话》）他又说："我觉得看书就是看书，为了要看这一本书，为了喜欢这一本书，就不妨揭开来看，这里面是不该有什么功利观念的。这与为了学问和知识，为了参考什么才去看一本书，是大大的不同的。能领会这一种的看书乐趣，我觉得在海阔天空的书的世界中，才可以任我们飞翔。"（《我的看书趣味》）我想，他已经把自己读书的理念叙述得很清楚了。关于叶灵凤的这类书话，向来见仁见智，有不同的看法。杜渐先生在《书痴书话》中有一段话涉及此，笔者觉得颇有意思，谨录在此作为本文结束："照我所知，叶灵凤生前所写的有关书的文章，还有不少尚未收入这三大册的《读书随笔》中，例如他研究世界性风俗和性文学，就写了不少十分有趣的文章，也是很有价值的。大概把这些文章收进《读书随笔》会有点儿'不雅'吧。我倒是没有这种洁癖，我觉得叶灵凤那些文字是写得乐而不淫，很有意思，能增加我们的知识，也能使读者倍增乐趣的。希望将来有心人能把他这类随笔也收集出版就好了。"（《叶灵凤的〈读书随笔〉》）

《书淫艳异录》再版后记

——一本干净的关于性的随笔集

张　伟

2015 年岁暮，中国近现代新闻出版博物馆邀请王锡荣、陈子善、陈克希诸先生和笔者一起到该馆鉴赏范用捐赠的书刊资料。范用先生是资深出版人，很早就开始有意识地收藏出版文献，藏品非常丰富，仅这次捐赠的图书报刊数量就达18 000册之多，其中精品累累，且品相绝佳，令我们这几个嗜书者如入宝库，艳羡不已。有点意外的是，我们在范用先生的藏书中发现了一些曾经叶灵凤之手的旧藏，其中就有爱德华·纽顿的名著《聚书的乐趣》。爱德华·纽顿的名字，对爱书者来说可以"如雷贯耳"这句成语来形容。他的名作《聚书的乐趣》自

1918年出版之后，更堪称藏书界的圣经，几无人不知。此书在1992年曾由赵台安、赵振尧两位翻译，列入"文化生活译丛"，由北京三联出版社出版。以后台湾陈建斌有更完善的译本在彼岸出版，书名译为更文雅的《藏书之爱》。2005年11月，重庆出版社引进陈建斌本，以精装本的形式在大陆出版，爱书者均引以为爱。爱德华·纽顿的《聚书的乐趣》1918年在美国首次出版，因广受欢迎，曾屡次重版，但在藏书界最受青睐的还是1918年的初版本。这个版本存世并不多，国内有收藏者可谓寥寥无几。范用所藏此书原为著名爱书家叶灵凤先生的旧物，正是1918年的初版本，且品相极佳。书上有写于1918年的题赠手迹，署名为古英文花体字的大写"H"，当赠者作为圣诞礼物赠送友人之物，非纽顿字迹，而书上所贴藏书票，正是受赠者自用之物，可见此人也是一位喜爱藏书的雅人。范用藏书中还有一本叶灵凤的旧藏《书籍与它的插图的艺术》，也是这方面的一本西方名著，而令人惊喜的是此书上贴有一枚叶灵凤的原版藏书票，这就让此书更具有别样意义了。

可以说，在叶灵凤旧藏中发现《聚书的乐趣》、《书籍与它的插图的艺术》这样的名著毫不意外，如没有才令人诧异。而且，《聚书的乐趣》显然是叶灵凤从旧书摊上淘来的，这更见他"书淫"的本色。叶灵凤曾表示:"古人以读书不晓事为书痴,爱书过溺为书淫。"(《书淫艳异录》之《书痴·书淫》)自己是兼而有之。每遇好书,不惜倾囊购来,枵腹读书,也是常有的事。其实,叶灵凤是过谦了,如果有人发起排列一份现代读书界的"书淫名单",叶灵凤肯定入选,且必名列前茅。这方面,他的几大卷读书笔记是最好的佐证。读书既多且杂是他的特色,很难说什么是他的专业。你可以说文学或者美术是他的专业,这话肯定不能算错。他写过小说、散文,也画过画,搞过美术设计,当然也收藏并读过大量这两方面的书。但方志、民俗、动植物等等也是他的爱好,这些方面他都有大量藏书,甚至包括一些稀见的罕本,就是一些大型图书馆也未见有藏。而且,他不仅仅满足于当一个藏书家,既读且写,不少方面甚至堪称专业。

不必讳言,叶灵凤的这部《书淫艳异录》是写性的,几乎篇篇和性有关联。说起来有点奇怪,性这件事,似乎在历朝历代都处在不清不白、颇为尴尬的位置,虽事关人类繁衍的头等大事,但却又不能摆在台面上正大光明的讨论,属于做得说不得,说得写不得,即使写了,也不能毫无顾忌,畅所欲言,必须微言大义,隐晦收敛,并自觉处于末端,摆在暗处。叶灵凤的这部《书淫艳异录》，当年就发表在小报上，署的也是不为人知的一个笔名，并且未收进他的任何集子。显然，也是心有戚戚然也。其实，所谓伦理以及相关的容忍度和评判标准，从来是随着社会发展而不断进化的。而与伦理最紧密相关的可能就是性。若回首遥望仅仅过去百年对性的约束和管控，其包涵范围之广和"无微不至"的程度足以让现在的人感到非常不适，甚至目瞪口呆。当然，社会终究是向前发展的，这部《书淫艳异录》在历经坎坷之后，终于由开明睿智、富有远见的福建教育出版社接受，并在林冠珍、苏碧铨、季凯闻诸人的倾情努力下隆重推出，且受到了读者的欢迎，再次证明：虽然藏在巷子深处的不一定是好酒，但飘香历久的好酒确实不必惧怕那幽深的小巷。

叶灵凤的这类书话文章，题材敏感，范围广泛，内容涉及古今中外，很考验执笔者的综合能力，同时代及后辈中少有人能如此掌控自如，平衡有度。可以说，他交出了一份合格的答卷，而且写出了自己的风格，即平实舒雅，行文有据，讲究知识性却绝不炫耀得瑟。故坊间喜欢的人不少，自称"叶迷"。2013年，福建教育出版社初版此书即颇费精力，装帧设计都堪称讲究，就连装订，也摒弃目前出版界普遍采用的流水线封胶，而选用费钱费时但却结实耐用的锁线工艺，且既有平装，也有精装，还各准备了一些编号毛边本。结果甫一推出即大受欢迎，在很短的时间内就接连加印了两次。据我所知，雅好收藏此书的颇有人在，且讲究版本、品相，甚至在乎书的编号，可以说是重量级的"叶迷"，这对写书、编书、做书的人来说，都是最好的回报。

十余年前我在整理叶灵凤的这部书稿时，就已知道我看到的书稿并不算齐全——主要是香港中央图书馆收藏的《大众周报》不全，卷期有缺。以后虽经多方设法，仍无法补全，在众多朋友和"叶迷"的催促下，只能怀着遗憾先付诸出版，缺的部分慢慢再想办法。以后，有很多热心的朋友纷纷提供线索，让我看到了解决问题的曙光。2015 年末，福建教育出版社的林冠珍老师传来了好消息，香港的小思老师主动补遗，提供了21 篇《书淫艳异录》失收的篇章，让我大喜过望。我和小思老师有过一面之缘，20 世纪 90 年代在一次研讨会上见过面，我记得互相还聊了几句。小思老师是我景仰的前辈，我知道她对包括叶灵凤在内的香港文学很有研究，在这方面成果丰硕。此外，她对丰子恺作品的解读，在"丰研领域"也是一枝独秀，粉丝众多。小思老师这次提供的 21 篇文章，都是 2013 年版的《书淫艳异录》所失收的，有的篇章如《守宫砂》、《贞操带》等，虽然篇名重复，但内容实有异，或补充，或改写，读者可以从中一探作者阅读文献，构思撰文的思路变迁，自有别一番意义在。小思老师一再拒绝编者共同署名的邀请，让我深深感受到了中国谦谦君子的传统美德。

现在福建教育出版社启动了出版增补版的程序，添加了小思老师的热心补遗。让我们记住小思老师的名字：卢玮銮，笔名小思，香港中文大学教授，香港著名散文家、教育家。福建教育出版社决定不惜成本，在选料用纸等方面都力求完美，满足爱书一族的愿望，作为编者，同时也是喜爱叶灵凤的我，感谢他们。

2016 年 1 月 27 日晨七时于上图 1233 室